THE SURVEILLANCE SOCIETY

감시사회로의 유혹

1판1쇄 | 2014년 7월 7일

지은이 | 데이비드 라이언
옮긴이 | 이광조

펴낸이 | 박상훈
주간 | 정민용
편집장 | 안중철
책임편집 | 정민용
편집 | 윤상훈, 이진실, 최미정, 장윤미(영업 담당)
업무지원 | 김재선

펴낸 곳 | 후마니타스(주)
등록 | 2002년 2월 19일 제300-2003-108호
주소 | 서울 마포구 독막로 23(합정동) 1층 (121-883)
전화 | 편집_02.739.9929/9930 제작·영업_02.722.9960 팩스_0505.333.9960
홈페이지 | www.humanitasbook.co.kr

인쇄 | 천일_031.955.8083 제본 | 일진_031.908.1407

값 17,000원

ISBN 978-89-6437-207-4 03330

이 도서의 국립중앙도서관 출판시도서목록(CIP)은 e-CIP홈페이지(http://www.nl.go.kr/ecip)와
국가자료공동목록시스템(http://www.nl.go.kr/kolisnet)에서 이용하실 수 있습니다.
(CIP제어번호: CIP2014019604)

감시사회로의 유혹

데이비드 라이언 지음 | **이광조** 옮김

| 일러두기 |

1. 한글 전용을 원칙으로 했다. 고유명사의 우리말 표기는 국립국어원의 외래어 표기법을 따랐다. 그러나 관행적으로 굳어진 표기는 그대로 사용했으며, 필요한 경우 한자나 원어를 병기했다.

2. 본문에 있는 각주는 모두 독자의 이해를 돕기 위해 옮긴이가 작성한 것이다. 옮긴이의 간단한 첨언은 본문에 대괄호([ ])로 넣었다.

서문

    이 책은 '감시'를 주제로 한 나의 두 번째 저술이다. 그러므로 이 책은 감시에 관한 첫 번째 저작과 밀접하게 연관돼 있다. 첫 번째 저작인『전자 눈』 *The Electronic Eye*은 전자적인 의사소통과 정보 기술이, 현대사회에 이미 친숙한 감시의 관행과 과정을 어떻게 강화했는지 보여 줌으로써 감시사회의 등장에 초점을 맞췄다. 이에 비해 두 번째로 내놓은 이 책『감시사회로의 유혹』*Surveillance Society*은 [첫 번째 책에서 이미 말한] 역사적 전개 과정을 전제로 하고, 오늘날 우리의 일상생활이 수많은 장치와 수단을 통해 어떻게 감시받고 있는지를 살펴본다. 그러므로 두 책은 상호 보완적이다. 이 책의 독자들은 『전자 눈』에 서술된 사례와 논의들을 가지고 전체 그림을 완성하고 싶어 할지도 모르겠다.

    『감시사회로의 유혹』은 감시와 관련해 새롭게 등장하고 있는 몇 가지 흐름에 주목하고 이에 대한 설명을 제시할 것이다. 하지만 이 책 역시『전자 눈』에서 사용한 것과 비슷한 분석틀과 정치·윤리적 기준에 기초하고 있다. 특히 나는 감시의 어떤 기본적인 모호함들을, 서구 문화의 종교적 원천, 그리고 무엇보다 제러미 벤담Jeremy Bentham의 판옵티콘 기획에서 제기되었던 것, 즉 '통제'와 '보호' 사이의 운명적 불화에서 찾아보는 방식을 강조할 것이다. 분류classification에 대한 강박과 함께 정밀한 시각accurate vision에 대한 벤담의 강조는 오늘날 감시에서 '통제'를 강조하는 방향으로 이어졌다. 그 결과 '보호'라는 측면은 점점 주변화되고 흐릿해졌다. 바로 이런 지배적인 동학 뒤에는 평화의 존재론(권력을 거부하는 예수의 윤리에서 볼 수 있다)과 대치될 수도 있는 폭력의 존재론이 놓여 있다.

이 책의 논지는 다양한 자리에서, 그리고 많은 사람들에 의해 검증을 받았다. 이 책의 핵심 명제 가운데 일부는 호주 모나쉬 대학Monash University 사회정치연구소와 영국 헐 대학Hull University 범죄학 및 형사행정학 연구소에서 열린 세미나에서 이미 발표한 적이 있다. 내게 소중한 기회를 마련해 줬던 로빈 에커슬리Robyn Eckersley와 클리브 노리스Clive Norris, 두 동료에게 감사의 마음을 전한다. 제1부의 내용은 고려대학교에서 강의한 내용을 정리한 것이다. 김문조 교수의 친절과 학문적 조언에 감사드린다. 제1부를 제외한 나머지 부분은 싱가포르 난양 기술대학교 커뮤니케이션 연구소와 한국외국어대학교에서 진행했던 강의를 정리한 것이다. 소중한 기회를 준 에디 쿠오Eddie Kuo 교수와 황성돈 교수에게 고마움을 전한다. 4장의 초고는 이탈리아 밀라노 트리엔날레에서 공개 강연했던 내용이다. 공개 강연을 주최했던 파브리지오 갈란티Fabrizio Gallanti는 좋은 비평가이기도 했다. 5장의 주제들은 싱가포르 국립대학 사회학부에서 니르말라 프루쇼탐의 주최로 열린 세미나에서도 논의됐던 내용이다. 5장의 내용 중 일부는 『개인 정체성 기록하기: 프랑스혁명 이후 국가 기록의 발전』Documenting Individual Identity: The Development of State Practices Since the French Revolution이라는 제목의 논문집•에 포함되기도 했다. 이 논문집을 편집한 제인 캐플란Jane Caplan과 존 토피John Torpey는 시의 적절하고 현명한 조언을 해줬다. 9장의 문제의식 중 일부는 네덜란드

트벤테 대학에서 열린 기술과 근대성에 관한 워크숍에서 논의됐던 내용이다. 워크숍을 조직한 필립 브레이Philip Brey, 앤드루 핀버그Andrew Feenberg, 토머스 미사Thomas Misa, 아리에 립Arie Rip은 폴 에드워즈Paul Edwards, 한스 애치터휘스Hans Achterhuis와 함께 유용한 논평을 해주었다.

그 밖에도 이 책의 초고를 읽어 준 많은 친구와 동료 학자들에게 신세를 졌다. 이들의 뛰어난 제안과 논평, 통찰이 없었다면 이 책은 한층 빈약해졌을 것이다. 콜린 베넷Colin Bennett, 필립 브레이Philip Brey, 욜란데 찬Yolande Chan, 린지 더벨드Linsey Dubbeld, 스티브 그레이엄Steve Graham, 폴 제임스Paul James, 게리 마르크스Gary Marx, 졸리언 미첼Jolyon Mitchell, 클리브 노리스Clive Norris, 엔 푸드리에Jenn Poudrier, 바르트 시몬Bart Simon, 그리고 토론토 '정보와 프라이버시 위원회'Information and Privacy Commission의 정책관, 이 기획의 편집인인 팀 메이Tim May에게 고마움을 전한다. 내가 쓴 글의 책임은 전적으로 내게 있으며, 나는 내가 오류를 범할 수 있고 시대적 한계를 안고 있다는 사실을 잘 알고 있다. 엔 데닝Jen Dening과 팀 라이언Tim Lyon을 포함해 여러 사람들이 언론 보도들을 친절하게 간추려 주었다. 조에 에징가Zoë Ezinga는 연구 조교로 내게 도움을 줬고 조쉬Josh와 애비 라이언Abi Lyon은 색인 작업을 도와주었다. 글을 쓸 수 있도록 안식년을 준 퀸스 대학과 연구에 도움을 준 모나쉬 대학, 멜버른 대학, 그리고 세인트 주드 칼튼St Jude's Carlton 관계자들에게 감사드린다. 개방대학출판부Open University Press의 편집인들은 다시 한 번 나를 지원하고

* Jane Caplan, John Torpey eds., *Documenting Individual Identity: The Development of State Practices in the Modern World* (Princeton University, 2001).

격려해 주었다. 끝으로 슈Sue와 아이들에게 감사한다. 가족 안에서 일하는 기쁨에 견줄 수 있는 건 없다. 가족이 있었기에 나는 이 작업을 진지하게 그러나 지나치게 심각하지는 않도록 할 수 있었다. 산과 유칼리나무, 파도 또한 내가 지나치게 심각해지지 않는 데 도움이 되었다.

서론

　불현듯 '누군가 또는 무언가 나를 지켜보고 있다.'는 사실을 느껴 본 적이 있는가? 바에서 조용히 술을 마시는 동안에도 작은 카메라가 아무렇지도 않은 듯 당신을 지켜볼 수 있다. 그 카메라는 왜 당신을 지켜보는가? 당신이 공공질서에 위협이 되니까? 상황을 바꿔 당신이 자동차를 운전하다 급한 마음에 교통신호가 바뀌는 사이에 교차로를 지나갔다고 생각해 보자. 당신은 빨간불이 들어오기 전에 교차로를 건널 수 있으리라고 생각해 가속 페달을 밟았다. 하지만 며칠 뒤 우편함에는 범칙금 고지서가 도착할 것이다. 이런 일들은 주변에서 일상적으로 벌어지기 때문에 우리는 이를 당연하게 여긴다. 이처럼 우리 일상은 이런저런 종류의 감시와 관리, 조사에 노출되어 있다. 오늘날 추적과 청음, 주시, 녹음과 인증 장치로부터 안전한 공간이나 활동을 찾아내기는 어렵다. 이 모든 것이 감시의 사례이자 이 책의 주제다.

　관리와 통제를 위해 커뮤니케이션과 정보 기술에 의존하는 모든 사회는 감시사회다. 이런 감시사회의 효과를 우리는 일상적으로 느낄 수 있다. 우리의 일상생활은 역사상 유례가 없을 정도로 감시받고 있기 때문이다. 물론 인간은 늘 서로에게 시선을 두고 있다. 그리고 이런 시선은 때로는 위험을 모면하게 하기도 하고 때로는 두려움을 불러일으켰다. 그러나 예전까지 이 같은 시선의 범위는 비교적 작았고 감시도 비체계적이었다. 그에 비해 오늘날에는 우리로부터 멀리 떨어져 있는 각종 기관과 조직들이 일상생활의 모든 측면을 상시적으로 감시하고 있다. 이렇게 감시가 우리 삶의 한 부분이 됐지만, 그것의 정도와 의미가 무엇인지를 우리는 이해하고 있을까? 나는 그렇지 않다고 생각한다. 감시에 대한 사회학적 연구와 윤리적·정치적 활동이 필요한 것도 이 때문이다.

감시의 실상은 가끔 실수로 부각되는데, 그제야 우리는 무슨 일이 벌어지고 있는지를 깨닫게 된다. 1999년 2월 미시간 보건 대학에서는 환자들의 진료 기록이 온라인상에 노출되는 사건이 발생했다. 환자들의 이름과 주소, 사회보장 번호, 직업, 치료 기록이 노출된 것이다. 여기에는 신부전·결장암·폐렴 외에 수많은 질병 관련 기록이 포함됐다. 이런 사태가 발생한 원인은 환자들의 진료 기록이 비밀번호가 필요 없는 사이트에 보관돼 있었기 때문이다.[1] 비슷한 시기에 캐나다에서는 항공 마일리지 관리 업체인 '에어 마일스'Air Miles 회원들이 5만여 명에 이르는 다른 회원들의 신상 정보에 접근할 수 있음을 발견했다. 여기에는 가입자의 이름과 주소, 전화번호와 이메일 주소, 신용카드의 종류와 자동차 번호, 그리고 또 다른 고객 관리 프로그램의 가입 여부(예를 들어 자주 이용하는 항공사가 어디인지) 등이 포함돼 있었다. 사람들은 에어 마일스가 회원 정보를 수집하고 그것을 판매했다는 사실에 더 큰 충격을 받았다.[2] 이런 사례들은 감시 시스템이 좀 더 간접적이고 은밀해졌지만, 다른 한편으로는 감시가 한층 더 체계적이고 정밀하게 이뤄지고 있다는 사실을 보여 준다. 그 결과 감시 시스템은 실수나 해킹 등으로 말미암아 우리가 감시 시스템과 맞닥뜨리거나 문제를 일으켰을 때만 우리의 시야에 들어온다. 다시 말해 감시 시스템은 그 파열 속에서 가장 잘 드러난다.

이런 맥락에서 감시는 개인 정보를 저장하는 것과 가공하는 것을 통칭한다. 이때 감시는 저장된 개인 정보를 통해 그 개인에게 영향을 미치거나 통제하는 것을 목표로 한다. 여기서 중요한 것은 '개인 정보'라는 단어다. 다시 말해 감시란 서로를 지켜보는 구체적인 개인을 염두에 둔 것이라기보다는, 개인으로부터 추출된 정보의 획득을 의미한다. 오늘날 가장 중요한 감시 수단은 컴퓨터다. 수집한 정보는 컴퓨터에서 저장·배치·재생되고 가공·판매·유통된다.[3] 정보가 단순히 번호나 이름을 뛰어넘어 DNA 코드나 사진 이미지로 확장되더라도 감시를 가능하게 만드는 기술은 컴퓨터 덕분이다. 정보·통신 기술이 감시의 핵심 기제가 된 것은, 컴퓨터 응용 영역이 급속도로 확장되고 기술적 진보가 이뤄진 결과다.

우리가 평소에 누리는 거래와 소통의 효율성·편리함은 오늘날 삶의 핵심적인 특징이다. 감시는 바로 이런 효율성과 편리함에 동반된다. 이 같은 사실은 매우 중요한 논제로, 앞으로 이뤄질 논의 속에서 반드시 염두에 두어야 한다. 그러므로 일상생활에서 감시의 밀도가 점점 커지는 것은 일부 자본가들의 음모나 금권주의적 충동의 해악이 아니라 이동성mobility과 속도, 안전과 소비자의 자유를 선호하는 사회 속에서 우리 스스로 조성한 복잡한 정치경제적 관계의 산물이다. 그러나 내가 이 책을 쓴 목적은 감시가 지닌 의도하지 않은 결과나 부정적 측면에 대해 독자들의 경각심을 불러일으키기 위해서다. 따라서 감시가 어떤 이점을 갖는지를 설명하는 데 많은 시간을 할애하지는 않을 것이다. 실제로 많은 정치인과 신기술 옹호론자들은 효율성과 공공질서 유지를 위해 감시가 필요하다는 주장을 적극 지지할 것이다. 그러므로 감시가 지닌 이점을 구구하게 설명할 필요는 없다.

감시를 이렇게 이해하게 되면, 감시의 의미를 말이나 행동이 의심스러운 특정 개인이 의도적으로 지켜보는 것쯤으로 생각하는 우리의 통념을 단번에 뛰어넘는다. 그러므로 일상적 감시의 요체는 당신이 평범한 생활에서 벗어나지 않더라도 당신이 한 거래와 대화, 교류, 이동, 통화 내용 등이 정부 기관이나 다른 조직에게 주목받을 수 있다는 것이다. 규칙을 위반하거나 법을 어기지 않더라도 당신의 일상은 이들에게 중요한 의미를 지닐 수 있다. 휴대전화를 쓰거나 이메일을 보내는 일은 지극히 평범한 일상생활이지만, 다른 사람과 소통하면서 남긴 흔적을 따라 누군가가 당신의 위치를 추적하거나 그것을 통해 당신과 접촉한다면 사정은 완전히 달라진다.

감시의 두 얼굴

우리의 평범한 일상이 감시의 대상이 된다는 점을 감안하면, 감시의 또 다른 속성을 인식할 수 있다. 내가 이미 암시했듯이 감시는 항상 두 얼굴을 지니고 있다. 프랑스어에서 기원한 '감시'surveillance에는 글자 그대로 '지켜보다'watch over라는 의미가 있다. 내 아이가 도로로 뛰어들다가 자동차에 부딪히지 않도록 아이를 '지켜봐 달라'고 당신에게 부탁한다고 해보자. 이때 내가 우선적으로 염두에 두고 있는 것은 '아이를 보호하는 것'이다. 내 아이가 뛰어다닐 수 있는 곳에서 당신이 내 아이를 돌봐 주기를 바라는 것이다. 또 다른 경우 나는 당신에게 내 아이가 나쁜 짓을 하지 않도록 '지켜봐 달라'고 부탁할 수도 있다. 이때 나는 특정한 도덕적 기준을 가지고 지도와 금지, 심지어는 통제를 부탁하는 것이다. 그러므로 감시와 '지켜보기'는 '보호'와 '통제'를 가능하게 하고 제한하기도 한다. 결국 감시와 '지켜보기'는 보호와 통제를 모두 포함하고 있다.

감시의 이런 두 측면은 이메일을 주고받는 과정에서도 경험할 수 있다. 문명의 이기에는 달갑지 않은 또 다른 측면이 있기 때문이다. 이메일이라는 매체는 시간과 공간의 제약을 동시에 극복할 수 있는 효율적인 소통 수단이다. 캐나다에 있는 나는 이메일을 통해 일본이나 싱가포르에 있는 친구들과 거의 실시간으로 연락할 수 있다. 시차가 있기는 하지만 그들은 깨어 있는 시간에 내 이메일을 읽을 수 있다. 하지만 이메일을 사용할 경우, 양쪽을 오가는 메시지를 누군가가 가로채기란 편지를 주고받던 과거에 비해 훨씬 쉽다. 예를 들어 국제 통신 감청망인 에셜론ECHELON은 키워드를 통해 전자 메시지를 검색한 다음 선별된 메시지를 정밀하게 점검한다. 이 또한 시간과 공간을 초월하는 이메일의 이점을 이용한 것이다. 나는 국가안보국이 내 이메일에서 뭔가 흥미로운 내용을 발견했을지 궁금하다. 이메일이라는 매체의 이 같은 투명성 때문에 나는 이메일을 사용할 때마다 머뭇거리게 된다.

하지만 감시는 늘 우리 대다수가 동의할 만한 일정한 정당성을 지니고 있다. 실제로 전화와 신용카드의 편리함으로 말미암아, 우리는 통화와 거래가 추적될 수 있다는 사실과, 이런 데이터를 통해 누군가가 이윤을 얻는다는 사실을 잘 떠올리지 않는다. 소란을 막기 위해 술집에 설치된 카메라나, 교통사고를 줄이기 위해 교차로에 설치된 카메라는 그 존재 이유가 확실해 보인다. 누구든 술집에서 즐거운 시간을 보내는 중에 소란을 경험하고 싶지 않을 것이며, 보행 신호에 길을 건너다가 차에 치여 생을 마치고 싶지는 않을 것이기 때문이다. 사람들은 자신이 낸 세금이 무자격자나 이중 수혜자들의 건강보험과 실업 급여로 부당하게 사용되는 문제에도 관심이 높다. 이런 문제를 해결하기 위해 사람들은 전자기 선이 포함된 건강보험 카드나 사진이 들어간 신분증을 좋은 대안으로 생각할 수 있을 것이다. 이처럼 감시가 가져다주는 이점은 실질적이고 구체적이며, 부정할 수 없는 것이다.

하지만 앞서도 말했듯이, 감시는 하나의 얼굴만 가지고 있는 것이 아니다. 감시는 어떤 사람들에게는 뭔가 일이 잘못될 수 있다는 두려움을 준다. 만약 개인 정보가 조작된다면 오류는 불가피하며, 그 오류는 심각할 수 있기 때문이다. 사회생활의 모든 영역에서 감시가 급속도로 확산되고 있기 때문에 보안이 뚫리거나 개인 정보가 공개되고 유출되는 등의 부작용은 그리 놀랄 일이 아니다. 하지만 시스템이 잘 작동된다 하더라도 어떤 사람들에게는 프라이버시가 가장 중요한 문제일 수 있다. 최소한 서구 사회에서는, 어떤 사안이 개인 정보와 관련될 때 대부분 곧바로 프라이버시라는 개념을 떠올린다. 프라이버시 문제는 매우 중요하다. 하지만 프라이버시에 대한 관심은 종종 감시의 또 다른 측면을 놓치게 할 수도 있다. 무엇보다도 프라이버시는 감시를 사회적인 차원의 문제가 아니라 개인의 문제로 만드는 경향이 있다. 그러나 감시에 대한 나의 논의는 이 두 측면을 모두 넘어서는 것이다.

이 책에서 나는 감시라는 문제를 사회학적인 주제로 다루고 있는데, 그것은 감시가 사회질서 그 자체에 기여하기 때문이다. 따라서 감시의 '다른 얼굴'이란, 사회적·경제적 분할을 강화하고, 행위자의 선택과 욕망을 특정 방향으로 이끌며, 나아가 사람들을 제약하고 통제하는 감시의 역할에서 비롯된 것이다. 어떤 맥락에서 이는 논쟁의 여지가 없으며 특별한 사실도 아니다. 그렇기 때문에 우리는 감시를 선뜻 받아들이기도 하고, 때로 그것 때문에 영향을 받거나 신원 확인처럼 성가시더라도 별로 해가 되지 않아 보일 때에는 그냥 따르곤 한다. 실제로 기업들이 우리가 어떤 웹사이트를 방문했는지 정보를 수집해 광고 메일을 보내도 우리는 별다른 문제를 제기하지 않는다. 우리는 첨단 기술로 무장된 국경 통제에 대해서도 별다른 이의를 제기하지 않는다. 첨단 국경 통제 시스템은 테러리스트가 사회의 평화를 망치지 못하도록 우리를 보호해 주리라는 믿음을 바탕으로 만들어졌기 때문이다.

20세기 후반부터 세계 각국은 발전된 정보 인프라를 만들기 위해 전력을 기울여 왔다. 그 결과 각국의 감시 능력은 급속하게 발전했다. 그에 비해 감시 능력의 발전이 갖는 사회적 함의에 대응하기 위한 법적·정치적 노력은 뒤처졌다. 급속도로 발전된 감시 능력은 주민들을 분류·선별하고 그들을 범주화·차별화하는 데 사용됐다. 그 결과 일부는 기회가 확대되었지만 나머지 사람들은 기회가 줄어들었다. 감시 시스템이 이런 역할을 수행한 것은 애초부터 그렇게 설계되고 계획되었기 때문이다. 하지만 감시 시스템의 효과는 감시 시스템의 설계와 계획 뒤에 있는 체제를 강화했다. 그 설계와 계획이 좋은 의도를 갖고 있든 나쁜 의도를 갖고 있든 말이다. 감시 시스템이 지닌 이 같은 효과는 지금까지 충분히 연구되지 못했고, 지금도 제대로 이해되지 않고 있다.

감시의 문제를 사회학적으로 연구하려는 일차적인 이유는 바로 이 때문이다. 이 문제는 현 사회의 핵심 쟁점이다. 현재 진행 중인 사회의 거대한 변화를 강조하기 위해 '포스트모던', '지구화', '정보사회' 등의 용어들이 고안된 데 비해, '감시사회'라는 개념은 그 같은 사회의 거대한 변화에 의해 촉발되고 또 그 변화에 기여한 특이한 사회적 과정을 강조하기 위해 고안되었다. 이 주제에 대한 전작(『전자 눈』)에서 나는 감시사회의 등장과 그것의 주요 측면들에 대해 살펴보았다. 이번 책에서는 오늘날 감시를 특징짓는 몇몇 핵심적 경향을 다른 방식으로 고찰하기 위해 감시사회의 기원과 특징을 다시 한 번 살펴보는 동시에 이를 뛰어넘어 연구를 확장하려고 한다. 비디오, 암호화, 생체 인식 기술 등의 발전으로 감시의 기술적 방향에 대해 새로운 문제들이 부상했다. 다른 한편 세계적인 경제 재편이나 인터넷의 상업화 같은 일반적인 쟁점들은 감시의 지구화와 지역화를 강하게 암시한다.

정보 인프라와 지식 기반 경제가 확립된 곳에서는 감시가 빠른 속도로 성장했다. 이른바 정보사회의 한 가지 본질적인 특징은 마치 동전의 앞뒷면처럼, 그것이 감시사회라는 사실이다. 하지만 정보 기술의 발전에서부터 논의의 실마리를 풀면 오해를 낳을 수 있다. 이런 식의 논의는 또 다른 첨단 기술 사회 시나리오로 귀결되기 쉽기 때문이다. 새로운 첨단 기술 사회 시나리오에서는 얼굴 인식 기술이나 암호화된 스마트카드 등이 미래의 새로운 물결을 결정할 것이다. 하지만 이런 시나리오는 최선의 경우 현실을 오도하는 것이고 최악의 경우에는 위험한 것이다. 왜냐하면 기술 발전의 방향은 늘 불안정하고 예측 불가능하기 때문이다. 군사적 목적에서 시작된 인터넷 기술이 학문과 상업적 용도로 발전한 것은 인터넷 기술 자체에 불가피한 추동력이 있었던 것이 아니다. 마찬가지로 감시 기술 그 자체가 미래를 주조하는 것은 아니다.

핵심 주제들

이 책에서는 네 개의 핵심 주제가 반복해서 등장한다. 이 주제들은 감시가 확산된 이유를 보여 주고, 이 과정에서 신기술이 어떤 역할을 했는지 보여 줄 것이다. 네 가지 핵심 주제란 조정coordination, 위험, 프라이버시, 권력이다. 이런 주제들은 일견 추상적으로 보일지 모르겠다. 그러나 시·공간 속에서 사회적 활동의 조정, 점점 증가하는 위험에 대한 인식, 감시를 양산하고 제한하는 데서 프라이버시의 역할, 그리고 감시사회에서 권력이 어떻게 재분배되는지와 같은 실천적인 쟁점들을 다룰 것이다. 정도의 차이는 있겠지만 이런 주제들은 우리가 일상생활에서 경험하는 감시와 관계가 있다. 또한 감시를 이해하고, 감시에 대해 정치적·윤리적으로 대응하는 데 있어 새로운 방식이 필요하다는 점을 강조한다.

조정은 신기술의 적용을 통해 사회적 관계들이 새롭게 주조되는 방식을 가리킨다. 20세기 후반까지 현대적인 사회관계는 주로 일정표와 시간표를 통해 조직되고 조정되었다. 그뿐만 아니라 공장이나 사무실에서 직접적인 감독이 이뤄졌다. 이런 수단들은 사람들이 제때 필요한 장소에 있도록 했고 (예컨대 기차를 탈 수 있도록), 같은 시간 같은 장소에서 공장의 생산 라인을 가동하거나 학교에서 공부할 수 있도록 했다. 물론 지금도 우리는 일정표와 시간표를 사용한다. 하지만 신기술 덕분에 인간의 활동은 비동시적 시간대에 있는 좀 더 넓은 지리적 공간에서 조정될 수 있게 되었다. 오늘날 인기 있는 노동자의 핵심적인 요소는 유연성이다. 여기서 유연성이란 지리적인 이동성과 유연한 노동시간을 의미한다. 노동자는 경영자나 자신의 동료 노동자와 이메일·팩스·전화 등을 통해 긴밀한 관계를 유지한다. 쇼핑 또한 시간과 공간의 제약에서 점점 벗어나고 있으며, 이는 전자 상거래가 발전함에 따라 더욱 강화될 것이다. 동시에 기업은 노동자와 고객의 소재, 그들의 일상 활동에 대해 과거 어느 때보다도 잘 알게 되었다.

바로 이 지점에서 감시가 등장한다. 오늘날 시·공간 속에서 사회적 활동을 조정하는 일은 컴퓨터를 통해 이뤄진다. 이는 일정표와 시간표를 전자적으로 활용할 수 있다는 것뿐만 아니라 조정 과정 자체가 컴퓨터의 도움으로 이뤄진다는 것을 의미한다. 식료품 가게에서 쇼핑 카트를 끌고 다니거나 고속도로에서 화물차를 운전할 때, 또는 비행기를 타기 위해 공항에 들어갈

때 당신의 움직임은 모두 감시된다. 이때 감시의 목적은 구매자가 물건을 사도록 유도하고, 트럭 운전사의 경로와 속도를 점검하거나, 탑승 수속을 마친 승객이 제 시간에 탑승구에 도착하도록 하기 위한 것이다. 이런 조정은 개인의 위치를 파악하고 그의 활동을 추적·검증하는 기계장치를 통해 이뤄진다. 그리고 보통 이 과정에서 감시 대상인 개인의 적극적인 참여가 이루어진다. 사람들의 움직임과 거래 내역은 감시 시스템에 저장되고, 그 결과 감시 시스템이 사람들의 활동을 조정하는 일에 스스로 협조하게 되는 것이다.

물론 컴퓨터에 기반을 둔 이 같은 조정이 감시 대상의 편의만을 위해 이뤄지는 것은 아니다. 우리의 일상생활을 추적하는 기관과 조직들은 위험을 관리하기 위해 노력한다. 위험이라는 두 번째 주제는 불확실성을 줄이고 결과를 통제하려는 사회의 또 다른 중요한 특징과 감시를 연관시킨다. 위험관리risk management는 새로운 현상이 아니라 1960년대 이후 지속적으로 강화돼 왔다. 다가올 유행과 시장의 반응을 예측하는 일은 고전적인 자본주의 기업가 정신에 포함된 긍정적인 위험의 일부이다. 투자나 확장의 위험을 최소화하는 것 역시 똑같은 과정의 또 다른 측면이다. 하지만 오늘날에는 이런 과정이 삶의 다양한 영역으로 확산되었다. 보험회사는 가장 대표적인 사례다. 보험회사들은 개인에 대해, 그리고 그 사람이 처한 상황에 대해 더욱 많은 것을 알고 싶어 한다. 그래야만 비용을 계산하고 확률을 산정할 수 있기 때문이다.[4] 그 결과 보험회사들은 개인의 정보를 취합할 수 있는 기준을 만들고, 감시가 작동할 수 있는 범주들을 결정한다.

오늘날 일상적인 거버넌스는 점점 더 위험을 관리하는 쪽으로 기울고 있다. 이때 위험이란 주로 자발적인 협조를 획득하고 위협적인 행동을 통제하는 것과 관련이 있다. 그러므로 감시란 위험과 관련해 주민들을 관리하는 데 필요한 지식을 생산하는 수단이다. 특정 영역에서는 다른 사람들보다 어떤 사람들에게 감시가 좀 더 엄격하게 적용되겠지만, 누구도 감시에서 벗어날 수는 없다. 물론 위험과 관련된 이력에 정신적 불안정이나 범법 행위가 포함돼 있거나 부양 능력이 없는 사람이 항공료 특별 할인 제도나 마일리지 체계의 관리를 받을 일은 별로 없을 것이다. 그러나 이들은 자신들이 경찰이나 보건 기구, 복지 기관의 감시 대상이라는 사실을 깨닫게 된다. 안전을 담보하기 위해 모든 분야의 기관은 가능한 한 많은 정보를 파악해 위험을 최소화하려고 한다. 에릭슨R. Ericson과 해거티K. Haggerty가 적절하게 지적했듯이 "제도화된 위험 통보 체계는 현대사회의 기반을 형성하며 사회생활을 관리하는 기초를 제공한다."[5]

위험관리가 발전한 사회에서 사람들이 일상생활에서 위험을 좀 더 민감하게 의식한다는 사실은 놀라운 일이 아니다. 가뭄과 태풍, 화재와 홍수 등 [자연재해의] 위험에 인간이 만든 위험들이 추가되었다.[6] 신기술의 적용이 어떻게 환경을 파괴하고 재생 불가능한 자원을 고갈시켰는가 하는 문제는 이제 흔한 주제이다. 하지만 사회 영역에서 위험관리에 신기술을 적용하는 것은 그 자체가 하나의 위험으로 이해될 수 있다. 바로 여기서 세 번째 주제인 프라이버시가 감시에 대한 대립물로 등장한다. 프라이버시는 감시를 위험으로 간주하는 여론을 조성한다. 이것이 프라이버시가 중요한 한 가지 이유이다. 프라이버시가 중요한 또 다른 이유는, 감시 과정에서 쉽게 망각되거나 실종되는 개인적 차원을 강조한다는 점이다. 하지만 프라이버시는 단순 명쾌하게 정의되거나 논의되기 어렵다.

우선 사적 영역이 무엇인지부터가 논란거리다. 시간과 공간에 대한 감각이 변하고, 전 지구적 소통의 유동성이 증대하며, 감시가 개인과의 직접 대면이 아니라 '신체 정보'에 점점 더 의존하게 됨에 따라 이런 혼선은 더욱 가중되었다. 그뿐만 아니라 사적 영역에 대한 정의는 문화마다 다르기 마련이다. 예를 들어 일본에서는 미국에서보다 훨씬 더 공개적으로 월급에 대해 얘기할 수 있다. 하지만 새로운 감시 시스템은 공적 영역과 사적 영역의 경계를 근본적으로 뒤흔드는 경향이 있다. 고용주들은 직원들의 가정생활은 물론 직장 밖 생활이 어떤지 알아낼 수 있다. 영업 사원들은 과거의 가정 방문 판매원들은 경험해 보지 못했던 쌍방향적 판매를 각 가정별로 수행 중이다. 정부 부서는 아무개 씨 네가 현관문 안쪽에서 어떻게 살고 있는지를 조사할 수 있다. 결국 사적 영역은 한때 서구 부르주아들이 꿈꿨던 것처럼 자율적인 익명성의 영역으로 남아 있지 않다.

설사 프라이버시를 정의한다 하더라도 프라이버시는 감시를 분석하기에 적절한 기준이 아니다. 감시를 묘사하는 언어는 종종 '빅 브라더' 또는 '판옵티콘' 같은 용어를 떠올리게 하는데 이런 용어들은 권력의 문제를 제기한다. 네 번째 주제가 바로 이 권력에 관한 것이다. 권력의 문제는 우리를 '프라이버시'를 넘어서는 영역으로 이끈다. 조지 오웰의 소설에 등장하는 자비로운 독재자는 비협조적인 시민을 골라내고 '텔레스크린'을 통해 그에게 명령하거나 그를 닦아세운다. 상황은 완전히 다르지만 조지 오웰이 묘사한 이런 풍경은 오늘날 일상적으로 인용된다. 한 감시원이 수감자들의 모든 측면을 지켜볼 수 있는, 제러미 벤담의 감옥 설계는 전자적으로 향상된 사회적 감옥의 원형으로 간주되기도 한다. 하지만 권력이 핵심적인 주제라면, 우리는 이 같은 비유가 오늘날의 감시를 이해하는 데 얼마나 도움이 되는지를 질문해야 한다.

감시사회에서 권력은 다양한 경로를 따라 흐르는 것처럼 보인다. 사회의 풍경을 내려다보는 중앙 감시탑 같은 것은 없으며, 감시 제도에 의해 통제는 고사하고 제약을 받고 있다고 느끼는 사람조차 거의 없다. 사람들은 대부분 신분을 증명하라는 요구에 기꺼이 협조하며, 개인 정보가 기업에 넘어가는 것을 승인한다. 사람들은 비용보다는 이익이 더 클 거라고 믿거나, 자신이 잘못을 저지르지 않은 이상 숨기거나 두려워할 게 없다고 생각한다. 나는, 감시 시스템에 대한 이런 순응이 일종의 사회적 조율social orchestration에 대한 참여로 간주될 수 있다는 점을 주장하려 한다. 어떤 이유로 사회로부터 주변화되거나 배제된 사람이 아니라면, 사회적 참여란 일반적으로 자신들의 일상생활을 추적하고 감시하는 기제에 적극 참여한다는 뜻이다. 지휘자들은 사회라는 오케스트라의 서로 다른 파트들이 적절한 시점에 조화를 이룰 수 있도록 노력한다. 하지만 그 결과는 사회적 '행위자들'의 의지와 의식적인 활동에 달려 있다. 이들이 참여해야만 사회체제가 단일한 전체로서 작동하고 유지되는 것이다.

책의 구성

이 책은 세 부분으로 이루어져 있다. 제1부는 감시사회들에 대한 것이다. 제1부의 1장에서는 현대 세계의 사회적 관계들이 점점 더 추상적인 성격을 갖게 된다는 점을 이야기한다. 지금까지의 인류 역사는 대면 접촉의 성격을 띠었다. 물론 현대에도 대면 접촉은 여전히 남아 있으나, 대부분의 관계는 다양한 매체를 통해 매개된다. 이메일이 단적인 사례다. 인간들 사이의 접촉에 회로가 개입하고 육체는 사라지고 있는 것이다. 감시사회의 첫 번째 풍경은 사라진 육체를 대신해 기술이 등장했다는 사실이다. 대화를 하거나 몸짓을 할 때 신뢰를 전달할 수 있는 육체가 사라짐에 따라 신뢰의 징표가 필요해졌다. 따라서 일상 활동이 실제 자신의 것임을 승인·검증하기 위해 감시가 이뤄진다. 감시는 진짜와 가짜를 구별하고, 포함과 배제의 기준에 따라 우리를 분류한다.

2장에서는 감시사회가 지닌 또 다른 의미를 들여다볼 것이다. 여기서 핵심은 공통의 하부 구조가 다양한 감시 활동을 어느 범위까지 하나로 묶느냐 하는 것이다. 눈에 보이지 않는 이 하부 구조는 좀 더 정확히 말하자면 정보 인프라를 의미한다. 정보 인프라들로 말미암아 다양한 감시 행위들이 전체로서 작동할 수 있고, 서로 다른 감시 행위들이 상호 연결된다. 이 책에서는 비디오나 생체 정보 감시 같은 아날로그적 감시 기술의 발전도 언급할 텐데, 이런 감시 기술도 정교한 전자 소프트웨어 시스템 덕에 가능한 것이다. 정보 인프라에 힘입어 감시는 사회의 모든 분야로 확산되고 있다. 하지만 이런 사실이 사회의 각 분야가 감시 능력을 고양시킬 수 있다는 뜻은 아니다. 3장에서 설명하겠지만 오늘날 감시 정보는 내가 '새기 쉬운 그릇'이라고 부르는 공간에서, 그리고 그 밖으로 좀 더 자유롭게 유통되고 있다.

내 딸들은 최근, 현재 살고 있는 캐나다가 아니라 호주에서 임시직을 얻었다. 이 때문에 몇 가지 새로운 관계가 생겨났는데, 우선 호주 법을 지키기 위해 세금 등록 번호를 만들어야 했고, 고용주들은 은행에 월급 계좌를 개설하도록 요청했다. 따라서 고용주들은 물론 관련 행정기관에서도 내 딸들의 재정 상황을 알고 있는 것이다. 정보 인프라 내부에서 공통된 소통 양식이 작동하고 있다는 점을 감안하면 다른 기관들도 내 딸들의 소득을 알고 있을 것이다. 우선 내 딸들이 발급받은 비자가 임시였기 때문에 이민국은 그들에 대한 정보에 접근했을 것이다. 또한 내 딸들과 전자 거래를 하고 있는 은행은 개인 정보를 다른 회사들과 공유할 수 있다는 점을 알렸을 것이다. 이런 정보들은 고객들에게 금융 상품을 홍보하는 데 사용된다. 미국에서는 이런 개인 정보를 종종 외부의 쇼핑 업체들에 팔기도 하는데, 고객이 은행의 정보 공유 제도에서 특별히 제외된 경우가 아니라면 그의 개인 정보는 여기에 모두 포함된다.[7] 예전에는 정부 부처들과 경찰, 고용주와 기업이 각기 다른 기록을 보유했다. 그러나 이제는 아니다. '새기 쉬운 그릇'은 사회에 엄청난 영향을 미쳤고 '감시사회'라는 개념은 더욱더 유용해졌다.

제2부에서는 오늘날 감시가 서로 다른 세 가지 방식으로 확산되고 있는 현실을 살펴볼 것이다. 다시 말해 제2부는 일상생활의 몇 가지 수준에서 감시가 어떻게 침투해 있는지를 보여 준다. 4장에서는 결정적으로 중요한 감시 공간으로서 도시를 조명한다. 도시는 감시의 그물망이 가장 조밀한 공간이다. 순찰과 이웃의 시선뿐만 아니라 비디오와 폐쇄 회로 카메라까지, 도시에서는 감시망이 여러 겹으로 작동한다. 건물과 도로에서도 사용자들의 행동은 기록과 감시의 대상이 된다. 도시에서 감시는 또한 전체적인 사회적 배치와도 연관되는데, 이는 도시 계획이나 기업들이 추진하는 환경 정비를 통해 이뤄진다. 그러므로 도시가 감시의 기회를 양산하는 것처럼, 어떤 의미에서 도시는 도시 자체를 생산한다. 나는 (미국 게임 업체 맥시스에서 만든 도시 건설형 경영 시뮬레이션 게임인) '심시티'SimCity라는 게임에 빗대 이런 생각을 정리해 볼 것이다.

5장에서는 감시 정보의 원천인 인간의 육체에 초점을 맞출 것이다. 이는 '육체의 소멸'이라는 문제의식과 모순되지 않는다. 오히려 개인의 신분을 검증하고 자격을 결정하기 위해 DNA 흔적과 지문, 음성 스캔 등 더 많은 자료들이 육체로부터 추출되고 있다. 앞으로는 국경을 통과할 때 지문이나 음성 검사를 거쳐야 할지도 모른다. 그뿐만 아니라 취업을 위해 소변이나 DNA 검사를 해야 할 수도 있다. 이처럼 공문서나 디지털 문서 속에서 실제 개인은 더는 중요하지 않다. 그 결과 영화 〈가타카〉GATTACA에서 그려 낸 것과 같은 분류가 일어나고 있다. 영화에서 주민들은 항상적인 혈액검사를 통해 사회의 일원이 될 수 있는 사람과 유전자상 결함이 있는 '부적격자'로 분류된다.

육체의 데이터베이스화가 미시적인 기획이라면, 6장에서는 감시 시스템의 지구화라는 거대한 틀로 시야를 확장한다. 지구는 단순한 장소나 감시의 원천이라기보다는 감시 정보가 넘나드는 거대한 공간이다. 비행기 표를 구매하는 것은 자신의 개인 정보를 양도하는 일이기도 하다. 이때 양도한 개인 정보는 전 세계로 전달되는데, 때로는 비행 자체보다도 빠르게 움직인다. 그뿐만이 아니다. 기업 활동이 전 세계로 확산되는 과정에서 감시도 지구화되고 있다. 오늘날 기업들은 지구의 한편에서 생산 공장을 짓고 또 다른 곳에 신상품 시장을 개척한다. 이런 지구화 덕분에 기발한 감시 방식이 발전하고 있다. 영국에 있는 도요타 자동차 생산 공장에서는 화장실에 자동화 설비를 도입해 노동자들의 소변 검사를 일상적으로 실시하고 있다.[8]

마지막 제3부에서는 세 가지 '감시 시나리오'를 선보일 것이다. 우선 7장에서는 감시를 설명하는 새로운 방법들을 검토한다. 감시와 관련해 자본주의와 관료제에 관한 고전적 이론으로부터 여전히 참고할 점이 많기는 하지만, 오늘날의 상황을 설명하기 위해서는 한 걸음 더 나아간 논의가 필요하다. 특히 감시 권력은 어떻게 작동하는가? 특정 감시의 부문들과 장소들을 살펴볼 때 하나의 이론적 원천으로 모든 것을 설명할 수 있을까? 이론적 원천과 관련해, 나는 이른바 후기 구조주의자들의 관심사뿐만 아니라 칼 마르크스Karl Marx나 막스 베버Max Weber의 관심사도 정당하게 평가받아야 한다고 생각한다. 어느 한쪽만으로는 감시를 충분히 설명할 수 없을 것이나, 마르크스와 베버의 관심사나 후기 구조주의자들의 관심사 둘 모두를 살펴보면 유용한 통찰을 얻을 수 있을 것이다. '살아 있는 구체적 개인'embodied person-hood은 다른 이론들의 기여를 평가할 수 있는 비판의 기초를 제공할 것이다.

이론적 논의는 또한 감시에 대한 규제나 저항의 전망을 평가하기 위한 토대를 제공할 것이다. 이 문제는 특히 8장에서 실천적인 측면에서 다룰 것이다. 감시에 대한 저항은 오늘날 이미 정당한 것으로 받아들여지고 있으며, 수많은 전선에서 이뤄지고 있다. 실제로 이루어지고 있는 감시 과정이 그런 것처럼, 감시에 대한 저항도 지구화되고 있다. 이를테면 고유한 인증 장치가 내장된 새로운 인텔칩에 대한 투쟁은 인터넷상에서 초국가적인 전자 불매운동으로 발전하고 있다. 또한 1990년대에는 눈덩이처럼 확대되는 감시 시스템의 위험성을 경고하기 위해 프라이버시 인터내셔널*이 그린피스 식의 캠페인을 펼치기도 했다. 냉소적인 사람이라면, 프라이버시에 대한 대중의 관심은 전자 상거래로 가는 과정에서 등장한 정치적 쟁점일 뿐이라고 주장할 수도 있다. 하지만 논쟁의 기회가 활짝 열릴 경우 어떤 결과가 초래될지는 아무도 모른다.

끝으로 나는 감시를, 탈근대적이고 지구화된 정보사회가 지닌 핵심적인 특징으로 살펴보려고 한다. 오늘날 감시가 사회질서 유지와 조율orchestration의 중요한 수단이 되었다는 점에는 이견이 없을 것이다. 정보사회는 감시사

---

* 프라이버시 인터내셔널(Privacy International) : 영국에 본부를 둔 국제 인권 단체로, 주로 사생활 보호 활동에 초점을 맞추고 있다.

회다. 현재 실천 가능하고 실제로 사용되고 있는 사회 관리 수단은 다양한 방식으로 주민을 분류·조정하고 통제하는 데 이바지하고 있다. 그러나 이는 과거 계급에 기초한 구분이나 서류에 기초한 관료적 분류 과정과는 완전히 다른 방식이다. 우리는 한 개인의 이력에 관한 정보와 인구 자료, 그리고 생체 인식 정보가, 사회적·지구적 환경의 변화 속에서 어떻게 역동적인 권력의 원천으로 등장하고 있는지를 이제 막 이해하기 시작했다. 이런 권력의 원천들이, 현존하는 자본주의적 질서를 어떻게 강화하는지, 또한 소득과 성별, 인종과 지역 등에 따른 전통적 구분에는 어떤 영향을 미치는지 아직 충분히 탐구하지 못했다. 하지만 감시 정보의 흐름이 지금과 같은 지구화된 정보사회를 사는 사람들의 삶의 기회에 중대한 영향을 미친다는 것은 분명하다.

이 같은 점들을 염두에 두면, 감시라는 문제는 사회학적 탐구의 주제일 뿐만 아니라 윤리적이고 정치적인 주제가 된다. 결론에서 나는 이 문제를 집중적으로 조명할 것이다. 지구화한 정보사회가 그런 것처럼, 사회를 마치 원격 조정 장치로 조종하듯이 잘 관리하면 도덕적 기준에 대한 호소는 줄어들 것이라고 가정하곤 한다. 실제로 지그문트 바우만Zygmunt Bauman은 사회적 삶의 영역이 어떻게 도덕적 비판으로부터 성공적으로 분리되고 있는지를 연구하면서, 이런 상황을 제어하는 데 적절한 윤리적 기준을 진지하게 발전시켜야 한다고 정확하게 지적했다. 이런 윤리적 기준을 통해 차이와 분할division이라는 근대성의 딜레마를 넘어서야 한다는 것이다(Bauman 1993). 하지만 감시 시스템 안에는 이미 몇 가지 사이비 도덕이 판을 치고 있다. 허울뿐인 윤리 말이다. 단적인 예로 위험관리식 접근법은 공리주의적인 도덕관에 기초해 있다. 이 공리주의적인 도덕관은 관용과 죄책감, 공정함 같은 다른 도덕적 기준을 효과적으로 제거한다. 특정한 사람들에게 보험의 기회를 박탈하거나, 도심에 거주하는 사람들에게 높은 보험료를 매기는 등의 사례는 이 같은 문제를 잘 보여 준다. 그 결과 한 개인에게 부여되는 삶의 기회는 (사회경제적 계층 내부의 소비 성향이나 규칙, 그리고 법률을 위반하지 않을 가능성 같은) 개연성에 의해 좌우된다.

전작인 『전자 눈』에서 이미 밝혔듯이, 감시 시스템을 바람직하지 않고 회피해야 할 미래로 보는 것은 옳지 않다. 감시 시스템에 부정적인 면이 있는 것은 분명하지만 우리는 감시 시스템을 바람직하고 가능한 미래라는 긍정적인 관점에서도 바라볼 수 있어야 한다. 최악의 경우 바람직하지 않은 미래는 오웰이 묘사했던 빅 브라더를 능가하는 악몽이 될 것이다. 그러나 현재 주류를 이루고 있는 위험관리식 접근법은 피할 수 있는 것들에 초점을 맞춤으로써, 부정적인 측면을 영속화시킬 뿐이다. 그것이 꼭 디스토피아는 아니더라도 말이다. 나는 사회정의와, '살아 있는 구체적 개인'에 호소할 수 있는 적절한 윤리적 기준이 생길 수 있으리라 믿는다. 이런 윤리적인 기준을 통해 우리는 오늘날 감시사회가 제기하는 문제들에 대처할 수 있는 실천 방식을 찾아낼 수 있을 것이다. 물론 이런 윤리적 기준을 도출하는 것은 무척 힘든 일이고 치열한 논쟁이 따를 것이다. 하지만 그렇다고 해서 지금의 감시 시스템에서 추구하는 사회적 구분과 위험관리가 최상의 윤리적 해법이라는 믿음이 굳건해지도록 내버려두는 것은 무책임한 일이다. 그러므로 위험관리와 사이비 윤리에 맞서 새로운 윤리적 기준을 제기하는 것이 우리의 과제이다. 새로운 윤리적 기준이 기업과 정부의 정치와 정책에서 어떤 함의를 갖는지를 해명하는 것은 또 다른 과제이다. 일상생활에 대한 감시가 점점 더 전면화되는 현실에서 이 두 가지 과제에 대응하는 것은 시급한 일이며 지속적으로 이루어져야 한다.

제1부

감시사회

1
육체의 소멸

    감시사회의 등장은 육체의 소멸과 긴밀히 맞닿아 있다.[1] 서로 멀리 떨어져서 어떤 일을 할 때, 육체는 사라진다. 전화 통화는 목소리만으로 소통하는 것이다. 이메일을 주고받을 때는 이런 육체의 흔적조차 사라져 버린다. 그 결과 웃는 모습의 이모티콘 등이 보이지 않는 얼굴을 대신한다. 이처럼 공간적인 제약 때문에 사라진 육체를 되돌리고자 요즘은 화상회의 같은 시도가 이뤄지기도 한다. 정치인과 기업인, 과학자 들은 원격 화상회의로 실제 만나는 것과 같은 효과를 어느 정도 거둘 수 있다. 화상회의에서 이들은 상대방의 목소리만 듣는 것이 아니라 신체 언어body language를 이루는 몸짓과 시선 등도 포착할 수 있다. 하지만 대부분의 관계에서는, 특히 컴퓨터를 기반으로 하는 정보 소통 과정에서는 살아 있는 구체적 개인이 사라진다.

    '육체의 소멸'은 정보·통신 기술의 성장과 확산을 특징으로 하는 근대성의 기본적인 문제이다. 사람들의 행동을 눈으로 지켜보는 등의 직접적인 감시가 점점 불가능해짐에 따라 개인의 흔적을 추적할 수 있는 사회 기관들이 생겨나기 시작했다. 이 기관들은 파편화되고 순간적이며 사소한 정보들을 하나로 묶어 조합하려 애쓰고 있다. 이들에게 감시는 자신들의 시야에서 사라진 것들을 다시 볼 수 있게 하는 수단이 된다. 여기에는 우리의 육체는 물론이고 우리와 관계있는 사람들의 육체도 포함된다. 이런 감시는 사회 기관들에게, 적어도 특별히 주목받는 상황이 발생하기 전에는, 우리가 그들과 적절한 관계를 유지하고 있다는 확신을 갖게 한다.

'육체의 소멸'은 첩보물이나 탐정 소설에나 나옴 직한 말이지만 실제로는 매우 보편적인 현상이다. 전통 사회에서 사람들은 직접적인 면대면 관계에 있었다. 다시 말해 사람들은 상대방과 몸으로 부대끼면서 관계를 맺었다. 어떤 사람과 한 공간에 함께 있는 것을 '공현존'co-presence이라고 부르는데, 인류 역사의 대부분에서 사회적 소통과 교환은 '공현존'이라는 맥락에서 이뤄졌다. 사회적 관계 속에서 사람들을 묶어 주는 것은 '서로의 눈을 바라보는 관계'에서 비롯되는 신뢰였다. 악수를 통해 거래를 마무리 짓는 것도 같은 원리다.

그러나 현대에 들어서면서 사람들을 통합하는 방식은 근본적으로 변했다. 교통과 통신의 발전으로 말미암아 이동성이 증대했고, 사회제도들이 인간관계를 중재할 수 있게 됐기 때문이다. 이에 따라 신분을 확인하는 수단으로 '서명'이 점점 더 중요해졌고 은행 등의 기관들은 이런 변화를 수용했다. 전화와 같은 발명품이 그랬듯이, 이런 기관들은 인간의 활동 범위를 확대했다. 그 결과 직접 대면하지 않고도 좀 더 많은 활동이 가능해졌다. 개인 인증 번호 같은 징표가, 공현존에서 사람들이 갖게 되는 신뢰를 대체했다.

1960년대 이후 육체는 한층 더 빠른 속도로 우리 눈앞에서 사라지고 있다. 정보·통신 기술로 인해 팩스나 유선전화뿐만 아니라 이메일과 신용카드 거래, 휴대전화와 인터넷을 통해 소통할 수 있게 되었다. 대면 접촉 없이도 많은 관계가 가능해진 것이다. 따라서 육체와 개인적 경험이 분리되는

데, 육체와 분리된 개인적 경험의 상당 부분은 사회적인 것이다.[2] 전자 케이블이나 위성 신호 그 자체가 관계를 묶는 끈은 아니지만 사람들 사이의 유대는 점점 더 전자 장치에 의해 매개되고 있다. 이런 관계들이 빠른 속도로 확산됨에 따라 전통적인 통합 방식을 대체할 필요성 또한 시급해졌다. 육체로부터 이탈된 추상적인 관계는 인간의 기억 속에서가 아니라 데이터뱅크와 컴퓨터 망 속에서 유지된다. 우리가 감시라고 생각하는, 개인의 세부 정보에 대한 의도적이고도 집요한 관심은 이렇듯 탈육체화된 관계들을 하나로 묶어 주는 중요한 수단이다.

이 점은 왜 감시가 점점 확산되는지, 왜 일상생활에 대한 개입이 자꾸 잦아지는지를 역사적·사회구조적 차원에서 짚어 준다는 측면에서 충분히 강조할 만하다. 그렇다고 감시의 부정적 측면이라든가 혹은 감시 체제를 만들고 운영하는 기관들의 이해와 권력관계에 대한 관심이 바로 촉발되는 것은 아니다. 개인 정보에 대한 관심이 탈육체화된 관계들을 하나로 묶는 수단이 됐다는 사실은, 새롭게 형성된 사회적 조건들에 대한 구조적 대응으로서 감시가 발전해 온 여러 방식에 주목한 것일 뿐이다.

거기에는 물론 간첩 활동이나 첩보 수집 활동의 경우처럼 권력의 이해가 종종 개입되고, 감시 대상들에게 영향을 미치거나, 그들을 조종·통제하려는 욕구가 숨어 있다. 이후부터는 오늘날 감시 속에 개입된 권력관계와 그 부정적인 측면을 집중적으로 조명할 것이다. 이는 독자들에게 우리가 곧잘 외면하는 게 무엇인지 일깨우고 싶어서다. 감시는 항상 어떤 목적과 가치, 권력관계를 나타내지만, 그것 자체가 애초부터 부정적이거나 해롭다거나 반사회적인 것은 아니다.

감시에 대해 내가 지금까지 이야기한 바는 다른 여러 가지 방식으로도 탐구해 볼 만한 것들이다. 첫째, 우리는 육체가 완전히 사라진 세계에서 사는 것이 아니다. 다행히도 가정과 직장, 여가에서 우리는 여전히 '공현존'을 충분히 누리고 있다. 엄밀히 말하면, 일상생활의 대면 접촉에 더해 전자적으로 매개되는 수많은 관계들이 중첩돼 있고, 이런 관계들이 우리의 미래와 기회에 직간접적으로 관련을 맺는다고 하는 게 맞다.[3] 우리 각자에게는 일정 수의 가족과 친구, 직장 동료, 주기적으로 만나는 동호인 들이 있다. 하지만 우리는 우리가 접해 본 적도 없는 사람들이나 기관, 정부 부처 들과 거미줄처럼 얽힌 광범한 관계망 속의 한 부분이기도 하다. 세금을 환급받을 때나 청구서를 받을 때, 또는 광고를 접할 때나 이들 관계망을 인지할 뿐이라 해도 말이다. 이런 현실이 지역과 국가, 기술 발전 수준 같은 변수에 따라 얼마나 다른지 현재로서는 파악된 것이 거의 없다.

둘째, 이런저런 관계 속에서 육체가 사라짐에 따라 '공'과 '사'라는 현대적 관념이 도전받고 있다. 한때 '사적'이던 생활 방식 전반이 '공적'인 컴퓨터 시스템 속에서 유통되는 순간 '공'과 '사'의 경계는 모호해진다. 이 같은 문제의 일부는 물리적 세계에서 전자 공간으로의 이동에 있다. 가정이라는 울타리 안의 영역이 외부의 요구와 압력으로부터 자유로운 피난처라는 허구적 발상은 전자 장치들에 의해 정보가 집 안팎을 드나들면서 전복된다. 이런 정보의 흐름은 때로는 우리가 모르는 사이에 이뤄진다. 심지어 현대사회에서는 '나 자신의 것'으로, 따라서 사적이라고 여겨지던 육체조차 이젠 감시 정보의 원천이 되었다. 하지만 역설적이게도 살아 있는(육체를 지닌) 구체적 개인은 여전히 보이지 않고 이미지와 흔적만이 의미를 가질 뿐이다. 이처럼 육체가 소멸됨에 따라, (감시에 대비되는) 프라이버시에 집중되었던 관심은 약해진다. 이 문제에 대한 이해 또한 아직 충분하지 않다.

셋째, 나는 우리가 사는 사회가 단순한 추상적 존재라는 인상을 주고 싶지 않다. 그뿐만 아니라 정보·통신 기술이 사회적으로 육체의 소멸을 가져왔다고 암시하고 싶지도 않다. 물론 정보·통신 기술은 육체의 소멸을 가져온 일차적 수단이다. 하지만 이런 과정이 어떻게 발생했는지는 사회적·기술적 관계들이 얽혀 있는 복잡한 문제다. 신기술은 특정한 사회적 양식과 목적의 산물이면서 거꾸로 특정한 사회적 양식과 목적에 영향을 미친다. 상호 구성이라는 미묘한 과정이 발생하는 셈이다. 전자회로와 소프트웨어 프로그램만큼이나 경제적 야심과 문화적 압력 들이 크게 영향을 미치는 이런 과정에 대해 사회과학이 관심을 기울이게 된 것은 최근의 일이다.

시간과 공간의 재편성

우리는 흔히 '시간과 공간'time and space에 대해 이야기한다. 하지만 이 경우 '시-공간'time-space이라고 하는 편이 좀 더 정확할 것이다. 시간과 공간, 이 둘은 서로 분리할 수 없는 사회적 삶의 핵심적인 차원이다. '시-공간'의 재편이 왜 중요한 문제인지는 이미 살펴봤다. 감시사회의 성장은 새로운 시-공간적 관계의 발전을 의미할 수도 있다. 근대 초기에 공간은 경계가 확정된 영토로, 그리고 시간은 측정 가능한 지속으로 받아들여졌다. 이 같은 감정 구조structures of feeling[4] 또는 경험의 틀 안에서 사회적 삶은 새로운 방식으로 조직될 수 있었다. 예를 들어 자본주의 기업가들은 공장이라는 공간과 시계, 그리고 일정표를 통해 노동자들을 효율적으로 통제할 수 있었다. 노동자들은 정해진 시간 동안 특정한 공간에 한데 모여서 일했다. 그 결과 사회학자인 앤서니 기든스Anthony Giddens가 지적했듯이, 시계와 시간표 같은 장치가 사회적 활동을 조율하는 수단으로서 점점 더 현대인의 삶을 지배하게 되었다. 교통·통신은 물론 학교와 병원, 그리고 각종 관료 조직 들이 시계와 시간표에 따라 운영되었다.

20세기 후반에 들어서면서 컴퓨터가 사회적 활동을 조율하고 통제하는 수단으로서 역할을 하기 시작했다. 물론 과거의 시계가 그랬던 것처럼 컴퓨터 자체가 이런 변화의 원인은 아니다. 하지만 컴퓨터와 같은 장치들은 현재 진행되고 있는 변화와 밀접하게 연관돼 있다. 그러므로 기술적인 발명품들이 '시-공간'을 서로 다른 방식으로 묶어 주고 있다고 생각하는 것이 좋을 것이다. 헤럴드 애덤스 이니스Harold Adams Innis는 구술 문화의 대면 관계와, 기록에 기초한 원격 관계를 대비시킴으로써 이런 통찰을 처음 적용했다.[5] 이 경우에 과거와 현재를 하나로 묶는, 다시 말해 시간을 연결하는 수단은 기록이다. 한편 인쇄는 공간을 연결하는 데 적합했다. 인쇄술 덕분에 과거보다 먼 거리까지 사회적 관계(예컨대 사법 체계)를 조율할 수 있게 됐다. 그 뒤 전보와 전화 등의 발전으로 교통과 통신의 분리가 가능해짐에 따라 공간적 연결은 더욱 심화되었다. 그 결과 원거리 관계가 일반 사람들에게도 현실이 되었는데, 20세기 중반 무렵에 이미 북미와 유럽 주민들 간에도 이런 관계가 가능했다.

20세기 후반 동안 전산 처리와 통신 속도가 엄청나게 빨라졌다. 그 결과 시간이 단축됐고 이는 곧 공간적 거리의 압축으로 이어졌다. 이처럼 새로운 기술을 사용하면서 시-공간은 더욱 쉽게 엮일 수 있게 되었다. 문화 지리학자인 니겔 스리프트Nigel Thrift가 지적했던 것처럼 이제 사회적 경험은 기동성이라는 특징을 갖게 되었다.[6] 이는 공간적으로는 멀리 떨어져 있지만 기술적으로 연결되어 있는 사회적 관계들에 대해 여러 가지 함의를 지닌다.

사회적 관계들은 이제 좀 더 즉흥적인 것이 되었고 역사와 전통에 대한 연계도 느슨해졌다. 관계에서 관심사는 눈앞의 것이 되었으며, 신념이나 오랜 시간 인정되어 온 가치들보다 [당장의] 행동이 중요해졌다.

감시가 이뤄지고 있고 누군가에게 관심이 집중되고 있을 때, 그의 행위를 감시하기란 신념이나 사전에 계획된 행동을 감시하는 것보다 쉽다. 따라서 컴퓨터를 기반으로 하는 감시가 추적하는 것은 주로 이런 종류의 정보이다. 적절한 사례로는 쌍방향 교류로 만들어진 정보를 들 수 있다. 이 같은 정보는 슈퍼마켓에서 인터넷에 이르기까지 우리가 일상생활에서 흔히 접하는 상거래나 다른 교환 행위 안에서 추적할 수 있다. 기업들이 가장 추적하고 싶어 하는 것은 우리의 소비 행태다. 기업들은 우리가 언제, 어디서, 어떤 용도로 무엇을 샀는지를 알고 싶어 한다. 기업이 '녹색' 시장에 관심이 없다면 우리가 환경보호와 관련해 어떤 신념과 소비 태도를 갖고 있는지에 대해서도 관심을 갖지 않을 것이다.

스리프트에 따르면 19세기 이후로 속도와 빛, 전력은 오늘날 감정 구조의 중요한 측면을 이루어 왔고, 이제 이 세 가지는 하나로 융합되고 있다. 이동 속도가 빨라지면서 연하장과 같은 품목들의 유통이 가능해지고 여행이 그 자체로 새로운 의미를 갖게 되었다. 전등은 밤에 새로운 의미를 부여했을 뿐만 아니라 인간의 위치를 확인하고 배열함으로써 새로운 차원의 감시를 가능하게 만들었다. 특히 스위치 하나로 작동하는 전력은 눈에는 보이지 않지만 실재하는 것의 사례가 되었고 일상생활에 새로운 은유들을 만들어 냈다. 사회는 통합된 전력망에 의존하고 있다. 스리프트는 20세기 후반에 이르러 이 세 가지 요소가 '이동성'으로 통합·수렴되고 있다고 분석했다. 교통수단이 발전함에 따라 관광·출장·이민이 급증한 것처럼 전자 기술이 발전하면서 직간접적인 통신을 이용하는 횟수가 급증했다. 사람이 직접 관찰하지 않는 곳에서도 빛의 기계적 복합체mechanical complex를 통해 시각화가 가능해지도록 지각 자체도 자동화되었다.[7] 이런 '전방위적인 감시'는 군사기술에서 비롯되었는데, 군사기술의 시뮬레이션에는 실제 인간의 육체는 물론, 보이지도 않고 볼 수도 없는 대상들에 대한 인공적인 시각 이미지들도 포함된다.

시-공간의 새로운 재편에는 스리프트의 흥미로운 설명을 뛰어넘는 함의가 있다. 이동성은 유목민적인 세계와 유동적인 사회질서를 창조한다. 그러므로 공항의 환승 구역에서 감시가 강화되는 것은 놀라운 일이 아니다. 실제로 1997년 영국항공은 런던 중심부의 빅토리아 역에서부터 모든 여행객의 위치를 추적하는 스마트카드 시스템을 시험 가동했다.[8] 철도역과 공항 탑승구에서 여행객의 흐름을 좀 더 원활하게 개선하기 위한 것이었다.

감시가 급증하고 있는 간접 통신 분야는 오늘날 일상생활의 또 다른 특징을 보여 준다.[9] 불안정하고 불확실하며 탈영토화되고 있는 세계는 주체성과 육체, 그리고 장소에 대한 전통적인 관념에 여러 가지 문제를 제기한다. 현대의 감시 상황에서는 몇몇 목적을 위해 디지털화한 인격이 주체의 표상으로 간주된다. 유전자나 생체 인식 방식을 사용함으로써 감시 대상의 자기표현 없이도 육체를 감시하는 일이 가능해졌고 공간들은 일시적으로 점유될 뿐이다. 따라서 육체와 공간을 연결하는 것은 [구획화된 공간적] 전통보다는 [분산된 정보의] 흔적들이다. 공간들 사이의 경계나 심지어는 육체 그 자체의 내부와 외부를 구별하는 경계도 한층 불확실해졌다. 이는 감시가 분산된 권력에 의존하게 됐음을 의미한다. 질 들뢰즈Gilles Deleuze는 이런 현상들을 '통제 사회'라고 부른다. 그는 과거의 구획된 공간과, "연속적인 네트워크와 궤도 속에서 요동하는" 오늘날의 경험을 대비시킨다.[10] 중요한 것은 "장벽이 아니라 합법적이든 불법적이든 개개인의 위치를 추적하고 시-공간을 초월해 조정 효과를 발생시키는 컴퓨터이다."

시-공간과 관련된 질문들은 감시에서도 결정적으로 중요하다. 움직이는 육체와 시각과 관련해서도 마찬가지다. 누가, 어떤 목적을 위해, 어떤 수단으로, 무엇을 보는가? 속도가 지배하는 세상에서, 순간적으로 이뤄지는 통신은 비행기가 먼 곳으로 승객을 실어 나르는 것보다 훨씬 빨리 개인 정보를 이동시킨다. 이때 개인 정보는 지구적인 정보의 흐름 속을 유동한다. 하지만 이 개인 정보에는 그 사람의 의료 기록이 포함돼 있을 수도 있고, 망막이나 지문 등 육체의 일부를 이용해 그 사람의 신분을 확인할 수도 있다. 이처럼 새로운 감시 기법들은 인간의 행동들을 거시적·미시적 수준 모두에서 추적·조정할 수 있으며 둘 사이에 상호 작용을 일으킬 수도 있다. 기술과 사회가 어떻게 연관되어 있는지를 좀 더 깊이 살펴보려면 우리는 이동성의 세계에서 '공과 사'가 어떻게 인식되고 있는지를 점검해 봐야 한다.

무뎌지는 공/사의 경계

20세기 감시 시스템과 감시 활동이 전례 없이 성장하기까지는, 프라이버시를 보호한다는 명분이 적지 않은 기여를 했다. 프라이버시 보호라는 관념은 특히 북미에서 지배적이었는데 유럽에서는 개인 정보의 보호라는 차원이 더 중요하게 취급되었다. [그러나] 솔직히 말해, 많은 사람들은 예나 지금이나 이 문제에 대해 큰 관심이 없다. 하지만 이는 '프라이버시'가 여전히 호소력 있는 가치라는 사실을 역설적으로 보여 주는 것일 수도 있다.

프라이버시의 문제는 근대성의 고정된 시-공간 속에서 대두했고, 20세기 후반 특유의 새롭고 더욱 가변적인 (아마도 탈근대적이라고 할 만한) 감정구조로까지 이어진다. 권력관계가 달라지면서, '사적인 공간'에 '혼자 있을 권리'가 늘 핵심 쟁점이었던 것은 아니다. 그럼에도 프라이버시에 대한 우려와 관심은 컴퓨터를 기반으로 한 감시의 적절한 범위가 어디까지인지를 묻는 데 필요한 실마리였다. 그러므로 오늘날 프라이버시의 경계가 아무리 모호해졌다 하더라도 이를 통해 문제를 살피는 것은 가치가 있다.

프라이버시와 관련된 관념들은 모든 문화에 존재할 것이다. 하지만 프라이버시를 어떻게 바라보느냐는 시대와 장소에 따라 다르다. 조르주 뒤비Georges Duby는 사생활을 은둔과 휴식이 지배하는 '면책의 영역'으로 정의했다.[11] 항상 그런 것은 아니지만 이때 사생활은 주로 가정domestic과 관련된 것으로, 단순한 고독과는 다르다. 근대 서구 사회에서 공과 사의 구분은 성별에 따른 구분을 내포하고 있었다. 여성은 주로 사적인 공간, 그리고 남성은 공적인 영역과 결부되어 있었다. 그러므로 공과 사의 개념은 이미 접근권의 불평등함을 내포하고 있었다. 이는 다시, 침범이 금지된 영역인 '사유재산'의 개념과도 관계가 있는 듯하다. 이처럼 공과 사의 구분은 근대 도시의 성장과 그 속에 깃든 익명화된 관계들과 연관이 있다.[12] 게오르크 지멜Georg Simmel이 '이방인들의 사회'라고 부른 이런 사회는 그 사회와 대비되는 사적이고 친밀한, 격리된 영역을 창출하는 데 기여했다. 적어도 이 영역에 대해서만큼은 국가기관이든 방문 판매상이든 문밖에서 일단 기다려야 했다. 현관문안은 개인이 통제하는 사적인 공간이기 때문이다.

서구의 근대성은 자본주의와 국민국가 아래서 '독립적 개인'이 등장했다는 점에서 특징적이었다. 개인은 가족과 집단, 도시로부터 자유로웠고 서로 구별되었으므로 새로운 민주적 질서에 자유롭고 효과적으로 참여할 수 있었다. '개인'이라는 담론은 이렇게 출현했다. 다른 한편, 역설적이게도 이런 변화는 개인 정보의 수집으로 이어졌다.[13] 각자의 정체성이 확립됨에 따라 개인들 간의 구별은 분명해졌지만, 그만큼 그들을 통제하기가 쉬워진 것이다.[14] 이로써 버트런드 러셀Bertrand Russell이 지적한 것처럼 20세기 초에는 '직접지'knowledge by acquaintance에서 '간접지'knowledge by description로의 이행이 이뤄졌다.[15] 타인에 대한 지식을 직접적인 접촉보다는 정보가 매개하게 된 것이다.

반면에 개인**주의**는 자본주의의 본질적인 특징이라고 보기는 어려울 듯하다. 예를 들어 일본의 자본주의는 고도로 집단주의적이다. 독일의 자본주의 또한 북미의 자본주의만큼 개인주의적이지 않다. 이런 사실은 '사적인 개인'이 완벽하게 독립적이었던 적은 지금껏 없다는 점에서, 그리고 어떤 사회들에서는 [여전히] '사적인 개인'이 거의 독립적이지 않다는 점에서 프라이버시와 관련해 여러 함의를 갖는다. 이런 맥락에서 우리는 C. B. 맥퍼슨C. B. Macpherson이 '소유적 개인주의'possessive individualism라고 부른 원리가 서구 문화에 만연해 있다는 사실을 상기해야 한다. 이는 개인을 '자기 자신에 대한 소유자'로 간주한다는 것을 의미한다. "인간의 정수는 타인의 의지로부터의 자유이다."[16] 이는 프라이버시에 대한 논쟁에서 중요한 의미를 갖는다. 어쨌든 오늘날의 소비 자본주의 문화는 개인주의적인 특징을 지니고 있는데, 이는 사적인 개인을 방어해야 한다는 강력한 유인이 있음을 의미하기 때문이다.

프라이버시는 미국에서 특히 중요하게 여겨진다. 스티븐 녹Steven Nock이 지적했듯이 적어도 미국에서는 프라이버시에 대한 욕구로부터 감시가 출현했다.[17] 녹은 "이방인들의 사회는 사적인 사회"라고 주장한다. 왜냐하면 이방인은 우리의 개인사에 접근하는 것이 거부되기 때문이다. [그래서 상대방은 내게 이방인이고 나는 상대방에게 이방인이다.] 예를 들어 우리는 낯선 사람들에게서 물건을 산다. 이때 우리는 물건을 판매하는 사람들이 거래 상대로서 믿을 만한지를, 판매하는 쪽은 우리가 값을 치를 능력이 있는지를 서로 확인해야 한다. 바로 여기서 문제가 제기된다. 즉 매일 교류해야 하는 이들의 평판·신용·자격을 개별적으로 평가할 기회를 갖지 못한다면, 이방인(혹은 기관)들은 누구를 신뢰할 수 있는가?

이때 조직들은 일반적으로 이방인들에 대한 감시 정보를 생산함으로써 신뢰성 문제를 해결한다. 이런 정보들은 운전 면허증 같은 자격증이나 소변 검사 같은 검사를 통해 얻어진다. 이방인들 스스로 각자 자신이 신뢰할 만하다는 사실을 증명할 기회가 부족할 때, 우리는 다양한 경제 행위자들과의 교환율을 유지하거나 높일 것을 판단하는 데 필요한 신뢰를 확인하기 위해 감시 시스템에 의존한다. 물론 이런 과정에서 감시 시스템의 확산이 오히려 프라이버시를 위험으로 내몰 수도 있다. 하지만 이런 부작용이, "감시가 프라이버시를 추구하는 과정에서 발생하는 역설적인 산물"이라는 녹의 통찰을 부정하는 건 아니다.[18]

독자 중에는 이런 논의가 공적·사적 영역의 관계에서 서류나 파일, 그리고 점점 더 전자적 환경 속의 관계로 넘어가고 있음을 알 수 있을 것이다. 하지만 현실의 공간이든 서류상 혹은 전자적 공간이든 두 영역 모두가 중요하다는 사실을 기억해야 한다. 사람들은 길거리와 같은 공적인 공간에서도 프라이버시를 지키고 싶어 한다. 다시 말해 공적인 공간에서도 개인의 자유를 누리고 싶어 한다. 만약 거리에 설치한 카메라가 통행자들의 모습을 기록한다면 카메라에 찍히는 사람들은 그 영상을 누가, 어떤 용도로 사용하는지, 그리고 그 영상은 얼마 동안 보관하는지 당연히 알고 싶어 할 것이다. 똑같은 이유로, 직장 화장실에 비슷한 장치가 설치됐을 때 이를 기꺼이 받아들일 사람은 아마 없을 것이다. 그곳이 설사 또 다른 의미에서 '사유재산'일지라도, 사람들이 그 안에서 아무것도 할 수 없다는 사실을 의미하는 것은 아니기 때문이다.

최근의 기술 변화는 문제를 더욱 복잡하게 만든다. 보안 카메라 장치는 그 장치를 작동하는 사람들만 볼 수 있는 것이 아니다. 보안 카메라 장치로 획득한 이미지는 디지털화할 수 있다. 이미지들이 전자정보의 형태를 취하게 되면 이는 다른 용도로도 사용될 수 있는 것이다. 어떤 축구 팬은 텔레비전 중계 카메라에 자기 모습이 찍히는 걸 원하지 않을 수도 있다. 아내에게, 일하고 있다고 혹은 어머니를 만나고 있다고 이야기했는데, 축구 경기를 관전하는 모습이 중계 카메라에 찍혀, 집에서 스포츠 뉴스를 보던 아내에게 거짓말이 탄로될 수 있기 때문이다. 하지만 축구장 난동을 줄이기 위해 폐쇄 회로 화면에 찍힌 이미지들을 디지털 이미지로 변환해, 훌리건들의 사진과 자동으로 비교해 볼 수도 있다. 이런 경우 문제는 감시의 눈으로부터 개인의 프라이버시를 지키는 것이 아니다. 그렇다면 당사자도 모르는 사이에 어딘가에서 그의 사진을 훌리건들의 사진과 비교하는 일은 정당한가? 이는 정보의 디지털화와 관련해 떠오르는 쟁점이다. 누가, 어떤 목적으로 이미지들에 접근할 권리를 갖는가? 개인들은 자신의 행동에서 추출된 정보의 사용을 통제하거나 제한할 수 있는가?

이런 변화에 대처하기 위해 '정보 프라이버시'에 대한 정책적 고려 등 다양한 제안들이 나왔다. 이는 프라이버시와 관련된 토론을, (가상공간의 인터넷 사이트와 같은) 공간적 비유로부터 도출된 범주들 너머로까지 확장시키는 데 도움이 되었다. 하지만 신체 정보의 문제를 다루게 될 경우 '정보 프라이버시'라는 개념은 난점을 드러낸다. 이와 관련해 물리적 공간이나 디지털 정보와 직접적인 관계가 없는 프라이버시에 대한 다른 정의들도 그동안 꾸준히 제기되었다. 이 정의들은 전자적인 환경을 '공적인 공간'으로 이해하고자 했다. 커뮤니케이션 분석가인 로한 사마라지바Rohan Samarajiva는 이런 맥락에서, 프라이버시가 "사회적 관계의 경계 조건을 명시적으로 또는 암묵적으로 협상할 수 있는 능력"이라고 제시한다.[19]

또한 사마라지바는 프라이버시가 갖는 사회관계적 성격을 지적한다. 이는 정책 이론가인 프리실라 리건Priscilla Regan이 강조한 것이기도 하다. 리건은 프라이버시를 "개인의 이익에 봉사하는 것만이 아니라 보편적이고 공적이며, 집단적인 목적에 기여하는 것"으로 간주해야 한다고 주장한다.[20] 동시에 프라이버시에 대한 사마라지바의 정의가 명확하게 보여 준 것처럼, 공적 영역과 사적 영역의 경계를 설정하는 것은 기술적인 맥락 안에서 발생한다고 본다. 사회적 관계들은 신뢰에 의존하지만 감시 상황에서 기술적인 능력은 신뢰를 왜곡시킬 수 있다(예를 들어 소비자의 개인 정보를 다른 용도로 이용한다든지). 역으로 필립 에이거Philip Agre가 커뮤니케이션 연구의 관점에서 언급했듯이, 정보 인프라는 '신뢰 구축에 필요한 조건'을 창조할 수도 있다.[21]

하지만 감시와 관련된 문제 제기를 위해 '프라이버시' 개념을 사용할 때 맞닥뜨리는 더 큰 난관은 '프라이버시'의 개념이 시기와 장소에 따라 다르다는 점이다. 앞서 지적했듯이 유럽과 북미 간에도 프라이버시 개념에는 적지 않은 차이가 있지만, 그래도 프라이버시에 관해 일정한 공감대가 형성돼 있다. 하지만 동아시아 국가들의 경우에는 사정이 완전히 다르다. 이곳에서 프라이버시는 수사적인 표현에 불과하다. 예를 들어 일본에서 프라이버시와 의미가 가장 가까운 용어로는 가족이나 직장 또는 동호회에서 타인들과 공유하는 '이너 라이프'inner life(내면적 생활, 정신생활) 정도가 있다. 이는 서구 세계와는 다른 문화적 접근법을 잘 보여 준다. 프라이버시 개념은 성별에 따라서도 의미가 다르다. 프라이버시 개념은 앞서 얘기했듯이 가정이라는 영역과 관련이 있다. 하지만 기업에서 직원을 채용하기 전에 건강 검진을 실시하는 것처럼 사회생활에서의 어떤 기회와 관계가 있기도 하고, [마케팅을 위해] 남성과 여성을 차별화하는, 상업적 목적의 감시와 연관되기도 한다. 반면에 (서류로든 디지털 방식으로든 간에) 여성에게는 너무나 익숙하지만 남성에게는 불편할 수 있는 절차를 남성에게도 적용해 부분적으로나마 감시를 동등하게 하는 효과를 거둘 수도 있다. 이로써 '프라이버시' 문제는 정보 시대의 중요한 쟁점으로 떠올랐다.[22]

프라이버시가 사람들의 관심을 집중시킬 만큼 중요한 문제임에도 그 자체로 감시사회의 핵심을 건드리지 못하는 것은 이런 이유 때문이다. 물론 프라이버시라는 개념을 포기할 수도 있고, 실제로 프라이버시에 관심을 기울이는 사람이 거의 없으므로 이를 추구할 가치가 없다고 주장할 수도 있다.[23] 하지만 감시가 제기한 쟁점들이 프라이버시라는 측면에서 어떤 식으로든 다뤄질 수 있다면, 중요한 건 이런 쟁점들을 어떻게 '공과 사'라는 개인주의적이고 성차별적인, 그리고 자민족 중심주의적인 개념을 넘어서 일반화할 수 있는지를 규명하는 일이다. (이 분야의 모든 정책 발전에 중요한 요소인) '공정한 정보 행위'에 대한 실천적 아이디어뿐만 아니라 인간 존엄성과 사회적 정의라는 좀 더 폭넓은 개념을 참조하는 작업이, 이런 요구에 해답을 줄 수 있을 것이다.

이런 폭넓은 개념은 공간이 아닌 '말'speech을 더 중시하는 것일 수 있다. 왜냐하면 정말 중요한 것은 신뢰 관계 속에서 자신을 타인에게 자발적으로 드러내는 우리의 능력이기 때문이다. 이것은 거리의 감시 카메라나 작업장에서의 약물검사 같은 문제들과는 직접적인 연관이 없어 보일 수도 있다. 게다가 그것은 앞으로 논의하겠지만, 사회적 불평등을 유지하는 수단으로서의 감시와도 상관없어 보인다. 하지만 신뢰 관계 속에서 이뤄지는 자발적 드러냄의 원칙이, 말에서 육체를 기반으로 한 소통으로 확장된다면, 어떤 형태의 자기 공개도 여기에 포함될 수 있을 것이다. 자발성에 기초한 원칙과 제도 또는 개인 간 신뢰 관계는 역으로 [이에 대해 충분한 설명이 이뤄진 상태에서 얻어진] 사전 동의라는 발상을 전제하고 있는데, 이 발상은 공정한 정보 행위에서도 발견할 수 있다.

그렇지만 오늘날의 감시 상황에서 신기술이 수행하고 있는 역할을 생각한다면, 공적 영역과 사적 영역을 구성하는 데 신기술이 어떤 역할을 하고 있는지도 반드시 살펴봐야 할 것이다. 이런 점에서 기술과 사회의 관계를 재검토하는 게 좋겠다.

기술과 사회의 재결합

기술과 사회는 상호 구성 과정 속에 서로 엮여 있다. 앞에서 나는 감시사회가 어떻게 기술에 의존하고 있는지, 그리고 정보·통신 기술이 새로운 사회질서 속에서 어떻게 시-공간을 하나로 연결하고 있는지를 설명했다. 특히 전자적인 환경에서, 공적인 것과 사적인 것의 구성과 관련해, 기술이라는 쟁점에 대해서도 언급했다. 기술을 단지 프라이버시에 대한 위협으로 간주하는 것이 정당했다면 그런 시절은 끝난 것 같다. '프라이버시를 향상시키는 기술'에 많은 투자가 이뤄지고 있기 때문이다. 다시 말해 기술을 언급하지 않고 감시와 프라이버시 같은 주제에 관해 의미 있는 토론을 하기란 불가능하다. '기술'을 한낱 독립된 실체로 간주하는 것은 논의를 오도하는 것이다. '시간과 공간'이라는 용어를 '시-공간'으로 압축한 것처럼, '기술과 사회'라는 용어도 '기술-사회'technosocial라는 용어로 압축하는 것이 더 나을 것 같다. 어감이 안 좋을지는 몰라도 '기술-사회'라는 용어는 오늘날의 사회관계에서 기술이 지닌 함의는 물론이고 기술과 사회가 불가분하게 맺는 상호작용을 강조하는 데도 유용하다.

신기술에 대한 오늘날의 설명들이 지닌 심각한 문제는 결정론을 내포하고 있다는 점이다. 여기서 기술혁신은 정보사회와 사이버 사회를 출현시킨 일차적인 동인으로 간주된다. 물론 이런 기술결정론의 과잉이 오늘날의 문제만은 아니다. 역사 속에는 새로운 기술과 도구, 방법이 당대의 문제들을 해결하고 새로운 종류의 사회로 인도할 것이라고 믿었던 사례가 무수히 많았다. 제임스 캐리James Carey는 이를 '기술의 숭고미'technological sublime라고 명명했다.[24] 하지만 기술적 잠재력은 결코 사회의 운명이 아니다.

이처럼 기술을 맹목적으로 숭배하게 되면 그것이 약속했던 성과를 생산하지 못하는 건 말할 것도 없고, 기술에 대한 신비화와 예속이라는 오래된 행태를 되풀이하게 된다.[25] 앞서 예로 든, 프라이버시를 향상시키는 기술에 관한 이야기에서도 우리는 기술결정론적인 사유의 흔적을 발견할 수 있다. 전자 상거래 같은 영역에서 보안 문제가 제기되고 있지만, 또 다른 한편에서는 새로운 기술이 이런 문제를 극복할 것으로 기대한다. 기술 종속에 대한 일부 비판가들 또한 결정론의 함정에 빠져 있다는 점을 유념할 필요가 있다. 새로운 기술적 성과가 지닌 부정적인 효과를 강조함으로써 기술 자체를 악마화하는 결정론 말이다.[26]

기술을 바탕으로 해 새로운 사회질서를 설명하는 방식이 어떻게 인기를 얻게 되었는지를 살펴보는 것은 쉬운 일이다. 실제로 이른바 '정보사회'에서 신기술은 삶의 모든 측면에 침투해 있다. 그 결과 정보에 의존하게 되고, 사회관계에서부터 뇌의 작동에 이르기까지 모든 현상을 이해하는 데 필요한 비유들[예컨대 사회관계를 그래픽으로 표현하는 것이나 뇌 단층 사진 등]을 컴퓨터와 전기통신이 제공하고 있다. 니겔 스리프트가 지적했듯이 "새로운 기계들은 사회의 모델이 되었을 뿐만 아니라 그 사회 모델의 가장 뚜렷한 전조sign가 되었다."[27] 이는 컴퓨터 학자 데이비드 겔런터Daivid Gelernter가 『미러 월드』Mirror Worlds에서 '톱사이트'topsight(전투기 조종사의 헬멧에 부착돼 각종 정보를 제공해 주는 장치)를 예로 들면서 긍정적이고 명확하게 묘사한 것처럼 감시 상황에도 적용할 수 있다. 겔런터는 인간이 컴퓨터 화면 속에서 보는 것이 실제 세계의 거울 이미지라고 주장한다. 컴퓨터 화면상의 이 '미러 월드'는 체계적인 '확대와 탐색'을 통해 사용자가 사회적·정치적 상황에 대한 전체적인 그림을 얻을 수 있도록 한다. "모형 잠수함 속에 있는 탐침 장치처럼" 말이다.[28] 구두 상자만 한 [모형] 잠수함 속의 감시사회.

하지만 이런 기술결정론은 많은 점에서 도움이 되지 않으며, 오해를 불러일으킬 수 있다. 무엇보다 먼저 기술결정론은, 물리적 육체와 살아 숨 쉬는 자아들이 실재하는 현실 세계를 보지 못하게 한다. 도시 생활의 혼란스러운 현실과 사회적 분열, 경제적 불평등, 정치적 갈등 등은 바람직하지는 않지만 피할 수 없는 것이다. 기술결정론이 왜 잘못된 것인지를 증명해 주는 사례는 많다. 예를 들어 가상공간에 대한 견해 중에는 과장이 많다. 물론 일부 사람들에게 가상공간은 현실의 살아 움직이는 세계를 대체하는 새로운 종류의 사회적 실재다. 데이터의 지구적 이동과 전자적인 관계 속에서 개인들이 맺는 네트워크는 도시라는 공간을 초월하는 것처럼 보일 수도 있다. 그러나 전자 네트워크와 다양한 형태의 통신, 교통 등이 모두 도시라는 공간에 집약되어 있다는 점에서, 가상공간은 도시 공간 위에 포개어져 있는 것으로 보아야 할 것이다.

감시기술의 사회학은 기술에 대한 이해가 전제되어야 한다. 기술에 대한 언급 없이 단순히 사회현상을 설명하는 것만으로는 충분하지 않기 때문이다. 그러므로 기술 변화를 사회관계로 환원시키는 사회결정론은 기술결정론만큼이나 부적절하다. 기술적인 가공물과 시스템은 일단 도입되고 나면 사회적 행위를 효율적으로 유도하고 제약하며, 사회적 행위 자체를 가능하게 하고 그것에 한계를 설정한다. 물론 기술적 가공물과 시스템이 그 자체로 '영향'을 만들어 내는 것은 아니다. 하지만 사회관계 안에서 이들이 실제로 맡고 있는 역할을 부정하는 것은 오늘날 사회적 삶의 가장 광범위한 양상에 대해 눈을 감는 것이나 마찬가지다. 이런 현실은 오늘날 컴퓨터 기반의 감시와 관련해 특히 설득력을 갖는다. 감시가 '프라이버시'에 대해 어떤 의미를 지니든 간에, 그것은 사회적 차별과 분할을 강화하는 효과를 발휘하기 때문이다. 뉴욕의 도시계획 위원이었던 로버트 모제스가 고안한, 낮은 다리와 통로는 좋은 비유가 된다. 모제스는 흑인과 가난한 사람들을 태운 버스가 도시의 특정 지역에 진입하지 못하도록 높이 제한을 만들었다.[29] 나는 새로운 기술에 기초한 감시 시스템이 오늘날 이와 비슷한 역할을 하고 있다고 본다. 다른 점이 있다면 오늘날의 감시 시스템은 범주화와 위험관리를 통해 눈에 보이지 않게 삶의 기회에 영향을 미치고 있다는 사실이다.

물론 모든 감시 기술이 눈에 안 보이는 것은 아니다. 거리에서 우리는 감시 카메라를 쉽게 볼 수 있을 뿐만 아니라 지문 인식 장치나 홍채 인식 장치도 눈에 잘 띈다. 하지만 게리 T. 마르크스Gary T. Marx가 지적하듯이 새로운 감시 기술은 그 존재를 인식하기 힘들게 하면서도 더욱 강력하게 만드는 경향이 있다.[30] 실제로 불가시성은 두 경우 모두에 해당된다. 왜냐하면 실제로 중요한 것은 물리적인 장치가 보이느냐의 여부가 아니라 물리적인 장치의 이면에 있는 체계적인 범주화와 분류, 사회적 구분의 과정이 보이느냐의 여부이기 때문이다.

이로부터 또 다른 논점이 제기된다. 기술적 시스템들은 사회적으로 형성되고 사회적 결과를 낳는다. 그리고 이 사회적 결과들 가운데 일부는 애초에 기술적 시스템이 고안될 때 의도했던 바를 넘어서기도 한다. 기계장치는 소형화되고 은폐될 수 있지만, 감시와 분류의 조용하고 섬세한 과정은 가차없이 진행된다. 그러나 눈에 보이던 보이지 않던 그 시스템은 그것을 고안하고 설치·작동시키는 인간 및 조직과의 연관 속에서 작동한다. 이것이 앞서 언급했던 기술 사회의 세계다. 기계장치와 시스템은 사회적 환경과 행위자들에 의해 고안되고 형성되지만, 역으로 사회관계가 어떤 모습을 띠게 될지에 영향을 미친다. 이런 영향에는, 사회관계를 특정한 방식으로 '인식'하는 능력도 포함된다.

감시 기술은 비록 그 적용 범위가 작더라도 감시 기술 자체에서 파생되는 부수 효과가 있으며 이 효과는 가변적이다.[31] 예를 들어 제임스 룰James Rule과 피터 브랜틀리Peter Brantley는 뉴욕의 한 인쇄 회사에서 작업 과정에 대한 세밀한 관찰이 이뤄지고 있다는 사실을 발견했다. 이런 감시가 이뤄지는 원인은 고객들이 주문한 제품이 어떤 공정을 거치고 있는지를 점검하는 컴퓨터 시스템을 설치했기 때문이었다. 이처럼 처음에는 다른 목적으로 설치되었지만 감시 시스템은 노동자들을 감시·감독하는 기능을 수행할 수 있다.[32] 이런 사례는 수없이 많은데, 클리브 노리스Clive Norris와 게리 암스트롱Gary Armstrong이 말하는 '확장 가능한 변이성'expandable mutability이라는 개념으로 잘 설명할 수 있다.[33] 이들은 이 개념을 통해, 특정한 목적으로 설치한 감시 카메라가 결과적으로는 다른 역할까지 수행하게 되는 과정을 설명했다.

하지만 비슷한 기술적 시스템이 다른 맥락에서도 폭넓게 쓰이는 것은 우연이 아니다. 두 가지 이상의 자료를 통합해 필요한 사람들의 명단을 작성하는 자료 비교 검색은 경찰만의 독점물이 아니다. 마케팅 회사들이 잠재적 고객들을 상대로 광고를 하고 구매를 유도하는 것 역시 정확히 이런 기술을 응용한 것이다. 한쪽에서 범죄 용의자를 범주화하는 기술이 다른 쪽에서는 구매를 자극하기 위해 고객을 범주화하는 데 이용되는 것이다. 이처럼 동일한 기술이 서로 다른 맥락에서 다른 목적으로 사용될 수 있다. 동시에 사람들의 행위 유형과 미래의 경향을 예측하는 감시 시뮬레이션은 위험관리에서 그 비슷한 원천을 발견할 수 있다. 위협과 위험을 최소화하고 결과를 예측하려는 욕망은 관리 통제에 유용한 지식을 축적하고 정보를 교환하는 것, 다시 말해 감시로 귀결될 수 있다는 얘기다.

물론 이런 이야기가 곧 동일한 기술적 시스템이 어디에서나 동일한 결과를 가져온다는 것을 의미하지는 않는다. 문화적 맥락과 특정한 가치 지향이 결과에 영향을 미치기 때문이다. 실제로 이른바 '프라이버시 보호' 기술은 사적 영역에 침투하는 데 쓰인 기술과 동일한 기술 과학적 원천, 즉 암호화에서 비롯했다. 앞서 살펴봤듯이 큰 틀에서 보자면 서로 다른 국가들에서 구축한 감시 시스템들은 각국의 정치 관행이나 문화 또는 종교적 신념에 따라 다른 결과를 낳는다. 필립 에이거가 '미러 월드'에 대한 겔런터의 비판을 통해 짚었듯이 "컴퓨터의 표상은 많은 점에서 인간의 표상과 다르다. 그뿐만 아니라 컴퓨터가 인간 행위의 표상을 창조하고 유지하기 위해서는 엄청난 사전 작업이 있어야 한다."[34] 에이거에 따르면, 표상을 둘러싼 규범적인 관계는 산업사회와 비산업사회에서 각기 다를 뿐만 아니라, 데이터가 개인의 신상을 드러내는 식의 문제가 발생하더라도 데이터베이스 설계자가 즉각 또는 자동적으로 개별 신상과 데이터 기록을 분리하지도 않는다. 왜 그럴까? 강력한 경제적·정치적 이해 탓에, 수집한 개인 정보를 당초와는 다른 목적으로 이용하려는 경향이 있기 때문이다. 서로 다른 문화적 환경에서 감시 기술이 어떻게 발전·사용되고 수정·제한되는지를 이해하려면 이 같은 폭넓은 맥락(여러 조직은 물론 평범한 사람들까지 자신의 삶을 꾸리는 데 준거가 되는 신념과 이데올로기)을 인식해야 한다.

　도시 거리 곳곳에 설치된 감시 카메라의 발전이든, 전자 상거래를 위해 개인 정보 네트워크가 구축된 월드와이드웹이든, 심지어 육체의 일부와 코드를 신분 확인의 수단으로 사용하는 유전자와 생체 인식 감시 방식의 발전이든, 기술은 인간 행위자와 사회조직, 구조를 포함하는 네트워크와 결합해 있다.[35] 각각의 네트워크는 감시와 관련해 어떤 역할을 하는지에 따라 탐구되어야 하지만, 동시에 하나의 전체로서 해독되어야 한다. 네트워크를 작동시키는 코드는, 인간이 [코드를 통해] 어떻게 구성되는가 하는 높은 차원의 관념으로부터 최근 유행하는 위험관리 방식에 이르기까지 다양한 수준과 연관되어 있다. 어떤 경우든 네트워크는 중립적인 것과는 거리가 멀며, 그래서 윤리적 비판과 정치적 논쟁에 취약하다.[36]

　그러므로 육체의 소멸이라는 문제는 감시사회를 이해하는 데 결정적으로 중요하다. 이 문제는 수많은 사회관계들의 해체를 보완하려는 시도로 어떻게 감시 시스템이 등장했는지를 보여 준다. 그뿐만 아니라 오늘날의 감시가 '살아 있는 구체적 개인'보다는 이들 개인을 추상화한 정보에 근거를 두는 경향이 압도적으로 강하다는 사실도 일깨워 준다. 중요한 것은 [실제 개인이 아니라] 기록된 행태들의 더미 속에서 추출된 데이터 이미지다. 빠르게 변하고 유동적인 세계에서 사회적 통합의 양식은 갈수록 추상화되고 있고, 감시 장치들은 우리의 움직임을 따라잡으려 애쓰고 있다.

육체의 소멸이라는 명제는 프라이버시에 대해서도 새로운 관점을 제시한다. 유목화된 세계 속 이방인들의 사회는 프라이버시를 추구하고, 프라이버시는 감시를 불러들인다. 개인의 자격과 평판을 증명하기 위해서는 신분 증명 번호와 바코드가 기입된 카드 등 신뢰의 징표가 필요해졌다. 가정이나 육체라는 사적 영역들은, 발전을 거듭하고 있는 감시에 맞설 방어 수단이 될 수 없어 보인다. 물리적 공간의 중요성이 점점 줄어들고 있기 때문이다. 이처럼 전자 기술이 새로운 문제를 제기하고 있는 만큼 '살아 있는 구체적 개인들'과 정의justice의 중요성을 상기시키기 위해서는 새로운 방식이 필요하다. 그렇다 해도 새로운 기술이 결코 그 자체로, 자율적으로 작동하는 건 아니다. 새로운 기술은 우리가 감지할 수 없는 사회적 분류social sorting 시스템과 그 시스템들이 구현하려는 목표에 기여한다. 새로운 기술을, 사회적 배치가 이뤄지는 새로운 양식으로 이해해야 하는 이유가 여기에 있다. 정보·통신 기술이 왜 중요한지에 대해선 다음 장에서 살펴볼 것이다.

2
보이지 않는 감시 네트워크

21세기의 감시사회들은 복합적인 통신·정보 기술의 네트워크에 의존하고 있다. 네트워크 그 자체는 눈에 보이지 않지만, 비디오와 위성, 생체 인식 감시 등 모든 종류의 감시는 네트워크를 기반으로 한다. 그러므로 네트워크는 정보 인프라라고 할 수 있을 것이다. 빔 벤더스Wim Wenders의 난해한 영화 〈폭력의 종말〉The End of Violence(1997)에서는 로스앤젤레스를 이런 정보 인프라에 전적으로 의존하는 도시로 묘사한다. 여기에서 천문 관측대는 위성 감시 작전의 위장막으로 사용된다. 이 위성 감시 작전을 통해 로스앤젤레스는 감시되고 특정한 방향으로 인도된다. 이 장에는 영화 속에 등장하는 것과 같은 편집증적인 의도는 없다. 하지만 영화 속에 나오는 두 가지 주제는 주목할 만하다. 하나는 숨어 있는 인프라가 잘 묘사돼 있다는 점이고, 또 하나는 주인공이 남긴 불멸의 대사로, "이렇게 거대한 시스템 아래에서는 남용의 가능성이 크다."는 점이다.

오늘날 컴퓨터와 전기통신의 영향력에 둔감한 사람은 거의 없을 것이다. 컴퓨터와 전기통신의 영역은 가장 빠른 속도로 성장하는 경제 분야다. 그뿐만 아니라 이 영역은 사회·경제·정치·문화 등 거의 모든 영역에 걸쳐 커다란 함의를 갖는다. 이런 현실 속에서 각국 정부는 정보 기술의 미래와 계획을 구상해 왔다. 이는 '정보사회'에 대한 일본의 한발 앞선 구상부터 1970년대 후반부터 추진된 프랑스의 '정보화' 정책,[1] 그리고 1980년대 북미권에서 고안된 '정보 고속도로',[2] 1990년대 싱가포르의 '지능 섬'Intelligent Island 구상, 말레이시아가 21세기 초를 겨냥해 추진했던 '멀티미디어 대회랑'Multimedia Super Corridor 프로젝트까지 이른다. 하지만 이들 기획에서는 두 가지 핵심적인 주제가 실종되곤 한다. 하나는 이런 신기술들이 어디에서 유래했으며 어떻게 20세기 후반에 수렴됐는가 하는 문제다.[3] 다른 하나는 잠재적인 부작용을 포함해, '정보화 시대'가 사회와 개인에게 갖는 좀 더 폭넓은 함의이다.

두 번째 문제와 관련해 나는 정보사회는 그 정의에서부터 감시사회라는 점을 자세하게 살펴볼 것이다. 정보 기술에 의존하고 있는 현 사회질서를 전문용어로 뭐라 할지는 중요하지 않다. 이 글을 쓰고 있는 지금 '지식 기반 경제'[4]라는 말이 한창 유행인데, 사실 지식에 기반을 둔다는 사회들은 과거 어떤 사회보다 개인 정보에 대해 체계적이고 적극적인 관심을 가질 수밖에 없다. 역설적이게도 이런 개인 정보가 개인의 인격이나 대면 관계로부터 분리된 것임은 물론이다. 그러나 기술의 확산이 본래 이런 결함을 갖고 있는 것은 아니다. 반면에 '정보사회'와 '지식 기반 경제'를 낙관하는 담론과는 달리, '감시사회'라는 용어는 분명 잠재하는 부정적 결과들에 방점을 찍고 있다. 내가 강조하고 싶은 것은 '정보사회'나 '지식 기반 경제'가 일정 부분 감시라는 차원을 포함하고 있다는 사실이다. 이 감시의 차원은 일상생활에 영향을 미치기 위해 만들어지고 있는 수많은 기관들 앞에 그 어느 때보다 일상을 투명하게 드러낸다.

이제 인프라에 대해 좀 더 구체적으로 살펴보자. 근대성은 기술 인프라에 의존해 그 안에서 살아간다는 것을 의미한다. 기술 인프라는 종종 작동이 두절되는데, 우리는 이때야 비로소 그것에 주목한다. 갑자기 전기가 꺼져 주위가 캄캄해지거나, 도로에 구멍이 나 차가 덜컹거리는 일이 일어나지 않는다면 우리는 인프라의 존재를 당연하게 생각한다. 그러나 우리가 매일 의존하고 있는 인프라는 결국 인간이 구축한 것이고 많은 사람이 그것을 공유한다. 폴 에드워즈Paul Edwards가 지적하듯이, 인프라는 "재화와 서비스의 끊임없는 흐름을 생산하는 시스템들의 네트워크"이다.[5] 인프라는 단순한 하드웨어가 아니라 사회조직이자 사회적 지식인 것이다. 그러므로 인프라는 근대성의 자연적·기술적·사회적 환경을 떠받치는, 눈에 보이지 않는 토대이다. 인프라는 (예를 들어 교통 체계가 우리를 특정 장소로 이동시키고 재생 불가능한 에너지를 고갈시키는 경향이 있듯이) 우리 생활의 테두리를 정하고, 다른 이해관계들을 희생하는 대가로 특정 이해관계를 증진시킨다. 앞서 살펴봤듯이 뉴욕의 도로 교통 인프라의 일부는 몇몇 부유한 지역에 가난한 사람과 흑인 버스 이용자 들이 접근하지 못하도록 막는다. 그러므로 인프라는 사회적 삶을 결정하지는 않더라도 사회생활의 다양한 측면들을 제약하거나 가능하게 만든다.

정보 인프라는 특히 네트워크 형성의 논리를 입증하고 촉진한다. 그 속에서 정보는 원료이자 생산물이다. 이처럼 네트워크화된 시스템의 분산성distributed nature은 폴 에드워즈가 '가상의 인프라'라고 한 말에 집약되어 있다. 정보 인프라는 산업사회의 다른 인프라들보다 훨씬 더 쉽게 변화하고 피드백이 원활하다. 이와 동시에 컴퓨터를 기반으로 하는 정보 인프라의 군사적 유래는 민간 정보 인프라의 특징에도 영향을 미쳤다. 완전 자동화된 전장의 배후에 자리 잡고 있는 명령·통제 시스템이라는 성배聖杯는, 도시의 치안 시스템이나 상업적 데이터 기반의 마케팅에서도 발견할 수 있다.

이처럼 하나의 영역에서 그와는 다른 영역으로 정보 시스템이 병행 발전하는 것은 인프라의 중요한 특징이다. 이 책에서 살펴볼 정보 인프라의 또 다른 특징은, 일단 하나의 정보 인프라가 만들어지면 이 정보 인프라가 다른 종류의 기술 시스템이 작동할 수 있는 토대를 제공한다는 사실이다. 비디오와 폐쇄 회로 텔레비전CCTV, 생체 인식 방식이나 유전자 검사 방식은 모두 정보 인프라 덕분에 감시 능력을 발휘할 수 있다. 정보 인프라가 없다면 DNA 기록이나 텔레비전 이미지의 감시 능력은 크게 제한될 것이다. 정보 인프라의 또 다른 특징은 정보 인프라가 사용될 수 있는 지리적 범위다. 항공 인프라와 마찬가지로 정보 인프라는 지구적인 차원에서 작동할 수 있다. 이는 곧 감시가 지구화할 수 있다는 사실을 의미한다.

여기서 문제가 제기된다. 정보사회는 왜 감시사회이며, 정보사회는 어떻게 감시사회가 되는가? 그리고 정보사회가 감시사회라는 사실은 지난 30년 동안 빠른 속도로 진행 중인 지구적 재편에 관한 논쟁과 어떤 관련이 있는가? 이런 질문에 대한 답의 일부는, 모든 정보사회가 감시사회이기는 하지만 정보사회의 발전은 각국의 문화와 기술 수준, 정치적 우선순위, 정치체제 등에 따라 다양하다는 것이다. 예를 들어 독일의 경우에는 영국이나 미국과 달리 스포츠 경기장에서 안전을 유지한다는 이유로 개인의 이미지를 타인이 이용할 수 없다. 하지만 국민국가와 정부에 국한해 보자면, 감시사회란 감시 행위가 모든 사회적 부문에 만연해 있는 사회를 말한다. 더욱이 이런 감시 행위는 국가와 경제, 문화의 역할 변화와 연루돼 있다.

국가의 역할 변화와 축소를 둘러싸고 활발한 토론이 이루어지고 있다는 것에 주목할 필요가 있다. 토론을 이끄는 이면의 동력 가운데 하나는 국가가 이제는 감시에 온힘을 쏟을 필요가 없다는 점이다. 수많은 기관이 효율적인 감시를 수행하는 덕분에 사회질서가 유지되고 있기 때문이다. 하지만 나의 논점은 감시**사회들**에 분석의 초점을 맞추는 것이 국가권력이 위축되고 있음을 주장하는 것은 아니라는 데 있다. 감시사회에 주목하는 것은 오히려 국가는 물론이고 국가를 넘어선 수많은 기관들까지 일상화된 감시를 수행하는 통에 오늘날 감시가 일반적인 사회현상이 되었다는 점을 말하기 위해서다.

정보사회가 감시사회라면 정보사회는 첨단 경찰국가를 닮았는가? 시간과 공간의 조율이 긴밀해지면서 기술의 지배로 말미암아 모든 사적 공간들이 제거되었는가? 만약 그렇지 않다면 지금 무슨 일이 벌어지고 있는 것일까? 나는 감시사회가 냉혹한 권력이 세운 음흉한 극장이라는 인상을 주려는 의도도, 그렇다고 별 문제가 없다고 자위할 생각도 없다. 감시사회의 개념은 어떤 고정된 상태라기보다는 하나의 사회적 경향이며, 상당히 중요한 사회적 추세에 가깝다. 그러므로 현재 벌어지고 있는 상황은 일종의 사회적 조정 과정에 가깝다는 생각이다. 그 속에서 감시는 진행형이며 상호작용하는 과정이다. 우리는 감시사회와 관련된 주요한 주제들을 식별할 수 있다. 권력은 제 역할을 하고 있으며, 평범한 사람들은 대개 시스템과 결탁하고 때로는 저항을 단념한다. 그러나 이것이 결국 통제나 강제를 강화할 것인가? 그것은 전적으로 우리가 하기 나름이다.

감시사회들의 공통점과 차이점

감시사회들은 서로 공통점이 많지만, 동시에 나라에 따라 혹은 경제 분야에 따라 큰 차이가 있다. 신기술들은 새로운 방식으로 감시를 강화하고 조직화하는 데 기여하지만 그 자체로 변화를 주도하지는 못한다. 왜 근대사회는 정보사회인가? 일찍이 19세기 중반 알렉시스 드 토크빌(de Tocqueville 1945)과 다른 논자들이 지적했듯이 근대사회는 전례 없이 관료적 문서화와 개입에 의존하고 있기 때문이다. 근대적 정부 행정은 개인 정보의 수집과 기록에 의존한다. 마찬가지로 근대성의 또 다른 핵심적 요소인 자본주의 기업 또한 효율성을 높이고 이윤을 늘리기 위해 역사상 전례가 없을 만큼 피고용자들을 감시·감독하고 있다. 따라서 근대성은 권력을 산출하고 유지하기 위해 정보와 지식에 의존한다. 그리고 이 같은 정보 대부분이 개인 정보이다 보니, 개인 정보에 대한 집중은 감시를 불러온다.

이런 관점에서 보자면 다음 두 가지가 분명해진다. 첫째, 감시 능력의 확장은 근대성의 한 측면이라는 점이다. 이는 우리가 사회적·경제적·정치적 배열을 조직과 통제라는 합리적 체제로 바꾸려는 시도에서 만들어 낸 세계의 한 부분이다. 이런 체제들은 육체의 소멸을 보완하기 위해 노력한다. 대중 민주주의와 생산성의 증대라는 발명은 세상을 좀 더 살기 좋은 곳으로 만들기 위한 노력에서 비롯되었다고 볼 수 있다. 이는 부분적으로 신의 섭리로부터 영감을 얻었지만 더 중요한 역할을 한 것은 진보라는 시대정신이었다.[6]

이로부터 파생하는 두 번째 결론은 감시가 원래 반사회적이고 억압적인 과정은 아니라는 사실이다. 근대성의 특징인 개인 생활에 대한 관심은 투표권이나 국가의 지원을 받을 권리와 같은 시민권의 혜택을 받을 자격이 있음을 증명해 준다. 그뿐만 아니라 노동자들이 정당하게 보수를 받거나 적절한 시기에 승진 혹은 은퇴할 수 있도록 보장한다. 관련 정보가 축적되고 이를 통해 개인의 신원을 확인하고 그의 요구를 확인할 수 있다. 감시가 근대성의 말기에 변모하고 있다고 해서, 그리고 특정한 환경에서 부정적으로 사용될 수 있다고 해서, 감시가 근대화된 사회생활의 한 단면이라는 현실을 바꿀 수는 없다.

그렇다면 1980년대까지는 왜 '감시사회'라는 용어가 등장하지 않았을까? 그리고 '감시사회'라는 용어가 사용된 이후, 왜 이 용어에는 위협과 경고라는 부정적인 함의가 담기게 된 것일까? 감시사회의 디스토피아를 묘사한 조지 오웰의 『1984』는 1950년대 후반부터 널리 알려진 고전이었다.[7] 수십년에 걸친 냉전 시기 동안 오웰이 묘사했던 종류의 경찰국가는 단적으로 소련과 동유럽의 위성국가들, 세계 도처의 국가사회주의 국가들을 가리키는 것처럼 보였다. 그러나 두 가지가 모든 것을 바꾸어 놓았다.

하나는 1980년대 후반에 있었던 공산주의의 붕괴였다. 그 결과 오웰이 묘사한 경찰국가가 공산주의 국가가 아닌 다른 종류의 사회에도 적용될 수 있게 되었다. 이는 조지 오웰이 자신의 작품에서 이미 암시했던 것이다. 비공산주의 사회도 감시사회가 될 수 있는 것 아닌가? 다른 하나는 감시가 목적인 컴퓨터의 사용이 급속히 증가했다는 점이다. 이는 1960년대에 시작해 1980년대에 이르러서는 사회의 다양한 분야로 확산되었다. 실제로 『1984』는 1984년 이후에 영화화되었다. 그리고 정확한 통계는 없지만, '오웰적'or-wellian이라는 표현은 공산주의 경찰국가보다는 컴퓨터 기반의 감시를 묘사하는 데 더 자주 쓰였다.

1980년대에 이르면 광범위하고 체계적인 정치적·경제적 구조 조정의 기술적 기초가 통신과 정보 기술이라는 점이 명확해졌다. 일본 통산성MITI은 이런 신기술을 정보사회로 가는 경로로 적극 발전시켰고, 프랑스 정부 역시 비슷한 노선을 취했다. 캐나다·독일·스웨덴 같은 국가들도 일본과 프랑스의 뒤를 바짝 쫓고 있다. 미국은 잠시나마 '정보 고속도로'를 국제적 화두로 제시하기도 했다. 싱가포르·말레이시아·한국·인도네시아 등 환태평양 지역 일부 국가들도 정보 인프라 건설에 필요한 정책을 추진 중이며,[8] 주장珠江 삼각주를 관통하는 중국의 정보 거점인 홍콩이나 남아프리카공화국도 비슷한 전략을 채택하고 있다. 20세기 후반부터 시작된 사회적 변화에서, 컴퓨터 기반 기술이 전략적으로 그리고 결정적으로 중요하다는 사실이 입증되고 있는 것이다. 따라서 정보사회에 대한 과장된 구호들을 믿지 않는다 하더라도, 정치경제와 사회관계들이 근본적으로 변화했다는 현실은 인정하지 않을 수 없다.

'감시사회'라는 용어는 정보 기술의 가능성에 대한 관심이 정점에 이르렀을 때 등장했다. 1985년 사회학자 게리 T. 마르크스는 "컴퓨터 기술로 인해, 총체적인 사회통제에 저항하는 마지막 장벽이 무너지고 있는"[9] 오웰적 상황을 지칭하기 위해 이 용어를 처음 사용했다. 마르크스는 미국을 염두에 두고 '감시사회'라는 용어를 고안했지만, 비교역사학자인 데이비드 H. 플래어티David H. Flaherty는 곧 "서구 산업사회가 점점 정보사회의 한 구성 요소인 감시사회가 될 위험에 처해 있거나 이미 감시사회가 되었다."고 주장했다.[10] 플래어티가 관심을 기울인 국가는 독일·스웨덴·프랑스·캐나다·미국이었다. 플래어티는 "일정한 형태의 감시는 민주사회에서 정당하다."는 점을 인정하면서도, "여러 형태의 감시가 축적되면 개인의 프라이버시에 부정적 영향을 미친다."고 주장했다. 마르크스와 마찬가지로 플래어티 또한 감시 능력에 결정적인 차이를 만드는 요소는 신기술이라고 생각했다. 하지만 플래어티와 콜린 베넷Colin Bennett은 자신들의 저서를 통해 감시의 양상이 국가와

지역의 환경에 따라 다르다는 점도 지적했다.[11]

　지역과 국가에 따라 감시의 양상이 다르다는 사실은 매우 중요하다. 이는 감시 능력을 구성하는 기술이 같더라도 감시의 효과가 다르다는 사실을 의미하기 때문이다. 감시에 컴퓨터 기술을 사용한다는 사실은 정보 인프라가 발전하고 있는 사회에 살고 있는 개인이 처한 위험에 대해 특별한 관심을 불러일으킬 수 있다. 하지만 감시사회들은 기술 의존도의 수준과 서로 다른 문화, 그리고 정책이 시행되는 상황에 따라 서로 다르다.

　플래어티는 자신이 연구한 모든 국가의 사례에서 개인 정보 수집의 자동화에 대한 압력은 '거의 거역할 수 없다'고 결론지었다. 당시에 스웨덴은 플래어티가 다룬 다른 어떤 국가들보다도 공적 정보와 사적 정보의 통합 수준이 높았다.[12] 하지만 플래어티의 일차적인 관심은 감시 그 자체를 분석하는 것보다는 프라이버시와 개인 정보 보호에 있었다. 감시를 가능하게 하는 엇비슷한 기술적 수단들의 사용은 점점 증가했지만, 이런 기술이 사용되는 방식은 다양했다. 예를 들어 독일과 이스라엘에서는 신분증을 지참하는 것이 당연했지만, 호주나 미국에서는 국가 신분증 제도를 도입하자는 제안 자체가 반대에 부딪혔다. 반면에 태국과 인도네시아 등지에서는 도청과 같이 정부가 개인 사생활에 침투하는 일이 캐나다나 뉴질랜드보다 훨씬 더 빈번하게 일어났다.

감시의 사회적 확장

　'감시'라는 용어에서 '사회'라는 용어로 초점을 옮기면 오늘날의 생활이 가진 또 다른 차원이 부각된다. 감시'사회'라는 개념은 탈육체화된 감시가 사회 전반으로 확산된 상황을 가리키기 때문이다. 오웰적인 통제가 갖는 전체주의적 위험에 대한 공포는 모두 국가의 감시와 관련이 있다. 그러나 감시사회라는 개념은 감시 활동이 정부 관료 기구의 틀을 넘어 모든 사회적 회로로 확산되었음을 의미한다. 물론 국가는 여전히 일상생활에 대한 감시에서 많은 부분을 차지하고 있지만, 이 같은 통치 활동은 이제 감시 정보가 유통되는 여러 영역들 가운데 하나일 뿐이다. 1980년대의 또 다른 저작으로 데이비드 번햄David Burnham의 『컴퓨터 국가의 등장』 *The Rise of Computer State* 이 이런 변화를 예고하기는 했지만, 이 책에서도 여전히 관심의 초점은 국가의 감시였다.[13] 어쨌든 감시는 사회 전반으로 확산되고 있다. 그러나 이것이, 사회 전반에 확산된 감시 능력이 시민에 대한 국가의 감시 능력을 뛰어넘었음을 의미하는 것은 아니다.[14]

정부의 감시는 여전히 중요하며, 국가권력에 대한 여러 가지 도전으로 인해 더욱 확산될 가능성이 크다. 실제로 런던 중심지를 포괄하는 이른바 '강철 고리'*가 형성된 것은 영국 내 아일랜드 테러리즘의 위협과 관련이 있다. '강철 고리'는 모든 형태의 테러 행위를 식별하는 복잡한 컴퓨터 시스템과 함께 첨단 비디오 감시 기술을 활용한다. 일부 감시 카메라는 1백 미터 거리에서 담뱃갑에 쓰여 있는 글씨를 해독할 수 있을 정도다. 강철 고리 지역에 들어온 차량이 일정 시간이 지난 뒤에도 나가지 않으면 경보가 발령되고, 자동차 번호판 조회가 이뤄진다.[15] 일본에서는 야쿠자 및 밀입국 조직

• 강철 고리(ring of steel) : 폐쇄 회로 텔레비전이 밀집된 지역.

등의 조직범죄와 테러리즘(1995년 도쿄 지하철에 사린 가스를 살포한 옴 진리교가 대표적인 사례다)으로 인해 정부의 단속이 강화됐다. 일본 정부는 조직범죄와 테러를 예방하기 위해 전화는 물론 팩스와 컴퓨터 자료, 이메일에 대한 감청을 확대하고 있다.[16] 정부의 이런 대응은 영국과 일본 모두에서 격렬한 반발을 불러일으켰다. 그러나 국가 안보와 안전에 대한 위협이 가시적이고 극적일 때는 감시를 강화하는 데 대한 지지가 좀 더 강하다.

그럼에도 국가의 역할은 달라지고 있는데, 이런 변화는 정보 인프라 및 감시와 밀접한 관계가 있다. 개인 정보가 공적 영역과 사적 영역(상거래) 사이를 점점 더 빈번하게 오감에 따라, 수직적인 관료적 감시는 점차 분산되는 경향이 있다. 감시 정보가 이런 방식으로 유통되는 가장 핵심적인 원인은 보험회사의 역할과 관련이 있다. 보험의 정치경제는 지금까지 학문적 연구에서 소홀히 취급되어 왔다. 하지만 보험이야말로 감시가 왜 국가 행정과 상업 분야에 양다리를 걸치고 있는지를 이해하는 데 핵심적인 존재이다. 수잔 스트레인지Susan Strange가 지적하듯이, 보험회사들은 권력보다 성과를 추구하지만, 그럼에도 실제로는 권력을 행사하고 있다.[17]

보험업자와 위험 관리자들은 세계경제는 물론 사회집단들과 국가들, 기타 단위들 간 가치의 배분에 권력을 행사하며, 이는 광범위한 결과를 가져온다. 그들은 국가와는 독립적으로 경제 질서에 기여하고 삶의 기회와 운명에 막대한 영향을 미친다. 스트레인지가 강조하듯이 시장경제는 위험을 크게 증대시킨다. 그 결과 좀 더 부유한 집단과 기관 들은 위험의 일부 요소들을 보험 비용으로 전환한다. "반면에 위험 요소들을 보험 비용으로 전환할 수 없거나 그럴 의지가 없는 사회집단 혹은 기관들은 위험에 그대로 노출된다."[18] 자료만 확보할 수 있다면 보험 통계상의 위험은 통계적으로 예측이 가능하다. 바로 이 지점에서 이런 자료를 발견하고 조정하는 수단으로 감시가 도입된다.

정부가 개인과 재산, 또는 기업이 입는 손실에 대해 떠안는 책임이 커질수록 감시 정보를 이용한 위험 커뮤니케이션risk communication은 더욱 중요해진다. 이는 보험회사도 마찬가지다. 하지만 이런 계산 외에, 추측과 선입견이라는 좀 더 자의적인 요소들도 있다. 그 결과 동성애자의 생명보험 가입을 거부한다거나 강도·절도 사건이 빈번한 지역에 사는 사람들의 가족 보험을 거부하는 일이 생기곤 한다. 보험회사들은 감시 활동에 근거해 사람들의 삶의 기회에 영향을 미치는 중요한 결정들을 내리는데, 이는 가능한 대안의 선택과 범위에 영향을 미치는 유인과 제재를 이용해 이루어진다.[19]

효율적인 위험관리의 추진은, 적어도 캐나다 같은 국가에서는, 보건 서비스가 정부의 지원과 상업적 보험회사 사이에 존재한다는 것을 의미한다. 이는 보험과 치안 유지 사이의 연관을 강화한다. 민간 보안 업체뿐만 아니라 정부 산하의 경찰 역시, 보험회사들의 필요와 보험회사가 규정한 정의定義에 점점 더 반응한다. 이 같은 정의와 반응으로 인해 국가 감시의 경계가 흐려질 뿐만 아니라 감시가 다른 분야로 확산된다. 국가기관이 행사하던 독점적인 감시 권력은 심각하게 약화되고 있다. 그러나 감시 자체가 줄어들었다는 뜻은 아니다. 현실은 그 반대다. 감시가 다른 영역으로 확산되는 와중에 국가권력이 위축되었다는 얘기다.

감시사회라는 용어가 오늘날 사회적 삶의 중요한 특징을 적절히 묘사하고 있다고 볼 만한 두 번째 이유가 바로 여기 있다. 정보사회는 필연적으로 감시사회가 될 수밖에 없으며, 신기술에 대한 의존도가 높아질 수밖에 없다. 게다가 감시사회란 감시가 사회적 삶의 모든 부분으로 확산되어 있음을 의미하는데, 이는 통합된 정보 인프라 덕분에 가능해진다. 국가의 감시가 지배적이던 때와는 달리, 오늘날의 감시 활동은 작업장이나 소비의 영역 등에서도 발견할 수 있다. 이와 관련된 상세한 내용은 다음 장에서 살펴볼 것이다. 더욱이 감시 정보는 오웰이 상정했던 최악의 감시 시스템에서도 상상할 수 없을 만큼 통합되어, 다양한 분야들이 연계돼 있다. 하지만 그것이 끼치는 사회적 영향은 오웰의 디스토피아보다 훨씬 더 모호하고 복합적이다. 이런 모호함과 복합성을 이해하는 가장 좋은 방법은 감시사회의 등장이 가져온 몇 가지 핵심 주제를 살펴보는 것이다.

사회적 조율

감시사회는 전체주의 사회가 아니다. 이는 감시사회가 전체주의 사회가 될 수 있는 기술적 능력이 있다 하더라도, 그리고 전체주의 사회로의 잠재적인 경향이 쉽게 무시할 정도는 아니라 할지라도 그렇다(게리 T. 마르크스도 이 점을 강조했을 것이다). 개인 정보에 대한 관심의 증가, 일상생활에 영향을 미치려는 욕구 등에서 볼 때, 모든 정보사회에서는 감시사회의 면모를 발견할 수 있다. 하지만 이는 감시 국가와는 차원이 다르다. 감시가 사회의 모든 영역으로 확산됨에 따라 정부의 감시 활동은 이제 전체 감시 활동의 한 부분일 뿐이다. 초기 국민국가들이 합리적인 감시를 통해 사회에 합리적인 규율을 부여하고 질서를 창출하고자 했던 데 비해 오늘날의 감시사회들은 이런 단계를 초월했다. 질서와 통제는 여전히 감시의 중요한 동기이지만, 감시가 시뮬레이션 방식으로 진화하고 상호성이라는 특징이 발전하면서 '질서'와 '통제'라는 용어는 관료적 지배의 전성기에 가졌던 의미보다는 덜 엄격하고 덜 일방적인 성격을 띠게 되었다.

'통제 사회'societies of control라는 들뢰즈의 개념(Deleuze 1992)을 예로 들어 보자. 그는 '통제 사회'를 '규율 사회'disciplinary society와 대비시킨다. 규율 사회가 방벽을 통해 개인들을 포위하고 격리시켰다면, 통제 사회는 그 대신에 컴퓨터를 이용해 개인들을 추적한다는 것이다. 추적은 앞에서 논의했던 특별한 무엇, 곧 이동성과 연관이 있다. 이동성은 현재를 특징짓는 것으로, 그 자체로 속도와 빛, 권력의 통합이다. '유목적'nomadic 육체와 디지털 페르소나(디지털 인격)●는 컴퓨터를 기반으로 하는 현대 감시사회의 주체들이자, 과거의 감시 시스템에서 사용됐던 것들보다 훨씬 가변적이고 유연한 범주들이다. 유목적 육체와 디지털 페르소나, 그리고 이 둘 사이의 관계는 감시에 의해 형성된 것이다.[20] 감시 속에서 이들 사이에 상호작용이 발생한다. 육체는 여전히 공간을 차지하지만 디지털 페르소나는 그렇지 않다. 하지만 현대의 감시는 이 두 가지 영역 모두에서 작동하고 두 영역을 넘나든다. 그러므로 사적인 것은 여전히 공간을 의미하고 이는 가상공간도 마찬가지다.

이런 감시 시스템과 감시의 특징은 무작위적이고 무제한적이라는 사실이다. 나는 이를 '비체계적인 감시'disorganized surveillance[21]라는 개념으로 표현한 적이 있다. 위험 커뮤니케이션에 필요한 정보를 얻기 위해 점점 더 많은

● 디지털 페르소나(digital personae) : 페르소나란 '가면'을 뜻하는 그리스어에서 유래된 말로 '가면', '외적 인격', '가면을 쓴 인격'을 뜻하는 용어로 사용된다. 인간 개인, 인격을 뜻하기도 한다. 디지털 페르소나란 가상공간에서의 개인, 인격을 의미하는 것으로 일렉트로닉 페르소나와 같은 의미를 지니고 있다.

감시 활동을 해야 하는 보험회사의 역할이 증대하고 있다는 사실은 이런 임의성을 잘 보여 준다. 보험 업체들 간의 강도 높은 경쟁과 사업 관행, 각 사회집단에 대한 편파적 평가는 오늘날의 감시가 지닌 비체계적인 성격을 강화하는 데 기여한다.

무엇보다 범주화와 유형화를 통한 [감시의] 과정 — 따라야 할 의무·영향력·유혹 등 다양하게 볼 수 있다 — 은 '사회적 조율'이라는 관점에서 생각하는 것이 이해하는 데 도움이 될 것이다. 관현악 연주를 예로 들자면, 관현악의 전체적인 방향은 지휘자가 이끈다. 네트워크에서 이는 비밀번호에 해당된다. 하지만 음악을 만들어 내는 것은 각자의 자리에서 지휘자와 호흡을 맞추는 연주자들이다. 감시 상황에서 이는 신용카드나 사회보장 번호를 사용하거나 카메라와 스캐너를 통과하는 일에 해당될 것이다. 계속 비유하자면 오늘날의 감시는 모차르트의 고전적 질서정연함보다는 재즈의 즉흥연주에 더 가깝다. 다시 말해 무대에 따라 연주가 달라지는 것이다. 이런 감시사회의 조율이 즐거운 조화를 만들어 낼지, 아니면 불협화음을 만들어 낼지는 각자가 감시자로서 혹은 감시 대상으로서 어떤 위치에 있는지에 따라 달라질 것이다. 앞서 언급했던 다른 변수들이 여기에 영향을 미치는 것은 물론이다.

3
새기 쉬운 그릇

2000년 1월, 온타리오의 401번 고속도로에서 흥미로운 자동차 추격전이 벌어졌다. 도난 차량 신고를 받자 경찰은 차량 안에 어떤 장비가 있는지를 제조업체에 확인했다. 경찰은 차량에 위성 항법 장치GPS 내비게이션 시스템이 장착돼 있다는 사실을 확인했고, 곧바로 차량 추적이 시작됐다. 경찰은 도난 차량의 움직임을 스크린으로 계속 추적했으며, 마침내 팀 호튼 Tim Horton 도넛 가게의 주차장에 세워진 도난 차량을 발견해 범인을 체포했다. 이처럼 전자 장비를 이용한 자동차 추격전은 고속도로에서 고속으로 범인을 쫓던 것에 비해 훨씬 덜 위험한 것으로 판명 났다.

예전에는 사람이 사람을 지켜보는 것이 감시였다. 하지만 근대성의 진전 속에서 감시는 점점 더 추상적인 개인 정보에 의존하게 되었고, 그 결과 감시 시스템은 더욱 전문화되었다. 예를 들자면 세무 당국 같은 정부 기관이나 공장과 같은 일터에서 이른바 과학적인 관리 방법을 사용하기 시작했다. 하지만 한 분야에서 벌어진 일이 다른 분야에 영향을 미치는 일은 드물었다. 감시라는 그릇은 잘 밀봉돼 있었던 셈이다. 하지만 오늘날에는 감시라는 그릇이 곧잘 새는 쪽으로 상황이 바뀌고 있다. 오늘날 감시와 정보의 흐름은 서로 다른 분야를 자유롭게 넘나들고 있다. 한 분야에서 벌어진 일이 다른 분야에도 의미를 갖게 된 것이다.

이런 변화는 부분적으로 정보 인프라의 성장과 관련이 있지만, 그 자체로는 새로운 프로세스의 등장 전체를 설명하지는 못한다. 위성 위치 확인 기술과 같은 보편적인 인프라는 감시 상황에서 한 분야에 있는 사람들이 다른 분야에 있는 사람들과 협력할 수 있도록 해준다. 하지만 전자 장비를 이용한 자동차 추격전과 같은 갑작스러운 사건은 별개의 분야들 간에 실제로 어떤 일이 발생할 수 있는지를 보여 준다. 이른바 교차 확인 시스템에 의한 법 집행은 최근 들어 감시 시스템의 특징이 되어 왔고 앞으로는 보편적인 양상이 될 것이다. 예를 들어 어떤 학생이 집세를 내지 않을 경우, 대학에서 졸업 허가를 받지 못할 수도 있다. 학문에 기초를 둔 시스템이, 상업적 성격을 갖는 또 다른 시스템에 의해 활용되는 셈이다. 하지만 이것이 감시라는 그릇의 누수가 커지고 있음을 보여 주는 유일한 사례는 아니다.

모든 사람에게 감시가 일상적이고 보편적인 현상이 되는 곳이라면 그곳이 바로 감시사회다. 근대성의 특징인 육체의 소멸은 정보·통신 기술의 출현과 함께 더욱 빠르게 이루어지고 있다. 따라서 개인들이 시야에서 사라지지 않게 하기 위해서는 엄청난 노력이 필요하다. 정보 인프라의 확립은 새로운 감시 환경을 제공한다. 이런 환경은 기존 시스템을 강화할 뿐만 아니라 새로운 형태로 전환시킨다. 하지만 이 새로운 형태는 무작위적인 것이 아니다. 그것은 한편으로는 전산화는 엄두도 못 내던 시절에 확립된 감시 시스템과, 다른 한편으로는 탈규제와 위험이라는 복잡한 상황과 연결된다.

여기서 말하고 있는 감시사회는 전체주의적인 통제 상황이 아니며, 기술에 의해 결정되는 것도 아니고, 단순히 위로부터 부과된 것도 아니라는 점이 강조되어야 한다. 감시사회는 기술적·사회문화적·정치경제적인 수단들과 목표들에 의해 진화하고 변화한다. 대부분의 경우, 감시사회는 법적인 제약을 받거나 공정한 정보 운용을 통해 어느 정도 제한되기도 한다. 원격조정 카메라나 도청 장치 같은, 특정 목적을 위한 소규모 기술혁신의 경우 기술적인 성격이 가장 분명해 보이지만, 이런 가공물 또한 정치경제적 맥락과 인프라 속에 존재한다. 예를 들어 영국에서 정치인들이 폐쇄 회로 텔레비전과 비디오 감시 시스템을 지지하게 된 강력한 동기는, 거리 범죄에 대한 두려움이었다. 상업적 성격을 갖는 기업들도 도시의 사회문제에 대한 맞춤형 해법으로서 이런 감시 시스템을 촉진한다.[1] 동시에 감시의 확산에 대한 대중의 의식이 성장함에 따라 적어도 일부 감시와 정보 수집 활동이 저항에 부딪치거나 수정될 것이다.[2]

이 장에서는 감시의 증가가 어떤 양상들을 보이는지, 또는 그 양상들이 어떻게 해서 점점 더 포착하기 힘들어지는지를 살펴볼 것이다. 여기서 초점은 주로 이런 변화의 정치경제적·기술적 차원이라는 큰 틀에 맞출 것이다. 근대사회에서 감시를 추동하는 힘에는 두 개의 주요한 원천이 있다. 하나는 국민국가의 발전이고, 다른 하나는 자본주의적 기업의 발전이다. 이 둘은 때때로 상호 협력적인 관계를 유지하는 것으로 보였지만(예를 들어 빅토리아 시대 영국에서는 파업과 기타 노사분규를 진압하기 위해 민병대나 군대가 동원되기도 했다), 이들의 감시 활동은 서로 구분되는 것이었고 각기 다른 원칙 아래 작동했다.[3]

국민국가는 밖으로는 외부 세력으로부터 안보를 지키기 위해, 안으로는 국내 평화를 확보하는 데 힘썼다. 그 결과 외부의 강대국을 대상으로 한 정보 수집과 내부의 적으로 의심되는 세력에 대한 정보 수집, 그리고 이를 위한 행정 및 치안의 병행 시스템이 양산되었다. 서면 정보 수집 시스템과 더불어 관료 조직의 상대적 자율성으로 인해 감시 정보는 다른 영역으로 확산되기 어려웠다. 다른 한편 자본주의적 기업은 생산을 극대화하고 효율성을 높이기 위해 노동자들에 대한 다양한 방식의 관리와 감시를 발전시켰다. 이런 기업들은 20세기 내내 시장조사를 통한 소비자 정보 수집과 경쟁 기업에 대한 정보 수집 활동을 꾸준히 확대해 왔다.

20세기 후반에 이뤄진 전산화 덕분에 이런 감시 시스템들은 강화되었고, 폭발적으로 확산되었다. 전산화 물결 속에서 정보 인프라가 전례 없이 팽창함에 따라 많은 변화가 일어났다. 작업장에 대한 감시와 감독 사이의 사회학적 구분이 모호해졌을 뿐만 아니라, 분화된 시장에서 기회를 잡기 위해, 선진적인 소비자 감시 기술을 이용한 열성적이고 다면적인 시장조사도 폭발적으로 증가했다. 치안 업무 또한 전통적인 정보 수집 방식과 비교할 때 새로운 경계들을 넘나들게 되었으며, 치안 업무와 정보 수집은 무정부 상태로 가정된 인터넷에 질서를 부여하고자 새로운 가상공간으로 진입했다. 여기서는 탈규제와 위험관리가 결합된 결과, 정보 유출이 확대되었다는 사실을 지적하려 한다.

감시와 치안

영국의 국가경찰전산망The Police National Computer은, 특정한 정치경제적 환경에서 정보 인프라가 어떻게 좀 더 효율적인 서비스를 가능하게 했는지뿐만 아니라, 경찰 업무가 예전에는 미처 생각하지 못했던 용도로 이용되도록, 그리고 그 자체의 방향을 어떻게 재설정하게 했는지에 관해 좋은 사례를 제공한다. 국가경찰전산망은, 이동 중인 자동차에 대한 방대한 기록을 저장하기 위해 1974년에 처음 만들어졌으며,[4] 느리고 성가신 카드식 목록 시스템을 점차 대체하게 되었다. 처음에는 거대한 중앙 컴퓨터가 사용되었으나, 최근에는 크기도 작아지고 속도도 빨라졌다. 오늘날에는 4천5백만 대의 차량 기록이 데이터베이스화돼 있고, 전국의 경찰 조직과 연결된 1만 개의 보안 단말기를 통해 하루 평균 23만 건을 처리하고 있다.

컴퓨터의 엄청난 처리 능력으로 인해 정보 인프라는, 여러 다른 종류의 데이터베이스들과 지역 경찰의 활동, 그리고 새로운 형태의 네트워킹을 지원할 수 있게 되었다. 국가경찰전산망은 또한 새로운 지문 검색 자동화 시스템과 함께 작동된다. 전국적인 지문 검색 자동화 시스템은 4백만 개의 지문 이미지 기록을 보유하고 있다. 이 시스템은 '라이브 스캔'Livescan 방식을 사용함으로써 이미 업그레이드되고 있다. 라이브 스캔 시스템은 확보한 지문을 곧바로 신분 확인 데이터베이스로 전송하는 방식으로 전통적인 지문 날인 방식을 대체하고 있다. 2장에서 이미 언급했던 또 하나의 시스템은 런던의 '강철 고리' 구역에서 1998년부터 사용되고 있는데, 자동차 번호판을 자동으로 인식하는 이 시스템은 현재 런던의 선창 지역에도 설치 중이다. 이것은 신경망 컴퓨터를 이용해 감시 카메라가 촬영한 번호판을 인식하고 이를 도난 차량이나 의심 가는 차량 목록과 대조한다. '강철 고리' 시스템은 1980년대 후반 아일랜드 공화국군IRA이 런던 도심에서 폭탄 공격을 감행하는 데 대처하고자 도입되었다. 하지만 북아일랜드에서 평화가 진전되더라도 이 시스템이 해체될 기미는 전혀 없다. 실제로 경찰은 운전면허청DVLA의 통행세 및 차량 안전 점검 기록, 법원 시스템, 보호관찰 사무실과 기타 응급 서비스를 위해 이런 네트워킹을 더욱 강화하는 계획을 갖고 있다.[5]

국가경찰전산망의 또 다른 측면은, 새로운 첨단 기술 시스템의 도입에 따라 지역 치안의 새로운 업무 방식이 초래한 의도하지 않은 결과들과 관련이 있다. 1980년대 지역 경비에 대한 강조는, 지역사회와의 좀 더 직접적인 접촉으로 회귀했다는 점, 그래서 치안 활동이 인간적 면모를 갖게 되고 동의에 의해 운용되도록 했다는 점을 보여 준다. 그러나 1990년대 초반 감사위원회가 수사 효율성에 대한 보고서를 제출하면서, 경찰 업무는 범죄보다는 범죄자에 초점을 맞추는 범죄 예방 쪽으로 방향이 바뀌었다. 그 결과 정보원을 활용하는 사례가 늘어났을 뿐만 아니라 첨단 기술 방식의 사용도 대폭 증가했다.[6]

첨단 기술과 인간 정보원의 결합은 범인 체포에서 범죄에 대한 예측과 예방 쪽으로 무게중심이 이동했음을 의미한다. 영국에서 경찰은 '사례 비교 분석' 기능을 통해 미제 사건에 대한 광범위한 데이터베이스를 검색함으로써 사건들 간의 연관성을 찾는다. 이런 시스템은 연쇄 강간 살인범인 존 헨리 벨 사건 등 몇몇 악명 높은 사건을 해결하면서 많은 지지를 받게 되었다. 그러나 그 결과 지역 경찰관들은 점점 복잡해지는 이동 데이터 단말기의 기능에 더욱더 의존하게 되었고, 이들은 이동 데이터 단말기를 통해 범죄에 대한 정보는 물론이고 용의자에 대한 정보에도 손쉽게 접근할 수 있게 되었다. 그뿐만 아니라 이들은 업무상 이유로 국가경찰전산망에 직접 접속해 정보를 확인하게 되었다. 이는 위험 커뮤니케이션에 필요한 감시를 더더욱 강화하는 한편, 경찰의 데이터 수집 업무를 강화하는 유인이 되고 있다.[7]

노동자 감시

작업장에서 이뤄지는 감시에서도 비슷한 사례가 있을 수 있다. 재편 중인 자본주의하에서, 유연한 노동자들은 공간적으로도 유동적이어야 하고, 근무 시간도 탄력적이어야 한다. 이런 조건에서 작업의 흐름을 추적하는 과거의 방식은 효용성이 점점 떨어지는 반면, 전자적인 새로운 방식이 등장하고 있다. 노동이 개별화되면서 감시 방식도 개별화되고 있는 것이다. 19세기나 20세기 초반에는 작업을 감시하기 위해 노동자들을 한 지붕 아래 모아 두었다면, 오늘날의 기술은 피고용자 개개인과 관계가 있다. 중간 관리직이 줄어들면서 모든 피고용자를 직접 감시하는 방식이 도입되고 있는 것이다.

특수한 장치 및 기능과 함께 정보 인프라가 발전한다는 것은 노동자들을 감시하는 일이 점점 쉬워진다는 것을 의미한다. 감시 도구 — 노동자들의 이메일 사용이 회사의 정책을 위반하는 경우 경보를 울리는 '메일캅'Mailcop 같은 — 를 비교적 저렴하고 쉽게 구입할 수 있게 된 것도 작업장에 대한 감시가 보편적인 현상이 된 이유 가운데 하나이다. 하지만 감시를 가져온 또 다른 요인은 육체의 소멸과 관련이 있다. 왜냐하면 노동자들 자신이 점차 유동적이 될 뿐만 아니라, 작업 과정에서 점점 신기술에 의존하게 되었기 때문이다. 이메일과 인터넷의 사용은 경우에 따라 협력 작업을 촉진하고 생산성을 향상시켜 회사에 이익을 가져다준다. 그러나 이런 경향은 바꿔 말해, 새롭게 재편되고 있는 자본주의라는 좀 더 큰 그림 안에서 점차 개별화된 유연한 노동자가 요구된다는 사실과 관계가 있다.[8]

기업들은 노동자들을 고용하기 전에 이미 그가 책임감이 있는지, 그리고 일을 열심히 할지 등에 관해 특별한 데이터베이스[데이터 마이닝 기술[9]•을 포함해]나 유전자 검사와 같은 확인 과정을 거칠 수도 있다. 영국에서는 곧 기업들이 중앙 집중화된 범죄기록국Criminal Records Bureau에 조회해 채용 예정자들의 이력을 손쉽게 확인할 수 있게 될 텐데, 이와 관련해 이렇다 할 논쟁도 벌어지지 않고 있다.[10] 이 경우에는 특히 미래에 예상되는 사건과 상태에 대한 시뮬레이션이 의미를 갖게 된다. 취업 희망자들이 그동안 실제로 이뤄낸 성취나 업무 능력보다 그들의 성향이나 기질이 더 중요하게 평가되는 것이다. 이른바 '싹수'를 미리 점검하는 셈이다. 그 결과 임신할 가능성이 있거나 특정 질병과 관련해 의심이 가는 노동자는 채용되지 않을 수도 있다.

고정된 위치에서 일하는 노동자에게는 식별 표가 부착될 수도 있다. 인터넷과 연결된 감시 카메라를 통해 노동자의 움직임을 감시하거나, 직원들이 착용한 액티브 배지••를 통해 노동자들의 위치를 감시할 수도 있다. '웹캠'은 또한 주주나 경영자들이 사무실이나 공장에서 어떤 일이 일어나고 있는지를 24시간 내내 감시할 수 있도록 해준다. 액티브 배지는 컴퓨터를 통해 노동자들이 매 순간 어디에 있는지를 알려준다. 이런 발상은 편리함으로 이어진다. 노동자가 해야 할 일은 컴퓨터 화면에 자동으로 뜨고 노동자에게 연락할 일이 있으면 그와 가장 가까운 전화기의 벨이 울린다.[11] 과도한 위계

• 데이터 마이닝(data mining) 기술 : 대규모로 저장된 데이터 안에서 체계적이고 자동적으로 통계적 규칙이나 패턴을 찾아내는 기술.

•• 액티브 배지 : 적외선 신호를 발산하는 전자장치로, 이를 통해 노동자의 위치를 파악할 수 있다.

적 관리 절차의 축소와 안전은 이 같은 감시 장치가 가져다주는 긍정적 결과일 수 있다. 그러나 감시가 확장되는 것 또한 바로 이런 과정을 통해서다.

이동 중인 직원들을 추적할 수도 있다. 트럭의 회전속도계는 트럭의 속도와 이동 경로, 정차 등을 기록하고, 재택근무자의 경우 이메일과 인터넷 사용 등을 감시할 수 있다. 일과 후 시간, 즉 노동자들이 여가 시간을 흥청망청 보내는지, 혹은 임신 여부도 감시의 대상이 될 수 있다. 이때 직원의 건강과 안전을 위한다는 명분을 내세울 수 있지만, 이런 수단들이 바로 논란을 부르는 감시 기술들이다.

콜 센터는 전자적 감시가 강도 높게 이뤄지고 있는, 노동 착취 공장의 전형이지만 여기서 사용되는 방법은 다른 곳에서도 흔히 볼 수 있다. 실제로 일상 업무에 대한 정밀 관찰과 컴퓨터 의존은 여러 직업에서 공통적으로 나타나고 있는 현상이며, 화이트칼라 직종의 경우에는 그 정도가 더욱 심하다. 콜 센터에서는 자판을 두드린 횟수나 통화 길이를 일상적으로 점검하고, 그 결과는 생산성을 높이기 위한 자극제로 사용된다. 이와 비슷하면서도 덜 세련된 방식들이, 1990년대 경제 구조 조정 과정에서 폭넓게 사용되었다. 1997년 미국경영자협회American Management Association에서 작업장 감시를 추적했는데, 그 결과 작업장에서 직원들의 전화, 이메일, 음성 메일, 컴퓨터 사용에 대한 감시 사례가 1년 사이에 37퍼센트에서 43퍼센트로 증가했음을 발견했다.[12] 이런 미시적 관리 경향은 다른 곳에서도 마찬가지로 존재한다.

작업장을 감시하는 좀 더 직접적이고 교묘한 방법도 있다. 작업장 내부, 작업장과 작업장 간의 소통에서 이메일 사용이 증가함에 따라 이메일이 적절하게 사용되고 있는지를 점검하는 이메일 통제 시스템 산업도 등장했다.

그 결과 사적인 용도로 이메일을 쓰거나 업무와 관계없이 인터넷을 사용하는 경우를 자동으로 점검할 수 있게 되었다. 이런 통제 시스템 가운데 일부는 노조 활동을 감시하거나 억압하는 용도로도 쓰인다. '부적절한 사용' 사례를 찾아내기 위해 통화 내역도 기록될 수 있다. 그뿐만 아니라 컴퓨터 영상 기술의 발전으로 카메라는 점점 더 많은 작업장에서 매력적인 감시 도구로 등장하고 있다. 직원이 컴퓨터를 통해 재택근무를 하는 경우에도, 그의 활동은 쉽게 추적될 수 있다.

그뿐만 아니라 또 다른 형태의 작업장 감시가, 다른 활동들의 의도하지 않은 결과로 등장했다. 예를 들어 절도를 막기 위해 매장에 설치한 카메라는 전반적인 관리를 위한 도구가 될 수 있다. 실제로 영국의 몇몇 할인 매장에서는 손버릇이 나쁜 고객들을 감시하기 위해 설치된 폐쇄 회로 카메라가 직원들의 절도를 감시하는 데 사용되고 있다. 그뿐만 아니라 똑같은 카메라가 수납이나 환불, 교환 등 직원들의 근무 상태를 점검한다. 또한 직원들이 얼마나 친절한지와 같은 감성적인 요소들까지도 감시 대상이다.[13] 이와 같은 사례는 동일한 기술 시스템의 적용을 통해 감시가 하나의 영역에서 또 다른 영역으로 어떻게 확산되는지를 잘 보여 준다.

작업장 감시 기술의 발전은, 노동자에 대한 경영자의 통제라는 문제뿐만 아니라 작업장에서 사적 영역은 무엇인가 하는 문제도 제기한다. 비디오카메라, 자판을 두드린 횟수 집계, 이메일과 인터넷 감시는 프라이버시에 서로 다른 영향을 미치며, 각각에 대한 대응도 달라진다. 노동조합을 중심으로 하는 기존의 관점에서 피고용자의 권리로 문제가 바뀐 것이다. 예를 들어 영국 직장인 권리 연구소Institute for Employment Rights는 작업장 감시가 노동자의 프라이버시를 심각하게 위협한다고 주장해 왔고, 몇몇 판결에서는 이런 주장이 받아들여지기도 했다. 영국 머지사이드Merseyside 주의 전 경찰 부국장 앨리슨 해퍼드Alison Halford는 자신이 성차별에 대해 문제를 제기한 뒤 전화 도청을 당한 것과 관련해 유럽 인권 재판소European Court of Human Rights 로부터 손해배상 판결을 받았다.[14] 영국 직장인 권리 연구소는 작업장 감시가 직원들에게 불안과 스트레스를 유발할 뿐만 아니라 노동자들이 집단으로 조직되지 못하도록 방해할 수 있다는 점을 인정하고 있다.[15]

어떤 사람들은 '기술'이 피고용자에게 불리한 방향으로 힘의 균형을 변화시키고 있다[16]고 주장하지만 현실은 좀 더 복잡하다. 예컨대 소비자 관리의 수준을 높이기 위해 적극적으로 활용된 기술이, 노동자들에게 예상하지 못한 결과를 초래할 수 있다. 가장 유명한 사례는 영업 관리 자동화Sales Force Automation, SFA를 통한 이른바 '고객 응대 관리'●다. 고객 응대 관리를 위한 소프트웨어 판매는 1998년에 20억 달러에 이르렀고 해마다 약 20퍼센트씩 증가하고 있다.[17] 고객 응대 관리를 위해 영업 사원들은 고객들의 이름과 주소, 생일, 과거에 나눈 대화의 내용과 메시지를 관리할 수 있는 소프트웨어를 사용한다. 판매와 마케팅에 처음 쓰였던 이 소프트웨어는 지금은 고객 서비스와 인적 자원 관리에도 활용되고 있다. 소비를 관리하기 위해 개발된 이 소프트웨어는 실제로는 이중적인 역할을 수행한다. 소프트웨어를 사용하는 사람을 감시할 수 있기 때문이다. 판매량을 실시간으로 추적할 수 있게 됨에 따라 경영진들은 판매 진행 상황뿐만 아니라 영업 사원들이 기업의

● 고객 응대 관리(contact management) : 소비자가 상표나 기업의 상업적 메시지를 어떻게 경험하고 평가하고 있는지를 관리하는 것을 의미한다.

성공에 얼마나 기여하고 있는지를 파악할 수 있다. 동일한 시스템이 하나 이상의 감시 기능을 하는 것이다.

소비자 관리하기

고객 응대 관리 사례는 20세기 말, 기업들이 어떻게 자신들의 전략에 소비자 관리를 체계적으로 결합했는지를 보여 준다. '적시 생산'just-in-time 관리 방식의 인기가 증명하듯이, 재편된 자본주의 시장은 갈수록 수요 중심으로 전환되고 있다. 이런 변화가 마케팅에 영향을 미치면서, 기업들은 불확실한 시장을 보고 생산을 하기보다는 주문생산, 맞춤형 생산을 시도하거나 자신들이 원하는 고객층을 창조하기 위해 서로 구별되는 틈새시장을 만들어 냈다. 과거 대량생산, 대량 판매의 대상이었던 것이 지금은 점점 개별화되고 있는 것이다. 시장의 흐름은 일대일 마케팅과 개인 맞춤형 마케팅 기술이 강화되는 쪽으로 바뀌고 있다. 회원제 고객 관리, 신용카드 제휴, 한정된 고객을 대상으로 각 고객의 이름을 명기한 메일 발송, 송장을 이용한 표적 광고 등이 그 대표적인 사례로, 각 소비자의 구매 행태에 맞춰진다. 이런 소비자 감시는 한편으로는 자본주의적 관리의 새로운 기술적 발전이자, 다른 한편으로는 20세기 초 시장조사와 '슬로어니즘',[18●] 그리고 군사기술과 연속성을 갖는다.[19]

● 슬로어니즘(Sloanism) : 자동차의 가치와 자동차 소유자의 가치를 동일시함으로써 자동차 판매를 늘리는 마케팅 전략.

비용 절감과 컴퓨터의 능력을 이용한 구체적 마케팅에 따라, 정보 인프라는 '거래를 통해 양산된' 정보를 대규모로 증가시켰다. 거래 포인트가 기록될 때마다 고객들은 무의식중에 전자 발자국이라는 흔적을 남긴다. 재고 관리를 위해, 개인 정보를 제외한 데이터만을 수집하는 상점과 시스템도 있지만, 회원 관리 프로그램과 신용카드 구매 같은 다양한 수단들을 이용하는 곳들도 있다. 이런 수단들을 통해 상품의 상세한 정보는 특정 소비자와 연결된다.

1990년대 중반에 전자 상거래가 출현하면서, 기존에 이미 작동하고 있는 소비자 감시에 또 다른 층위가 추가되었다. '쿠키'cookies나 그와 비슷한 장치를 이용해 기업들이 소비자들의 웹서핑 기록을 확인해 그들의 관심사를 추적할 수 있게 된 것이다. 쿠키는 컴퓨터 사용자가 방문한 인터넷 사이트에 관한 기록을 하드 드라이브에 저장하는 수단이다. 기업들은 쿠키를 통해 개인 컴퓨터에서 이 기록을 추출해 컴퓨터 사용자들에게 맞춤 광고를 할 수 있다. 사이트들을 방문한 '마우스'의 여정은 사용자가 어디에 관심을 갖는지를 보여 주며, 이런 관심은 상업적으로 이용될 수 있다. 1999년에 펜티엄 III 칩을 둘러싸고 벌어진 공개적인 논쟁은, 컴퓨터 사용자가 인터넷에 접속했을 경우 그 사용자의 정체를 인식할 수 있게 하는 내장 식별자를 인텔과 마이크로소프트가 어떻게 이용했는지를 보여 주었다.

점점 개수가 많아지는 전자 장치와 소프트웨어 패키지에는 상호작용을 돕기 위한 식별 번호가 포함되어 있다. 이는 소비자의 요구에 맞는 상품을 어떻게 만들지를 미리 알기 위해 설계된 소비자 감시에 큰 도움이 된다.

또한 이런 기술적 능력 덕분에 '관계 마케팅'을 통해 고객들과 좀 더 쉽게 개별적으로 접촉할 수 있다. 작업장 감시가 개인의 업무 수행에 강조점을 두고 있다면, 연관 소프트웨어는 소비자 감시에서 개별화를 심화시킨다. 매리 컬넌Mary Culnan과 로버트 바이스Robert Bies가 말하듯이 "고객 서비스 담당 직원이 고객의 구매 기록을 그때그때 조회할 수 있게 됨에 따라 무료 고객 상담 전화에 응답하는 사람들과의 표준화되고 비인격적인 대화가 개인적인 관계의 외양을 갖출 수 있게 되었다." 이는 소비자의 기대에 한층 더 초점을 맞춘 데 따른 결과로, 쌍방향적인 작용이 만들어 낸 상황이다. 컬넌과 바이스는 계속해서 이렇게 주장한다. "고객들이 점점 더 합당한 대가와 서비스를 요구함에 따라 성공적인 기업들의 마케팅 전략은, 방대하고 상세한 고객 정보를 이용하는 것과 연계될 수밖에 없다."[20]

마지막에 인용한 구절은 우리가 기억해야 할 감시의 몇 가지 측면을 상기시킨다. 모든 감시의 팽창은, 데이터나 개인 정보를 시스템에 의해 통제받는 사람들 자신이 이를 받아들일 것이라는 명분에 따라 이뤄진다. 더구나 이런저런 시스템의 감시를 받는 사람들은 감시에 스스로 참여한다. 대부분의 시스템은 데이터 주체의 활동이나 행동을 통해 작동된다. 따라서 감시는 두 얼굴을 지니고 있다. 그뿐만 아니라 최소한 일부 사람들에게는 감시가 가져다줄 이익도 명확하다. 물론 감시가 바람직하다거나 필요하다는 주장에 동의하지 않는 사람들도 있을 것이고, 감시 시스템이 지닌 전체적인 함의를 깨닫고 나면 감시에 동의하지 않을 수도 있다. 하지만 참여의 문제를 놓고 보면 감시 시스템의 효율성은 데이터를 제공하는 주체가 협조하지 않으면 한계가 있다. 거리의 청년들은 감시 카메라의 시선을 피하는 방법을 배우고, 콜 센터 직원들은 작업 결과를 효율적인 것처럼 보이게 할 수 있는 많은 장치를 사용한다. 소비자들은 다양한 양식의 보증서나 고객 만족도 평가에 개인 정보를 기입하지 않을 수 있다는 것이다.

탈규제화와 위험

경계들을 초월하게 하는 힘은 무엇일까? 물론 기술적인 전산 능력이 폭발적으로 성장하고 있고, 시스템의 표준화로 인해 경계를 넘나드는 거대한 흐름도 가능해졌다. 전기통신의 발전으로, 좀 더 상세한 개인 정보가 공간적 한계를 뛰어넘어 더욱 빠른 속도로 이동할 수 있게 되었고, 감시는 명실상부하게 전 지구적 차원으로 확산 중이다. 현 세계는 '가능성의 독재'tyranny of the possible에 점점 종속되고 있다는 허미니오 마틴스Herminio Martins의 테제는 분명 참고할 만하다. 신기술은 그것이 이용 가능하다는 이유만으로 채용되고 있다는 것이다.[21] 하지만 이보다 더 중요한 것은 1980년대부터 일고 있는 경제의 포괄적인 탈규제 흐름일 것이다. 이 같은 탈규제 움직임은, 한때 정부가 담당했던 일을 민간 기업에 넘기는 것으로 이어지고 있다. 과거 경찰이 담당했던 업무 가운데 일부가 보안 회사 같은 상업적 기업으로 넘어간 것이 좋은 예다. 이 과정에서 전통적인 경제 부문은 해체되고, (국가가 운영하는) 공적 조직과 (상업적 동기에 기초한) 사적 조직 간의 구분도 무너지고 있다.

최근 들어 민간 부문의 개인 데이터베이스는 눈부신 성장을 거두고 있다. 그 결과 많은 국가들에서 이 같은 시스템을 관리하는 프라이버시 관련 법률을 제정하려는 움직임이 일고 있다. 1980년대 중반의 퀘벡은 이와 같은 발전 사례를 앞서서 보여 주었다. 당시 퀘벡에서는 이미 공공 부문보다 민간 부문이 시민들의 정보를 더 많이 보유하고 교환했다. 이런 상황에서, 민간에서 운용되는 개인 데이터베이스의 실태를 폭로한 "도둑맞은 정체성"L'Identité Piratée이라는 제목의 보고서가 만들어졌다. 이 보고서는 개인 데이터베이스의 상업적 관리에 대한 경각심을 일깨우고, 1990년대 초반에 민간 부문의 개인 데이터베이스 교환에 관한 법적 제한을 마련하는 데 기여했다.[22] 하지만 앞서 언급했던 마케팅 추세에 힘입어 1990년대에는 민간 부문의 개인 데이터베이스가 더욱 빨리 성장했다. 이는 민간 부문이 공공 부문보다 빨리 성장했다는 것뿐만 아니라, 개인 정보가 민간 부문과 공공 부문을 넘나들게 되었음을 의미한다.

개인 정보가 이처럼 민간 부문과 공공 부문을 넘나들게 된 원인은 여러가지가 있겠지만, 그중 일부는 탈규제라는 맥락에서 정리할 수 있다. 비용을 절감하고 적자를 감축하려는 정부의 노력은 공적인 데이터베이스 관리 기능을 민간 분야로 넘기기도 하는데, 의료 정보 네트워크를 그 예로 들 수 있다.[23] 또 다른 사례로는 공기업이 민영화되면서 정부 기관이 수집했던 개인 정보가 민간 기업의 수중에 들어가는 경우가 있다. 둘 중 어떤 경우든 개인 정보는 더 자유롭게 이동하게 되고 쉽게 유출될 수 있다.

이 책을 쓰는 동안, 호주의 언론 재벌인 케리 패커Kerry Packer의 '퍼블리싱 앤드 브로드캐스팅 주식회사'Publishing and Broadcasting Ltd와 미국의 거대 정보 업체인 '엑시콤'Axicom이 호주 국민들의 개인 정보와 소비 습관에 대한 방대한 데이터베이스를 만드는 데 협력하기로 한 사실이 밝혀졌다.[24] 공기업인 호주 우체국이 5백만 가구를 대상으로 가족의 라이프스타일을 묻는 설문지를 발송한 지 몇 주 지나지 않아 많은 문제가 제기된 것이다. 노동당의 IT 대변인인 케이트 룬디Kate Lundy 의원은 민영화된 호주 전기통신 회사인 텔스트라Telstra의 개인 데이터베이스에 어떤 일이 일어났는지 밝힐 것을 회사에 요구했다. 엑시콤의 고객이자 텔스트라와 협력 관계를 맺고 있는 IBM 역시 일곱 개 정부 기관과 아웃 소싱 계약을 맺고 있다. 이 책을 쓰고 있던 당시에, 호주 정부는 정부가 수집했고 현재 민간 기업이 관리 중인 개인 정보가 다른 민간 기업에 쓰이고 있지 않다는 점을 보증하지 못했다.

이런 사례들은 탈규제가, 개인 정보를 관리하는 부문들 간의 경계를 얼마나 모호하게 만드는지를 보여 준다. 기술적 이용 가능성이라는 요소는, 데이터 관리의 범위를 넓히고 효율을 높이려는 정부와 기업의 욕망에 부응할 뿐만 아니라 정부의 데이터 처리를 민간 기업들에게 이양하는 데도 도움이 된다. 이와 동시에 치안 서비스와 같은 정부의 몇몇 기능들은 민간 기업의 요구에 따라 데이터를 처리할 수도 있다. 가장 단적인 예로는, 보험회사들의 규칙이 점차 민간 경비 업무는 물론 공적인 치안 업무의 방식과 형식까지도 지배하게 되었다는 사실을 들 수 있다. 재산과 공공질서에 대한 위험이 인지되면 치안 업무를 통해 수집된 정보들의 소통이 강화되지만, 이때 위험의 범주를 제시하는 것은 보험회사들이다.

또 다른 사례들에서는 공공 치안 업무와 민간 경비 업무 간의 경계가 허물어지는 현상이 나타나기도 한다. 1990년대 초반 독일에서는 혐의가 있을 때, 특히 안보와 관련된 경우 경찰이 특별한 허가 없이도 감청할 수 있을 정도로 통화 감시가 강화되었다. 이와 관련해 울리히 벡Ulrich Beck은, 이런 감시 활동의 목적은 단순히 범죄를 기소하거나 위험을 예방하는 것이 아니라 "상상할 수 있는 위험조차 회피하기 위한 것"이라고 지적한다.[25] 다시 말해 모든 시민이 '위험 요소'로 간주된다는 것이다. 하지만 위험 요소로 간주되는 바로 그 시민들은 자신들이 위험에 처해 있다고 생각하게 될 것이다. 벡은 헤르베르트 프란틀Herbert Prantl이 언급한 두려움을 인용한다. "사람들은 자신들이 안전한 휴양지에 있다고 생각할 것이다. 자신들이 호화로운 감옥 안에 있다는 사실을 깨닫기 전까지는."[26] 이런 방식으로, 감시에 사용되는 개인 정보는 전통적인 부문들의 내부는 물론 부문들 사이를 넘나든다.

'위험 사회'에 대한 벡의 분석은 오늘날 감시가 어떻게 중요한 사회적 현상이 되었는지를 보여 준다. 위험 커뮤니케이션의 방식들은 감시에 의존한다. 감시에 종사하는 기관들은 '지금 어떤 일이 벌어지고 있는지'를 발견하기 위해 고안된 방식들을 사용한다. 그 결과 감시는 사회생활에 질서를 부여하는 데 가장 핵심적인 위치로 점차 이동하고 있다. 치안 유지 활동 같은 영역에서 위험은 좀 더 분명하게 드러나지만, 소비자의 행태에 관한 상업적 정보 수집과 행정 등 한층 더 일상적인 영역에서도 동일한 전망과 관행 들이 지배한다. 가장 단적인 예는 누가 신용이 좋은지 나쁜지를 판단하는 감시 과정들이다. 그러므로 시장조사는 어떤 소비 행태들이 출현할지 미리 예측하고 위험을 회피할 수 있는 최선의 전략을 추구한다는 점에서, 일면 치안 유지 업무와 유사한 방식으로 작동한다. 모든 단계에서 위험관리는 전자적으로 강화된 감시와 관련해 원격 조종, 경계의 붕괴, 공리주의적 확률론으로 이어지는 중요한 함의를 갖는다.[27]

따라서 위험 커뮤니케이션은 감시라는 동전의 또 다른 면, 즉 보험회사들의 영향력이 확대되고 있는 현실을 보여 준다. 앞서 언급했다시피, 보험회사들이 [경제적] 성과보다 그런 영향력을 추구한다는 증거는 없다. 하지만 보험회사들은 분명 영향력을 행사하고 있다. 보험회사들의 영향력은 위험의 범주를 설정하고 보험가격을 책정할 때 명백하게 드러난다. 보험회사들은 필요나 정의라는 관점이 아니라 공리주의적인 기준에 근거한 확률 계산에 따라 보험 자격이나 가입 여부를 결정한다. 이때 감시는 위험을 결정하고, 그 결과 삶의 기회에 간접적이지만 심각한 영향을 미친다는 점에서 매우 중요하다.

감시 영역에서 위험은 최소한 두 가지 방식으로 작동한다. 이는 감시가 늘 두 얼굴을 지니고 있다는 사실로 설명될 수 있다. 한편으로 감시는 위험을 최소화하고, 가능하다면 회피하는 수단으로 간주된다. 미리 안다는 것은 사전에 주의를 기울이는 것, 그리고 어려움이나 위험을 예측하는 것이다. 하지만 다른 한편으로 많은 사람들은 감시를 위험의 원인으로 본다. 정부가 부당하게 사생활에 개입하거나 기업들이 개인의 소비를 상업적으로 통제할 위험이 도사리고 있기 때문이다. 지난 30년 동안 여론의 관심사로 등장한 많은 위험들과 마찬가지로 '감시' 역시 '통제를 벗어난 기술'이라는 차원에서 자주 거론되곤 한다. 하지만 이번 장에서 살펴봤듯이 감시 기술들은 그 자체의 '고유한 추동력'을 지니고 있으나, 복잡한 정치경제를 보여 주기도 한다. 그러므로 탈규제는 위험을 새로운 방식으로 통제하는 방향으로 갈 수도 있지만 새로운 위험을 양산할 수도 있다.

　오늘날 감시사회는, 사라지고 있는 육체들의 활동을 눈에 보이게 하고 조정해야 할 필요성 때문에 존재하는 것이다. 감시사회의 범위는 정보 인프라에 따라 결정되는데, 정보 인프라는 감시 시스템의 확장된 범위를 유지하면서 과거에는 서로 격리돼 있던 부문들 간에 개인 정보가 이동할 수 있게 한다. 정보를 담는 그릇들의 누수 가능성이 커진 것은 이런 요인뿐만 아니라, 탈규제, 그리고 위험에 대한 지나친 관심 때문이다. 이 마지막 요인은 감시를 사회질서 유지의 핵심적인 수단으로 전환시키는 분류 방식과 범주가 확산되도록 부추긴다. 이런 전자적 환경은 분류 방식과 범주에 따른 선별, 포함과 배제의 과정을 자동화하고, 자동화된 과정은 사회적 분류를 대행하게 된다. 여기서 두 가지 결과가 빚어지는데, 하나는 긍정적인 것으로 사람들이 정당한 이익과 광고물을 받게 된다는 점이다. 하지만 다른 한편,

고정관념과 차별, 사회적 격차가 공고화된다. 이런 결과가 일상생활에서 실제로 어떻게 작동하는지는 다음 세 장에 걸쳐 살펴볼 것이다.

제2부

감시의 확산

감시사회 등장의 기원은 근대성이 조정과 통제를 추동했다는 사실에서 찾을 수 있다. 감시사회의 확산은 기존의 기술 — 때로는 새로운 결과를 가져오기도 한다 — 을 확장하고 발전시키는 새로운 방식에 달려 있다. 감시는 감시 데이터의 새로운 원천을 활용하고, 새로운 공간spaces을 통해 흐른다. 물론 새로운 장소sites라 해서 반드시 이런 경험을 하는 것은 아니다.

속도와 이동성이 지배하는 세계에서 살아가게 됨에 따라 '육체의 소멸'이라는 문제가 점점 분명해지고 있다. 빠른 속도의 세계에서는 자격과 권한을 증명하기 위해 더욱 많은 신뢰 수단들이 필요하다. 끊임없이 성장하는 보이지 않는 틀, 즉 정보 인프라는 각각의 새로운 감시 기능이 연결될 수 있는 플랫폼의 역할을 할 뿐만 아니라, 한때 서로 분리되어 있던 분야들 사이에 데이터가 좀 더 자유롭게 유통될 수 있도록 하는 수단이기도 하다. 정보의 흐름이 빨라지고 확산되는 것은 위험 계산의 영향력, 그리고 우리의 행위를 평가하는 (위험 계산을 바탕으로 한) 범주의 영향력이 증대하고 있음을 보여 준다.

새로운 장소라고 해서 필연적으로 감시를 경험하게 되는 것은 아니라는 점을 필자가 강조하는 이유는 왜일까? 이른바 정보사회에 대한 많은 설명들이 갖는 주요 문제는, 어떤 혁명적 변화가 도시에서의 구체적인 일상생활을 뛰어넘는 상상된 영역으로 우리를 데려다 줄 것 같은 인상을 준다는 점이다. 이는 가상현실과 시뮬레이션 기술을 설명할 때 , 그리고 가상공간이 육체와 완전히 유리된 비물질적 상태라고 암시할 때 특히 두드러진다. 4장에서 나는 도시를 감시가 이뤄지는 핵심 공간으로 조명할 것이다. 실제로 감시의 경험이 가장 강렬한 곳은 도시 지역이다. 이 점에서 가상공간은 의식과 육체를 지닌 인간들의 물질세계를 초월하는 것이 아니라, 그 세계와 중첩되어 있다. 가상공간에서의 감시나 시뮬레이션 감시의 작동은 추상적인 개념, 전자적 자극, 담론의 힘discursive power에 의해 좌우된다. 하지만 그것의 기원과 효과는 결코 신비하거나 불가사의한 것이 아니다. 오히려 사회 계급, 인종, 민족성, 성별과 같은 요소들에 기반을 둔, 우리에게 익숙한 분열을 강화하고 재조정한다.

5장과 6장에서는 감시의 새로운 원천과 공간들을 살펴볼 것이다. 육체가 감시의 새로운 원천이라면, 감시의 새로운 공간은 전 지구다. 물론 이는 완전히 새로운 것도 아니며, 감시를 새로운 지평에 올려놓는 것도 아니다. 그것이 갖는 새로움은, 감시라는 목적을 위해 [육체와 전 지구라는] 이 두 요소를 이용할 수 있게 만든 정보 인프라와 관계가 있다. 엄격히 말해 감시 공간에서 주목하는 것은 구체적인 사람은커녕 살갗을 가진 육체도 아니다. 그보다는 망막이나 지문 같은 육체의 일부나, DNA 흔적 같은 추상적인 신체 정보가 오늘날 감시의 원천이 되고 있다. 감시가 지구화되었다는 것 역시 어떤 사악한 세계 권력이 지구를 장악하고 있음을 의미하는 게 아니다. 오히려 감시의 목적, 즉 사라지고 있는 육체들을 보이게 하고, 좀 더 넓은 범위의 위험을 계산하기 위해 전 지구적 세력과 지역의 세력이 상호 작용하는 방식을 암시한다. 이런 과정은 일상적으로, 그리고 자신이 살고 있는 구체적인 지역에 영향을 미치며 늘 경험할 수 있는 것이다.

4
도시에서의 분류와 감시

오늘날 대부분의 사람들이 도시에 거주한다. 도시에 거주하지 않는 사람들도 도시 환경과 멀리 떨어져 있는 건 아니다. 현대에 들어 일상생활은 점점 더 도시 중심적으로 변모해 왔고, 이는 감시와 관련해서 중요한 함의를 지닌다. 우리가 시시각각 다면적이고 다층적으로 감시를 경험하는 것은 도시라는 공간이다. 가게와 거리에서 '24시간 비디오 감시 중'이라는 경고를 흔히 볼 수 있는데, 우리는 이를 당연하게 여긴다. 과속 감시 카메라가 설치된 고속도로 위를 달리든, 인터넷 프라이버시 경고 프로그램이 설치된 컴퓨터 앞에 앉아 있든, 이런저런 감시 장치를 피할 수는 없다.

도시에서의 삶은 일상생활에 대한 규제와 관계가 있다. 우리가 적절한 시간에 적절한 장소에 있는지, 적절한 속도로 여행을 하고 있는지, 혹시 문제가 있는 물품을 소지한 것은 아닌지를 확인하기 위해 수도 없이 점검이 이뤄진다. 다시 말해 여행을 하거나 물건을 살 때, 공부를 하거나 전화 통화를 할 때, 오락을 즐기거나 일을 할 때 우리는 어떤 위치에 배치되고, 지시를 받으며, 추적을 당한다. 때로는 어떤 사회적 범주에 속한 일원으로서, 때로는 개인으로서, 감시는 우리의 도시 생활을 촘촘히 걸러 낸다. 감시를 통한 이 같은 사회적 분류 과정은 우리의 행동을 예측하고 시뮬레이션 해보려는 시도에서 비롯된다. 한마디로 말해 '도시에서 이뤄지는 모의 분류'simulant sorting in the city인 셈이다.

이 장에서는 도시에서 이루어지는 감시에 대해 생각해 보기 위해 '심시티'라는 게임을 살펴본다. 이 게임에서 사용자들은 도시를 주거지역, 상업 지역, 공업 지역으로 설계할 수 있다. 또한 사용자들은 거둬들인 세금을 어디에 쓸지, 경찰서, 발전소, 쓰레기 처리장은 어디에 건설할지를 결정할 수 있다. 사용자들은 [자신들의 결정에 따라] 심시티의 주민들이 도시 개발에 성공하는 것을 지켜본다. 이처럼 심시티는 재미와 교육을 목적으로 실제 도시 생활을 재현하고 있다. 그러나 심시티가 단순한 오락물 그 이상이라면, 실제 세계가 바로 이런 방식으로 운영되고 있다면 어떨까? 이것이 내가 규명하고자 하는 질문 가운데 하나다. 심시티는 도시의 설계와 유지에 영향을 미치는 현실 세계의 활동과 얼마나 비슷할까? 이 사회과학적 픽션은 주의를 기울일 만한 가치가 있을까?[1]

오늘날 학교와 상점, 극장, 스포츠 경기장 등 도시의 주요 시설을 어디에 지을 것인지의 문제는 확실히 심시티와 같은 시뮬레이션에 기초해 결정되며, 이런 시뮬레이션은 모든 분야에 걸쳐 엄청나게 발전한 감시 능력을 바탕으로 이루어진다. 컴퓨터와 전기통신, 비디오카메라, 스마트카드, 바코드, 생체 인식, 원격 감지기, 위성 등을 이용한 감시 형태들이 시뮬레이션에 사용될 원 자료를 제공한다. 심시티 게임을 하는 사람들 또한 도시를 관리하기 위해 데이터를 이용한다. 이처럼 감시라는 수단을 통해 현실 세계는 심시티를 닮아 가고 있다.

그런데 정말 그럴까? 마우스와 키보드로 도시를 통제할 수 있는, 신과 같은 존재가 실제로 있을까? 그런 절대 권력은 좀체 겉으로 보이지 않는다. 산더미처럼 많은 순수 데이터를 다루기란 불가능할 것이다. 심지어 심시티에서조차 모든 것을 추적할 수는 없다. 따라서 게임 참가자는 우선순위를 정해야 한다. 끊임없는 데이터 수집과 처리, 해석의 과정은 무대 뒤에 있는 전지전능한 존재라는 관념을 위협한다. 심시티에서 일어나고 있는 일들이 현실 세계를 점령하고 있다고 주장하는 이들은 자신들이 사용한 비유에 넘어가는 위험에 빠져 있는 것 같다. 도시 계획가들이 심시티와 같은 시뮬레이션과 모델 만들기에 매력을 느끼는 것은 사실이지만, 실제로 그런 꿈을 실현할 그들의 능력에는 분명 한계가 있다. 심시티와 같은 미래를, 영화 〈블레이드 러너〉Blade Runner [2]의 분열된 디스토피아라며 비판하는 사람들은 어떤가? 가상 도시들의 효능과 관련된, 기술에 대한 과장된 선전을 그들 역시 믿었던 것은 아닐까?

좀 더 중요한 문제는 심시티의 시민들에 관한 것이다. 그들은 정말 자신들의 도시를 운영하는 데 참여할 권리가 없을까? 일부 설명들에 따르면, 심시티의 시민들은 계획자의 명령만을 수행하는 사이보그와 다를 바 없는, 의미 없는 존재에 가깝다. 하지만 이런 평가는 타당하지 않다. 이 장의 후반부에서 살펴보겠지만, 심시티라는 은유는 도시에서 이루어지는 모의 분류에 관해 유용한 통찰의 실마리를 제공해 준다. 모든 은유가 그러하듯이 제한적이긴 하지만 말이다.

도시와 사회적 통제

도시를 가시적으로 만들어야 안전하고 공공질서가 지켜질 수 있다는 이야기는 하등 새로운 게 아니다. '하드리아누스 황제의 판테온' 같은 로마 시대의 건물은 가시적인 명령들을 의미하도록 만들어졌다. 리처드 세넷Richard Sennett이 "로마의 공간 기하학은 육체의 움직임을 훈육해, '보라, 그리고 따르라'고 명령한다."라고 묘사했던 것처럼 말이다.[3] 그리스 사상에서도 질서 잡힌 도시는 혼란을 억제하는 수단이었다. 플라톤과 아리스토텔레스에게, 도시의 공간적 배치와 정형화는 어떤 사회가 되어야 할지를 보여 주는 거울 이미지였다.[4] 물리적인 조형물과 기술도 도움이 될 수 있었다. 17세기 파리에서 라 레이니La Reynie 경찰서장은 시민들에게 외출해도 안전하다는 것을 알리고자 '점등 감독관'을 임명했다. 라 레이니는 경찰총감을 끝으로 은퇴한 1697년까지 6천5백 개의 전등을 설치했고 그 덕분에 파리는 '빛의 도시'가 되었다.[5]

고대 도시들은 지옥도maps of hell를 그리는 데 활용됐는데, 이 지옥도에는 선과 악의 구분이 명확하게 드러나 있었다. 19세기 들어 도시화 과정에 속도가 붙기 시작하면서 '밤의 도시'가 부정적인 소재로 다시 등장했다. '악마의 맷돌'•이 있는 도시는 두려움과 기피의 대상이었다. 도시의 생활 조건은 이상적인 환경과는 거리가 멀고, 녹지화가 필요한 곳, 그리고 개인의 정체성에 대해 새로운 의미를 발전시킴으로써 극복되어야 할 곳으로 간주되곤 했다.[6] 또한 근대 도시 공간은 일탈을 방지하고 공공의 안전을 도모하기 위

• 악마의 맷돌(dark satanic mills) : 경제인류학자 칼 폴라니가 자신의 저서 『거대한 변환』(홍기빈 옮김, 길, 2009)에서 사회와 공동체를 파괴할 잠재력을 지니고 있는 자기 조절적 시장, 즉 자본주의경제를 비판할 때 사용한 말이다.

해 최대한 가시성을 확보하는 방향으로 설계되었다. 본다는 것은 사회적 통제를 보장하고 질서를 위해 계획을 세우는 것이었다.[7]

1960년대에 이르면 경쟁적이고 때로는 보완적인 다양한 도시 모델이 등장하는데, 각각의 모델에는 익명성이나 범죄 유발 요인, 혹은 둘 다에 대한 처방이 포함돼 있었다. 제인 제이콥스Jane Jacobs는 도시를, 친밀함과 공동체적 책임감이 감시 역할을 하는 상호 인식의 공간으로 규정했다.[8] 시민들 스스로 범죄를 제약하는 환경을 제공할 수 있다는 것이다. 스탠리 코헨Stanley Cohen이 지적했다시피 이 비전은 어떤 문화적 동질성을 가정하고 있지만,[9] 한층 더 전자화된 시기에도 여전히 추구할 가치가 있는, '살아 있는 구체적 개인'이라는 중요한 원리를 기반으로 한다. 결국 나머지 모델들은 도시 생활의 일부 경험들이 지닌 파편화와 고립을 개선하기는커녕 더 악화시킨다. 이런 모델 중 하나는, 마이크 데이비스Mike Davis의 『수정의 도시』City of Quartz 같은 디스토피아에 등장하는 전자적 형태의 도시 요새다.[10] 로스앤젤레스에 초점을 맞추고 있는 그의 책에서 도시 요새는 기술적인 고립을 기반으로 한 [절도·파괴·화재 등 각종 물리적 위협으로부터 보호한다는 의미에서] 물리적 보안physical security이라는 특징을 갖는다. 또 다른 모델로는 방어 공간defensible space이라는 개념이 있는데, 이는 자원과 특권을 둘러싼 투쟁에서 하나의 지역을 다른 지역과 대결시킨다.[11]

여기서 감시가 단순히 편집증적인 판옵티콘의 외양을 띠는 것이 아니라 생산적인 권력으로 보일 수 있다는 점에 주목해야 한다. 안전과 안정, 사회 질서는 사람들이 대부분 긍정적인 성과로 생각하는 것들이다. 어두운 거리를 마음 놓고 걷고 싶지 않은 사람이 있을까? 도심에서 난폭 운전이 사라진다면 모두가 안심할 것이다. 또한 불이 나거나 도둑이 들었을 때 재빨리 경보가 울리기를 모두가 바랄 것이다. 수많은 감시 행위와 장치들은 이처럼 중요한 측면에서 도시 생활을 개선하기 위한 것들이며, 그래서 사람들은 이를 반긴다. 문제는 감시가 자동화하고 정보화되었을 때, 감시의 긍정적인 측면과 그것이 동반하는 또 다른 효과가 무엇인가 하는 점이다. 그리고 감시의 긍정적인 효과는 모두를 위한 것일까, 아니면 일부를 위한 것일까? 이처럼 모의 분류는 동시에 여러 가지 방식으로 작동한다.

그렇다면 21세기의 시작은 어떨까? 오늘날 도시는 어떻게 가시적이 되며 질서는 어떻게 구축되는가? 도시 지역은 이제 '정보 도시'[12]로 여겨진다. 가시성을 유지한다는 발상은 주민들에게 디지털 꼬리표를 부착한다는 은유적인 의미에서뿐만 아니라, 주민들의 움직임을 비디오를 통해 감시한다는 측면에서 문자 그대로도 구현되고 있다. 호주 태즈메이니아의 경우, 자동차 앞 유리에 붙이는 면허증 뒷면에 "웃으세요! 어디에나 감시 카메라가 있습니다."라는 문구가 적혀 있다. 건설 현장과 중심가, 쇼핑몰과 백화점은 24시간 감시 중이다. 이와 동시에 정보 인프라는 감시를 통해 확보된 이미지들을 확인·저장하고 이를 다른 개인 정보와 비교할 수 있게 한다. 도시에서 시민들은 새벽부터 황혼까지는 물론 황혼부터 새벽까지, 다양한 수단들을 통해 끊임없이 "(가시적이 되도록) 조명받는다고 봐도 무방하다."

도시에서 일상적 삶은 점점 더 다양한 맥락에서 감시받게 된다. 도로 통행료 징수 시스템과 휴대전화, 전철역의 폐쇄 회로 카메라, 바코드로 처리되는 사무실 열쇠, 매장의 고객 관리 시스템과 직장에서의 인터넷 사용 확인 시스템 등 도시의 감시망은 촘촘하게 짜여 있다. 하지만 이런 감시의 목적이 모든 사건을 남김없이 잡아내려는 건 아니다. 설사 그게 중요한 목표 중 하나라고 해도 말이다. 그보다 중요한 건, 예기치 않은 사건에 대처하기 위해 어떤 일이 일어날지를 예측하는 것이다. 광장과 시장에서 이뤄지던 마을의 소란스러운 만남들은 좀 더 순간적인 관계가 대신하고 있으며, 저마다 개성을 지닌 사람들도 사라지고 있다.

도심에 살지 않는 사람들도 예전처럼 자신의 '사적' 공간을 신성불가침으로 여길 수는 없다. 그들 역시 감시에 취약하긴 마찬가지다. 도시는 분명한 사회적 경계선을 따라 별개의 공간들로 나눠지기도 하지만, 컴퓨터와 통계를 이용해 가상으로 구별되는 체제이기도 하다. 폴 비릴리오Paul Virilio가 지적하듯이 "폐쇄 회로 광학을 활용함으로써 통계학은 그것의 식별 능력과 더불어 분석력과 신뢰도가 눈에 띄게 향상될 것이다."[13]

이는 정보 도시의 등장을 가능하게 한 정보 인프라 덕분이다. 가상공간은 단순한 비물질적 영역이 아니라, 어디까지나 구도시들로부터 발전된 대도시적 현상이다. 예를 들어 뉴욕의 인구는 미국 전체 인구의 7퍼센트밖에 안 되지만, 국제전화 발신처의 70퍼센트가 뉴욕이다. 이와 비슷하게 런던의 인구는 영국 전체 인구의 17퍼센트 정도이지만, 영국 전체에서 이뤄지는 휴대전화 통화의 약 30퍼센트가 런던에서 이뤄진다. 데이터의 흐름이 원거리 활동을 가능하게 만들기는 하지만, 그렇다고 전자적으로 매개되는 관계가 지리적으로 엄청나게 멀리까지 확산되는 것은 아니다. 가상공간은 여전히 기존의 도시 지역 일대에 몰려 있다.

이와 동시에 정보 도시는 '정보'라는 특성을 향상시킬 수 있도록 설계된다. 도시 계획가들은 소통이 좀 더 효율적으로 이루어지도록, 그리고 도시를 종횡무진 가로지르는 눈에 보이지 않는 데이터의 흐름들을 활용하기 위해, 감시를 통해 수집된 정보를 이용한다. 따라서 이제는 도시 계획 과정에서 물리적인 공간뿐만 아니라 가상공간도 변수로 고려해야 한다. 관광산업이 문화유산 지역을 필요로 하는 것처럼, 정보를 다루는 첨단 기업들을 위해서는 도시 상업 지구가 필요하다. 스티븐 그레이엄Stephen Graham이 지적한 것처럼, 인도의 벵갈루루Bengaluru는 숙련되고 값싼 정보 기술 인력을 구하기에 매력적인 도시다. 맨체스터와 더블린, 뉴욕 같은 구산업도시들은 문화산업이 발전된 '정보 지구들'을 선보이고 있다. 이 정보 지구들은 거리에서의 대면 관계와, 전 지구적 차원의 접속 능력을 기반으로 하고 있다.[14]

잠재적인 도시 지역의 범위가 확장됨에 따라, 다국적기업은 자신들의 필요에 적합한 장소를 찾을 수 있다. 다국적기업들은 직접적인 소통도 가능하고 첨단 기술이 정보 인프라와 연결될 수 있는 최적의 범위를 제공하는 도시를 선별한다. 그래서 그레이엄은 "변덕스럽고, 고도로 유동적이며 파편화된 오늘날의 경제와 사회에서는 도시(즉 단일 도시의 중심 지역보다는 확장된 의미의 도시 지역)가 핵심 거점이 된다."라고 말한다.[15]

심시티와 도시의 현실

심시티를 이해하는 방법으로는 적어도 세 가지를 들 수 있다. 첫째, 심시티는 1989년부터 보급된 게임 소프트웨어를 지칭하는 용어다. 이 게임 참여자는 아무것도 없는 땅에 도시를 건설하기 시작한다. 불도저를 이용해 대지를 조성한 다음, 전기를 공급하고 각종 사회 기반 시설을 건설한다. 그런 다음 도로를 만들고 건물을 지으며, 자원을 적절하게 배분한다. 이 모든 과정은 재미있을 뿐만 아니라 어렵지 않다. 다른 사람들이 먼저 건설한 기존 도시에서부터 시작하거나, 뉴욕이나 로마 같은 실제 도시를 대상으로 할 수도 있다. 무엇보다도 범죄 증가율을 알 수 있고, 이 문제를 해결하기 위해 적절한 규모의 경찰서를 세울 수도 있다. 심시티는 시작 단계부터 현실 세계를 연상시키지만 경쟁 게임은 아니다.

심시티의 제작자인 윌 라이트Will Wright는 도시 계획가들이 어느 정도는 관심을 가질 것이라고 생각했다. 1994년에는 심시티 도시계획위원회 소책자가 게임과 함께 발간됐다.[16] 심시티는 이상적인 도시라는 꿈을 미리 그려보기 위해 도시를 디자인해 보는 일종의 모형이다. 윌 라이트에게, 가상의 수단으로 완벽한 환경을 창조하는 것은, 제1차 세계대전 이후 월터 그로피우스Walter Gropius와 바우하우스Bauhaus 공동체와 함께 시작된 전통, 즉 '무無로부터 출발'한다는 전통을 잇는 것이다. 그것은 '깨끗하고 순수한' 무언가를 만든다는 발상이다. 여기엔 디즈니 만화 같은 느낌이 묻어난다. 소책자는 "이 프로그램의 재미는 마치 도시 생활의 잡티를 제거하는 성형수술과 같다."는 점을 강조한다.[17] 테드 프리드먼Ted Friedman은 심시티가 "도시 발전의 복잡한 동학이 추상화·수량화될 수 있고, 시뮬레이션은 물론 세세한 점까지 관리가 가능하다는, 경험주의적이고 기술 중심적인 환상에 기초하고 있다."며 신랄하게 비판한다.[18] 프리드먼은, 게임을 하는 사람들에게 (심시티에 나오는) 도시들은 "독립적이고 고유한 존재로서, 보드리야르Jean Baudrillard가 말하는 포스트모던적 '시뮬라시옹'과 다름없"다고 지적한다. 심시티의 도시들은 여타의 표상만큼이나 '현실적'이지만, 그것이 표상하는 것이 현실 세계에 존재할 필요는 없다.[19]

둘째, 심시티는 '모의 실험된 도시'simulated city의 줄임말로도 볼 수 있다. 도시들이 디즈니랜드의 영향을 받는다는 생각은 상식이 되었다. 이는 북미에서 특히 그러한데, 실제로 디즈니 사는 미국을 포함해 세계 각국의 건축과 도시계획에 영향을 미치고 있을 뿐만 아니라, 플로리다 셀레브레이션에 자신의 도시를 건설했다. 밀라노의 비토리오 엠마누엘레 갤러리아처럼 지붕이 덮인 쇼핑 아케이드들은 이미 1백 년 전부터 존재했다. 그러나 요즘은 수많은 가맹점을 지닌 테마 쇼핑몰들이 북미 전역에 넘쳐 난다.

'테마 정하기'는 다른 세 가지 특징과 함께 디즈니화Disneyization의 핵심 가운데 하나이다. 첫 번째는 문화의 민주화democratization of culture로, 다양한 스타일과 수준이 혼합된다는 것을 의미한다. 두 번째는 상품화인데, 이때 (나이키의 부메랑 모양 같은) 로고가 상품을 구입하는 중요한 기준이 된다. 세 번째 특징은 감정 노동에 대한 강조로, 여기서 관건은 노동자의 쾌활함이다.[20] 사회에 존재하는 다양성을 관리하기 위해 디즈니의 소비주의적인 전망이 사회적 통제의 수단으로 도시에 부과된다는 주장도 종종 제기된다.[21] 여기서는 욕망을 자극하기 위해 창조된 안전한 공간에서 모든 것이 거래된다. 그 결과 사회적 다양성은 덜 위협적이 되고 공적 공간은 좀 더 안전해진다는 것이다.[22] 디즈니화를 감시와 연결시키는 일은 드물지만,[23] 그것이야말로 사회적 통제의 권력을 실현하는 메커니즘이다. 디즈니랜드 그 자체는 안전하고 청결하다. 항상 감시의 눈을 밝히고 있는 순진한 얼굴의 단역 배우들이 디즈니랜드를 순찰하기 때문이다. 그래서 어떤 사람들은 디즈니랜드가, 오늘날 도시를 관리하려는 사람들의 목표라고 주장하기도 한다.

셋째, 우리는 심시티를 시뮬레이션에 기초한 감시의 공간으로 생각할 수 있다. 실제로 감시는 도시에서 가장 강도 높게 이뤄지지만 사람들은 이를 당연하게 받아들이며, 일상적으로 존재하는 데다가 종종 눈에 잘 띄지도 않는다. 거시적인 차원에서 감시는 끊임없이 지구화되고 있으며, 개인적인 차원에서는 전례 없는 수준으로 인간 육체에 침투하고 있다. 그 결과 도시에서는 지속적으로 감시를 경험하게 된다. 아침에 일어나 처음 전화 통화를 할 때부터, 거리를 지날 때 머리 위 어딘가에 걸려 있는 감시 카메라까지, 게다가 은행 입출금기의 망막 스캔과 인터넷 사용 기록 추적,[24] 사무실 출입문의 바코드와 자동화된 고속도로 통행료 징수 체계, 휴대전화 사용 기록, 상점·정거장·술집 등에 설치된 감시 카메라…….

이 모든 개인 정보를 누가 원하는가? 개인 정보는 관리라는 목적을 위해 필요해지는데, 이때 관리자는 여행사일 수도 있고 경찰서, 시청, 슈퍼마켓, 병원, 통신 회사가 될 수도 있다. 개인 정보는 위험을 예측하고 관리하는 데 특히 필요하다. 이런 기관·조직들이 당신이 무엇을 하고 어떤 말을 하고 있는지뿐만 아니라, 앞으로 무엇을 하고 어떤 말을 할지에 대해 더 많은 관심을 기울이는 건 이 때문이다. 이들의 예측은 예방적 행위 혹은 선제적 행동을 가능하게 할 시뮬레이션을 바탕으로 한다.

도시와 감시

오늘날 도시를 이해하는 데 감시가 중요한 이유는 무엇일까? 이에 대한 해답을 찾으려면 감시가 개인들에게 초점을 맞춘다는 것, 특히 특정 목적을 위해 개인 정보를 수집한다는 사실과 관련이 있음을 상기해야 한다. 개인 정보를 수집·처리하는 기관들은 지난 2백 년 동안 유권자를 등록하고 출생·결혼·사망을 기록하며, 병역 대상자를 징집하고 재산 거래를 추적하기 위해 그렇게 해왔다. 근대성의 특징은 무엇보다 감시가 성장했다는 것이다. 컴퓨터가 도입되면서 정보를 수집하는 수단이 극적으로 변화했고, 이로 인해 다른 많은 수단들도 한몫할 수 있었다. 오늘날 감시는 분산되고 탈집중화·탈조직화되면서 모든 도시에서 모든 조직의 특징이 되었다. 기관들은 저마다 서로 다른 목표를 추구한다. 어떤 기관이든 자신이 '빅 브라더'와 연관된다면 기겁할 것이다. 하지만 이런 기관들의 활동이 합쳐져 우려할 만한 상황을 초래할 수 있을 것인지를 살펴보는 것은 의미가 있다.

'사회적 조율'이라는 비유가 지닌 가치를 여기서 다시 한 번 확인할 수 있다. 감시는 단순히 억압과 통제의 문제가 아니다. 오히려 많은 경우 영향력과 설득, 그리고 매력의 문제다. 우리 모두는 우리 자신에 대한 감시에 가담하고 있다. 왜냐하면 우리는 흔적과 자취를 남기고, 다양한 감시 기관들이 이를 탐지하고 조사하기 때문이다. 어떤 의미에서 우리의 행동들은 잘 '조율'되고 있는지도 모른다. 그러나 동시에 우리가 적극적으로 참여하지 않는다면 '관현악' 연주는 불가능하다. 푸코Michel Foucault가 주목했듯이 우리는 자신의 감시에 대한 '운반자'bearers들이지만 우리의 활동들은 감시 메커니즘을 다양한 방식으로 작동시키며, 그에 따른 효과도 상이하다. 감시의 힘은 팽팽하고 강압적인 통제에서부터 느슨하고 부드러운 유혹까지, 그리고 의무로부터 영향력에 이르기까지 넓은 스펙트럼을 지니고 있다. 따라서 현재의 감시로부터 양산되는 사회적 조율 또한 음악과 마찬가지로 부드러운 것과 강한 것, 정중한 구애와 밀어붙이듯 직설적인 강압으로 나눌 수 있다.

오늘날의 도시는 갈수록 마누엘 카스텔스Manuel Castells가 '정보 도시'라고 부른 것에 점점 가까워지고 있다.[25] 그에 따르면 이런 변화는 (자본주의의 재편에 영향을 미친 동시에 그것의 영향을 받는) 새로운 통신 기술과 정보 기술이 중심적으로 결합된 역사적인 전환이다. 도시의 오래된 공간들은 점점 '흐름의 공간들'spaces of flows이 지배한다. 이때 흐름이란 전자적 자극과 회로 들 덕에 가능해진 것으로, 정보·기술·이미지·상징의 흐름이다. 카스텔스는 **정보화 시대**The Information Age에 관한 자신의 3부작에서 이런 변화를 더욱 깊이 파고들어, 시·공간에 대한 우리의 경험이 이런 과정에 의해 어떻게 변형되고 있는지를 좀 더 뚜렷하게 보여 준다. 카스텔스에 따르면, 새로운 글로벌 도시는 공간임과 동시에 그 자체로 하나의 과정process이 되고 있다. 사람들은 여전히 어떤 공간에서 살지만, 그것은 기능과 권력이 조직되는 흐름의 공간이다.

실례로 산업입지의 논리를 살펴보자. 생산은 서로 다른 지역으로 분산될 수 있지만, 그렇다고 생산과정이 각기 독립적이거나 임의로 이루어진다는 뜻은 아니다. 현실은 그와 정반대다. 원격 통신을 통해 생산의 다양한 측면들 간의 연락이 지속적으로 유지되고 있으며, 연구 개발 분야의 고도로 숙련된 지식 노동자들과, 일상적인 조립 공정과 기타 업무들을 위해 여전히 필요한 비숙련 노동자들 간의 연계도 이루어진다.[26] 그러므로 작업의 과정은 지리적 근접성이 아니라 정보의 흐름을 통해 긴밀하게 통합되고 조정되는 것이다. 마찬가지로 원거리 출퇴근과 텔레뱅킹, 텔레쇼핑(그리고 인터넷을 이용한 전자 상거래)과 원격 교육은 시간과 공간에 대한 의존도를 낮춘다. 유연성과 이동성, 통신의 속도가 도시를 조직화하는 방식에 커다란 차이를 만들어 내는 것이다.

그러나 정보 도시는 감시 도시이기도 하다. 흐름들의 공간에서 새로운 이동성과 유연성이 가져다주는 편익이 무엇이든 간에, 이런 흐름들은 개인과 여러 과정에 대한 자료와 정보를 제공함으로써 감시와 추적을 가능하게 한다. 그러나 이것이 전부는 아니다. 속도가 중심이 되면서, 현재 일어나고 있는 일에 대해 아는 것은 물론이고 앞으로 일어날 일을 예측하는 것이 대단히 중요해졌다. 감시는 아직 실제로 발생하지도 않은 사건과 일에 대한 자료를 만들어 내기 위해 이를테면 스스로를 넘어선다. 한때 도시에서의 감시는 경계를 유지하고 일탈을 막기 위해 가로등과 망루 따위를 이용하는 것을 의미했지만, 지금은 사진을 포함해 인구 전체에 전자 꼬리표를 부여하는 것을 의미한다. 이는 단순히 오래된 방법이 대체된 것이 아니라, 과거의 방법 위에 새로운 방법이 덧붙여진 것이다. 그리고 새로운 방법들은 과거 감시의 한계를 넘어설 수 있도록 고안되었다.

이 새로운 방법들에는 다소 일상적인 측면들이 있지만, 거리에 설치돼 있는 카메라들과는 달리 눈에 잘 안 띄는 것들도 있다. 예를 들어 정보 인프라와 연계됨으로써 기능이 향상된 공공시설이 있다. 일부 지역의 주거용 전력선은 디지털 표본 추출을 지속적으로 가능하게 하는 [자동 전력 계량기] '스마트 미터'에 의해 점검되고 있다. 릭 크로퍼드Rick Crawford가 보여 주듯이 이는 감시자들이 "각 가정의 가전제품 사용에 관한 상세한 내역을 파악할 수 있도록 해준다."[27] 미국에서 전력 소비량 감시는 주로 고출력의 빛이 필요한 불법 대마초 재배를 뿌리 뽑기 위해 마약단속국DEA에 의해 이루어져 왔지만, 앞으로는 시장 정보 수집이 스마트 미터 사용의 더욱 수지맞는 목표가 될 수도 있다.[28] 스마트 미터는 에어컨 사용이 정점에 이르는 무덥고 습한 날씨에 주요 시간대의 전력 부담을 분산시키는 데 도움을 준다. 그렇지만 동시에 기업들로 하여금 가전제품에 문제가 있다는 것, 그리고 어떤 종류의 가전제품이 없다는 것을 알게 해줌으로써 새로운 기기에 대해 맞춤형 광고를 할 수 있는 기회를 제공하기도 한다.[29]

흐름들의 공간은 정보 부자information rich인 새로운 지구적 엘리트들이 자신들만의 세계를 따로 만들 수 있게 하며, 심지어 어떤 장소에 그들을 위한 새롭고 배타적인 환경을 조성하기도 한다. 이 엘리트들은 세계 어느 곳이든 호텔과 공항, 교통과 통신 시스템에서 비슷한 상징적 영역을 창조할 수 있다는 점에서 전 지구적이다. 자신의 본거지에서 이들은 작은 요새 구역에 거주하는데, 이 구역은 부유층이 사는 외부인 출입 제한 주택지로, 같은 도시에 살고 있는 다른 지역 주민들로부터 이들을 보호한다. 이들은 재산이나 아이들을 보호하기 위해 다양한 형태의 첨단 감시 장치를 사용하기도 한다. 또한 이들은 다른 데서 비롯될 수도 있는 문제를 차단하기 위해, 첨단 기술을 선호할 수 있다. 예를 들어 멜버른의 '큐 정신병원'에서는 주변의 고급 아파트 거주자들에게 환자들로 인한 위험이 없다는 사실을 보여 주기 위해 비디오 감시 시설을 가동한다. 주거용 스마트 미터 같은 사례들이 가정 보안 시스템을 강화시켜 주는 데서도 알 수 있듯이, 감시 권력은 사람들 사이에 불균등하게 배분된다.

이 모든 움직임의 배후에는 두려움이 자리해 있다. 외부로부터의 공격과 침입, 폭력에 대한 두려움은 위험을 방지하고 차단하려는 노력을 촉발한다. 위험으로부터 주민들을 보호하기 위한, 방공호 같은 건축물은 전혀 새로울 게 없다. 그러나 두려움이 강화되면서 여기에 전자 장치와 비디오 장치가 도입된 것은 최근의 일이다. 낸 엘린Nan Ellin에 따르면 20세기 후반에 이르러 두려움은 분리를 지향하는 건축 정책들을 만들어 냈는데, 이는 도시 생활에서 발생하는 실제 사회적 도전에 정면으로 대응하기보다는 내향적이고 퇴행적인 방향으로 나아갔다. 이상화된 과거, 테마 상가와 같은 환상의 세계, 또는 외부인 출입 금지 거주지에서 보이는 집단 응집력과 사유화 등으로의 움직임은 두려움에 대한 대응일 수 있다.[30] 이런 방어적 공간들은 엘린이 추구하는 삶의 공간이 아니라 성공의 상징처럼 보인다.

감시 활동은 도시라는 환경에서 전 지구적인 것과 지역적인 것의 분할을 점차 증대시키는 흐름들 속에서 이루어진다. 하지만 분할만이 전부는 아니다. 흐름들은 분할하면서 동시에 접속한다. 흐름들은 다양한 집단들을 공유된 정체성과 공통의 이익으로 묶어 냄으로써, 분산되고 산재해 있던 것들을 연결시킨다. 예를 들어 이 흐름들은 도시에서 어려운 처지에 놓인 소수민족들을 인종주의적 공격으로부터 보호할 수도 있고, 경우에 따라서는 그런 인종주의를 강화할 수도 있다.[31] 영국 런던의 뉴햄 자치구는 인종차별 범죄자를 식별하기 위해 '맨드레이크'Mandrake(얼굴 인식) 시스템을 설치했다. 이 시스템은 디지털화된 데이터베이스와 감시 카메라에 찍힌 이미지를 비교한다. 이처럼 감시 시스템은 '전 지구적인 것'과 '지역적인 것'의 역동적 분할이 짝을 이뤄 진행 중인 도시에서, 새로운 권력관계 및 저항의 관계를 유지하는 수단이다.

감시 흐름들은 장소에 대해 직접적인 효과를 미친다. 흐름들의 공간에서 새로운 권력은 도시가 특정한 형태를 갖도록 요구한다. 이는 건물들에 구체적으로 나타나는데, 그 결과 외부인들이 보기에 도시가 어떤 특정한 방식을 따르고 있는 것처럼 느끼게 된다. 또한 도시는 데이비스가 '두려움의 생태학'ecology of fear이라고 부른 것의 일부를 창조한다.[32] 데이비스는 시장이 주도하는 도시화를 환경적·사회적 상식에 위배되는 것으로 간주한다. 시장이 주도하는 도시화는 화재나 홍수와 같은 자연재해부터 시작해, 비디오카메라에 녹화된 로드니 킹 구타 사건에 이르기까지 피할 수도 있었던 비극들을 발생시킨다. 물론 도시계획은 발생 가능한 갈등들을 배제하기 위해 노력한다. 샤론 주킨Sharon Zukin이 말하듯이, 서비스 중심 사회는 "갈등을 배제하고 편안함만이 남도록 설계한"[33] 것으로, 꿈의 디즈니화를 구현한 셈이다. 감시는 갈등의 배제와 편의성 우선이라는 두 가지 특성 모두에 기여한다.

캐나다 태평양 연안에 위치한, 브리티시컬럼비아 주의 주도인 빅토리아를 예로 들어 보자. 최근 제정된 청정 공기 조례는 술집에서 양로원, 지방의회에 이르기까지 모든 공공건물에서 흡연을 금지했다. 이와 함께 몇몇 나이트클럽에는 비디오카메라가 설치됐고 경찰은 법에 따라 노숙을 단속하겠다고 밝혔다.[34] 이는 젊은 노숙인들이 일상적으로 길에서 내쫓긴다는 사실을 의미한다. 빅토리아가 '오래된 영국적 아름다움'을 간직하고 있고, 스코틀랜드 식 성城과 셰익스피어의 부인 앤 해서웨이Anne Hathaway의 고택을 복제한 저택이 있는 관광지라는 점이 단속의 이유였다. 이렇게 해서 빅토리아는 관광객들의 소비를 위해 '초현실적인 도시'로 재탄생했다. 가난은 거리에서 쓸어버릴 수 있고, 폭력은 감시 카메라를 이용해 봉쇄할 수 있으며, 탁한 공기는 금연 표지판을 세워 정화할 수 있다. 특정한 징후적 행동들은 그 원인이 파악되거나 해결되지 않더라도 성공적으로 예방할 수 있다.

물론 이런 이야기가 도시에 대한 과도하고 극단적인 시각이라고 반론을 제기할 수 있다. 맞는 말이다. 그러나 빅토리아를 포함한 많은 대도시의 시민들이 안전하고 깨끗한 공공장소를 선호하는 것은 분명하다. 또한 그렇게 하는 것이 정치적으로도 바람직하게 받아들여질 것이다. 도시에는 글로벌 엘리트와 절망적인 빈곤층이 공존하며, 그 사이에는 보통 대규모의 중산층이 존재한다. 이들 중산층이 노트북 컴퓨터와 위성 전화, 엘리트들의 VIP 라운지 문화를 그다지 열망하지 않을 수는 있겠지만, 분명한 건 소비 능력이 없는 빈곤층이 되기를 원하지는 않는다는 것이다. 그중에서도 데이비드 레이David Ley가 '새로운 문화 계급'cultural new class이라고 이름 붙인 부류에 속한 사람들은 새로운 도심 환경을 적극적으로 '기획'한다. 이런 환경에서 그들은 생산자이자 소비자이다.[35] 사실 '심시티'와의 의도적 혹은 무의식적 공모가 계속되는데, 여기에는 다수가 연루되며, 점점 비가시화되는 감시 메커니즘이 이를 가능하게 하고 부추긴다.

실시간으로 작동되는 심시티의 전반적인 그림을 그리기 위해, 몇몇 연관 관계를 분명히 하도록 하자. 과거에 감시는 주로 국가와 작업장의 영역에 제한된 것이었다. 두 경우 모두 감시는 관료 조직을 위해 이루어졌다.[36] 사람들은 주로 시민과 노동자라는 범주로 분류되었고, 감시라는 측면에서 이 둘은 상대적으로 뚜렷하게 구별되었다. 그러나 한편으로는 자본주의의 구조 변화로 인해, 다른 한편으로는 신기술의 도입을 계기로 이 둘 사이의 구분은 이제 훨씬 모호하다. 이들은 서로 중첩되기도 하고 교차하기도 하며, 이른바 소비자 감시의 폭발적인 증가로 말미암아 점차 확장되어 왔다. 더욱이 이제는 단순히 관료적 권력을 위해 감시가 이루어지는 것은 아닌 듯하다. 동일한 신기술들이 모형화modelling와 프로파일링*이라는 새로운 관행, 즉 시뮬레이션을 가능하게 하고 있다.[37] 감시에는 통제도 포함되지만, 감시가 기여하는 범위는 이보다 훨씬 넓다. 주민을 관리하는 데 유용한 지식을 생산하는 것이 단적인 예다.[38]

오늘날 도시에서 이뤄지는 감시는 서로 중첩되고 교차된다. 마치 하나의 옷감을 이루는 실오라기들처럼 따로 따로 풀기가 매우 어렵다. 국가에서 뻗어 나온 관리 조직tissues(사회보험, 세무 자료, 의료 기록, 인구 총 조사 자료, 복지 청구 자료, 유권자 명부 등)으로 시작된 것이, 이제는 그 위에 다른 기능의 층위

• 프로파일링(profiling) : 인종적·집단적 표적을 대상으로 경찰이 범죄자 검거를 위해 불심 검문·수색하거나, 아니면 회사가 효과적 광고를 위해 예비 구매자 집단에 관해 정보를 수 집하는 활동을 말한다.

들이 덧붙여진 것이다. 이는 다시 국가와 연관되기도 하지만 흔히 상업 조직들과 연계된다. 예를 들어 경찰은 법률적 필요 때문에 정보를 수집하지만, 이 자료는 보험이나 고용과 연관될 수도 있다. 실제로 금융기관과 마찬가지로 보건·복지 서비스 기관과 자동차 등록국, 보험회사 등은 경찰 업무와 밀접한 연관이 있는 기관들이다. 앞으로 보겠지만, 이는 경찰의 치안 업무가 위험관리의 일부가 되어 왔다는 것과 관련이 있는데, 이 대목에서 감시 지식이 필요하다. 감시 지식은 더 이상 범죄나 규칙 위반에 대한 것이 아니라, 누가 또는 무엇이 위험을 구성하는지에 대한 지식이다. 즉 교통사고가 발생할 가능성을 평가하듯이 범죄가 발생할 가능성을 위험 계산으로 환원하는 것이다. 이것이 보험 통계의 정당성이다. 사람들은 누가 어디에서 범죄를 저지를지 예측하기 위해 노력하며, 필요하다면 경찰력을 적절하게 배치한다.

카메라 아래에서

신기술을 통해 예측력을 높이려는 대표적 사례로 '크로마티카'Cromatica라고 불리는 지하철 보안 시스템이 있는데, 크로마티카는 런던 지하철역에서 처음 시험되었다.[39] 크로마티카는 폐쇄 회로 텔레비전 카메라를 '지능형' 컴퓨터 시스템에 연결함으로써 승객들의 흐름을 점검하고 위험한 혼잡 상황을 경고한다. 또한 출입 금지 구역으로 가는 등의 일탈 행동에 주의를 주고, 자살 기도를 식별해 내기도 한다고 운영자 측에선 주장한다. 색상의 변화와 화소 밀도를 지속적으로 분석하는 건 특징적인 움직임을 판독해 내기 위해서이다. 예를 들어 자살하려는 사람들은 몸을 던지기 전에 전동차를 여러

대 그냥 보내고 승강장에 오래 서있는 경향이 있다.

이런 시스템들은 위험을 줄이고 비극적인 사건을 예방하는 능력을 지니고 있다. 하지만 이와 관련해서는 항상 몇 가지 의문이 뒤따른다. 크로마티카와 같은 기술이 계획적인 노상강도와 보통의 만남을 정확하게 구분할 수 있기 전까지는 시스템의 지능 수준이 결정적인 변수가 될 수 있다. 위험에 대한 분류 자체도 물론 논쟁의 여지가 있다. '비정상적'이거나 '나쁜' 행동이라는 것은 그리 명백한 범주가 아니다. 의도하지 않았던 결과와 불길한 상황이 전개될 가능성이라는 문제는 기술적 역량과 사회적 해석을 넘어서는 것이다. 감시 카메라들이 촘촘하게 설치된 구역에서는 사람들의 움직임을 원격 추적하는 것이 가능하다. 수많은 카메라가 사람들의 움직임을 차례로 포착한다. 런던의 금융과 상업의 중심지인 '시티 오브 런던'City of London은 바로 이 같은 잠재적 위험 지역이다. 이런 지역에서 크로마티카와 같은 시스템의 긍정적이고 생산적인 능력은 의도하지 않게(혹은 의도적으로) 위험하게 활용됨으로써 퇴색할 수 있다.

도시 공공 구역에서 폐쇄 회로 텔레비전과 비디오를 통해 이뤄지는 감시는 서로 다른 감시 영역들과 매우 잘 들어맞는다. 이 경우에도 영역 간 경계가 흐려진다. 소비와 오락, 관광 등을 위한 안전하고 매력적인 공간을 만들고자 많은 도시들(특히 영국에서)이 카메라 시스템을 도입하고 있다. 거리와 공공장소는 지방 정부와 시 의회가 관할하며, 이들은 감시에 대한 요구를 기술적으로 해결하려고 한다. 이런 시스템은 특정 지역 거주민들이 감당할 수 있는 규모 이상의 예산을 필요로 하기 때문에 민간 부문에서 자본을 끌어들이기도 한다. 영국의 경우 중앙 정부가 몇몇 지역 텔레비전 감시 시스템에 예산을 지원하지만, 도심 감시의 대부분은 민간 자본 유치가 핵심적이라는 주장이 나오고 있다.[40] 1994년 '시티 워치'City Watch를 가동하기 시작한 글래스고에서는 사적 이익과 공적 이익 간의 긴장이 발생했다. '시티 워치'의 설치를 추진한 글래스고 개발국은 범죄 예방용 감시 카메라가 설치되어 공공장소가 안전해질수록 도시 방문자 수는 늘어날 것이라고 주장했다.[41] 하지만 당초 민간 자본이 참여할 것이라는 약속에도 불구하고, 여전히 납세자들이 더 많은 비용을 감당해야 했다.

얽히고설킨 감시의 실타래 중 일부를 풀기 위해서는 상이한 분야들을 분리해서 살펴볼 필요가 있다. 도시에서의 일상생활이란 시민으로서, 노동자로서, 소비자로서의 삶을 포괄한다. 감시는 이 세 영역 간에는 물론이고 각 영역 내부에서도 작동한다. 각 영역은 갈수록 위험관리라는 형태를 띠고 있지만 목적은 여전히 서로 다르다. 정부 부처들은 과세, 규제, 사회보험, 정치 참여 등에 해당되는 사안을 관리한다. 부차적으로, 정부는 치안 서비스 또한 제공한다. 과거에는 치안 서비스가 질서를 유지하기 위한 법 집행으로 간주되었지만 지금은 좀 더 정확하게, 서로 다른 제도적 영역들의 안전 유지 활동에 기여하는 것으로 이해된다.[42]

기업들은 생산성이 잘 유지되고 있는지를 확인하기 위해 피고용인들의 기록을 보유하고 활동을 감시한다. 기업들은 또한 상품 시장을 적극적으로 활용하기 위해 구매와 거래 행태를 추적해 소비를 조율하려 한다. 하지만 이는 단순히 분석적인 차원의 구분일 뿐임을 명심해야 한다. 도시와 기업은 모두 소비, 그리고 특히 관광을 촉진시키기 위한 인프라를 창출하고자 공조한다. 기술적 잠재력은 어느 정도 수렴을 가능하게 한다. 현재 행정·고용·상업 등 모든 분야에서 벌어지고 있는 개인에 대한 분류와 범주화를 가능하게 한 것은 무엇보다도 데이터베이스이다.

감시의 가장 명백한 표식 가운데 하나는 머리 위에서 우리를 내려다보는 폐쇄 회로 텔레비전 카메라의 '전자 눈'이다. 최근 들어 감시 카메라가 점점 소형화되고 은밀하게 설치되고 있기는 하지만, 그래도 이 '전자 눈'은 감시의 확장이라는 오늘날의 현실을 가장 잘 보여 준다. 도시의 거리, 특히 영국의 모든 도심에서는 카메라를 흔히 볼 수 있다. 이와 관련해 스티븐 그레이엄은 감시 카메라들이 수도·가스·전기·전화와 함께 '제5의 공공재'가 될 것이라고 지적한다.[43] 1994년 8월에서 1995년 3월 사이에 수많은 감시 시스템이 추가되었으며, 감시 카메라를 설치한 영국의 도시와 마을 수가 1990년대를 지나면서 급격히 늘어났다.[44]

또한 영국에서는 자동차 번호판 자동 인식 카메라가, 이미 모든 간선도로와 교차로, 터널과 항구, 공항에 설치돼 있는 통합 시스템과 결합되어 조만간 전국으로 보급될 것이다. 감시 카메라는 극초단파망과 전화선을 통해 런던의 헨던Hendon에 있는 국가경찰전산망과 실시간으로 정보를 주고받는다.

도로변의 일부 감시 카메라는 교통정보 제공 회사 '트래픽마스터'Traffic Master와 같은 민간에서 운용한다. 5천 개가 넘는 단말기가 실시간 교통정보 서비스를 위해 고속도로와 주요 간선 도로에 깔려 있다. 교통 정체가 심한 영국에서, 교통정보 서비스 가입자들이 차량에 내장된 컴퓨터와 전화, 호출기를 통해 교통 흐름과 정체 관련 정보를 이용할 수 있다는 사실에 감사하리라는 건 충분히 이해할 만하다. 이 시스템은 일정한 간격에 따라 설치돼 있는 차량번호 자동 인식 시스템을 통해 교통 흐름에 관한 정보를 수집한다.

감시 카메라는 버스와 열차, 택시, 전화 부스, 엘리베이터 등으로 살금살금 스며들고 있다. 이런 곳에 설치된 감시 카메라를 시민들은 당연하게 생각한다. 실제로 얼마 전에 아들이 잡지 의류 광고를 보여 준 적이 있는데,

그 광고에는 "당신은 하루 평균 10번 비디오카메라에 노출되고 있습니다. 당신은 옷을 제대로 입고 있나요?"라는 문구가 있었다. 아무래도 감시 카메라는 사람들이 공공장소에서 보이는 행동거지에도 영향을 미치는 것 같다.

어떤 사람들에게 이 마지막 지점은 신기술의 민주화 효과를 말해 준다. 텔레비전 쇼가 웃음을 주고자 가정용 비디오로 찍은 장면을 보여 주거나, 범죄 예방 프로그램이 시청자들을 위해 범죄 재연 장면을 보여 줄 경우, 감시 카메라는 일상생활의 일부로 길들여지고 자리 잡게 될 것이다. '촬영되는 것'을 자연스럽게 여기고, 많은 이들이 카메라를 사용하게 됨에 따라 대규모 감시 시스템을 운용하는 사람들의 영향력은 약화되리라는 것이다. 이런 관점을 무시하거나 과소평가해서는 안 된다. 누군가 지적한 것처럼, 저항의 가능성을 지닌, "가시성의 새로운 공간이 열리고 있다."[45] 권력 체제마다 서로 다른 종류의 가시성과 감시 관행들이 있는 것이다. 하지만 '거리의 방관자들'에게 캠코더를 쥐어 주는 것이 짧은 순간 분출하는 전복적이거나 저항적인 활동보다 중요할 수 있다고 보는 것은 순진한 생각이다. 캠코더는 도시 공간에 설치된 자본 집약형 공공 감시 카메라의 위력을 결코 뒤흔들 수 없다.

나라마다 편차는 있겠지만, 공공장소에 설치된 카메라는 범죄에 대한 공포와 관계가 있다. 하지만 글래스고를 사례로 한 제이슨 디튼Jason Ditton의 연구는 카메라가 반드시 범죄에 대한 두려움에 큰 영향을 미치지는 않는다는 점을 보여 준다. 도심을 기피하는 사람들의 태도는 달라지지 않았고 카메라가 설치되기 전에 비해 도심이 더 안전해졌다는 인식도 늘지 않았기 때문이다. 이 연구에 따르면, 카메라 설치의 유일한 효과는 카메라가 설치된 곳에서는 범죄의 희생자가 될 수 있다는 두려움이 줄어들 수도 있다는 점이다.[46]

영국의 사례가 미국에서도 그대로 적용되는 것은 아니다. 미국의 경우 안전에 대한 강조로 인해 '프라이버시'가 침해되지 않을까 하는 우려가 상당히 감소한 것으로 보인다. 감시 카메라는 안전을 보장해 줄 것으로 여겨진다. 실제로 버지니아 페어팩스에서는 교차로에 감시 카메라를 설치한 뒤부터 신호 위반 사례가 감소했다. 뉴욕 시 경찰은 한 저소득층 주택단지에 감시 카메라가 설치된 뒤 범죄가 44퍼센트 감소했다고 말한다. 풍선 효과와 잠재적인 억제 효과에 대한 논쟁은 계속되고 있지만, 반대 의견에도 불구하고 감시 카메라의 설치 비율은 지속적으로 증가하고 있다.[47] 그러나 이 분야의 연구자들 중 일부가 우려하는 것은 이런 방법들이 중요한 측면에서 결함을 안고 있을 수 있다는 점이다. 풍선 효과와 억제 효과가 실제로 있는가 하는 의문 외에도 시민적 자유와 민주적 공공 영역의 침식, 얼굴 인식을 포함한 감시 기술의 발전에 대한 질문이 제기될 수 있다. 또한 인간적인 상호작용을 통한 좀 더 자연스러운 감시 형태를 [새로운 감시 기술이] 대신할 수 있다고 생각하는 기술 일변도의 해법과, 범죄의 원인보다는 증상만 보는 접근법에 대한 문제도 있다.[48]

또한 감시 카메라는 도시에서 움직이는 사람들, 다시 말해 이동 중인 몸에 주목한다. 예를 들어 학교 버스를 이용하는 [캐나다 태평양 연안에 위치한] 브리티시컬럼비아의 어린이들이나 대중교통을 이용하는 샌프란시스코의 통근자들은 교통수단을 이용하는 동안 카메라에 잡힌다. 경기장 난동과 공공 기물 파괴, 낙서 등은 '조용한 감시자'의 주요 표적이다. 이 소형화되고 견고한 다용도 카메라는 원래 자동차와 트럭, 공공서비스 차량의 운행을 감시하던 블랙박스에서부터 발전된 것이다.[49] 운전자에 대한 절도와 습격, 추행 사건의 위험을 최소화하기 위해 미국·캐나다·호주·뉴질랜드·영국·멕시코의 택시들은 '택시캠' 같은 시스템을 장착하기도 한다.[50] 도시에서는 걷든 운전을 하든, 대중교통을 이용하든 모든 움직임이 셀룰로이드 테이프에 포착될 가능성이 높다.

경찰은 감시를 위해 점점 더 많은 첨단 장비를 사용하고 있다. 캐나다의 경우 순찰차는 움직이는 사무실이 되어 가고 있다. 순찰차에는 컴퓨터, 무전기, 휴대전화, 비디오카메라, 레이더, 확성기, 팩스, 인쇄기, 차량 위치 추적 장치 등이 갖춰져 있다.[51] 경찰은 자신들이 관할하고 있는 지역과 주민들을 개괄하기 위해 경찰서와 파견대의 개요를 작성한다. 또한 경찰은 미 국방부나 다른 국가들이 만든 전자 지도 시스템을 이용하기도 한다. 요즘은 직경 1미터 범위까지 상세하게 볼 수 있는 고해상도 위성사진을 구입할 수도 있다. 과거 냉전 시기에 사용됐던 지리 정보 서비스 사진들도 판매되고 있다.[52] 가정불화가 심각한 곳이나 청소년들이 모이는 곳은 '범죄 다발' 지역으로 분류될 수 있으며, 지리 정보 수집 기술은 범죄자의 예상 거주지를 정확히 찾아내는 데 사용될 수도 있다.[53] 물론 범죄자만 추적당하는 것은 아니다. 감시 카메라 시스템은 고정관념을 확대하는 경향이 있고 그에 따라 시스템 운영자는 용의자들을 추적하기도 한다. 의심의 근거는 단순히 머리 모양이나 피부색, 옷차림이나 나이일 수도 있다.

토론토에서는 실제로 범죄율이 높은 곳만이 아니라 '소란 행위'가 발생하는 곳도 요주의 지역으로 규정한다. 피해자가 누구인지에 따라 실마리를 찾을 수는 있겠지만 '소란 행위'가 무엇인지는 분명하지 않다. 경찰위원회 의장인 놈 가드너Norm Gardner는 이렇게 설명한다. "이곳은 관광지입니다. 실제로 범죄가 많이 발생하지는 않지만 도시 전역에서 관광객들을 안전하게 보호하고 싶은 거죠."[54] 1999년에 요주의 지역으로 지목된 곳들 중 다수는 상대적으로 가난한 지역이었다. 이처럼 감시 시뮬레이션은 관광객 유치라는 상업적 목적을 위해서 빈곤 지역에 관심을 기울이기도 한다.

토론토에서는 또한 1998년 세계 최초로 전자동 통행료 징수 도로가 개통됐다. 이 407번 고속도로는 캐나다에서 가장 혼잡한 도로를 피할 수 있는 대체 경로로서, 자동차에 장착된 무선 송수신기나 자동차 번호판을 인식하는 비디오카메라를 통해 통행료가 부과된다. 이 시스템에 적용된 기술은 걸프 전쟁 때 스마트 폭탄 투하에 사용된 기술에서 발전된 것으로, 통행료 징수 대상 차량의 주행거리와 통과 시간에 따라 통행료를 부과한다.[55] 고속도로를 이용하면 통행료가 자동으로 청구되는 것이다. 여기까지는 운전자들이 직접 눈으로 볼 수 있다. 하지만 전자동 통행료 징수 시스템이 수집한 데이터가 어떻게 도시 전역의 교통 흐름을 실시간으로 예측하는 데 사용되는지는 눈에 보이지 않는다. 이는 도시계획 설계자들에게는 엄청나게 유용한 정보인데, 교통량이 많은 도시의 간선도로에서는 특히 그렇다.

기업들이 이윤을 추구하기 위해 세운 계획들은 바로 이런 자동화된 데이터 수집을 기반으로 한다. 그러나 이런 수준을 넘어 운전 습관 점검과 범죄자 색출 등도 가능하다.[56] 이런 사실을 인지한 온타리오 정보 및 프라이버시 위원회는 운전자들의 프라이버시를 보호할 방안에 대해 407번 고속도로 관리자들과 토론을 벌였다. 운전자들이 전자동 통행료 징수 시스템을 이용할 때 익명성을 원한다면 이를 보장해 주자는 것이다. 이런 식으로 신분 정보가 노출되는 것을 꺼리는 운전자들의 우려를 덜 수 있을 것이다. 하지만 경찰은 범죄 예방과 범죄자 체포에 이런 데이터가 얼마나 유용한지 알고 있기 때문에 할 수만 있다면 이를 사용하려고 할 것이다. 영국 에섹스 주 경찰국장 존 버로우스John Burrows는 경찰이 범죄 예방과 범죄자 체포를 위해 통행료 부과나 차량 이동 감시 데이터에 접근할 수 있어야 한다고 주장했다.

도시에서 감시의 대상이 되는 것은 거리를 걷는 시민이나 고속도로를 달리는 운전자, 범죄 예상 지역의 잠재적 범법자들만이 아니다. 앞서 3장에서 살펴봤듯이 노동자들에 대한 감시 또한 점점 증가하고 있다. 하지만 고용 환경은 여타 도시적 감시 상황들과는 다소 다르므로 여기서 깊이 다루지는 않겠다. 다만 작업장에서 이뤄지는 감시에는 카메라뿐만 아니라 약물검사, 복사기 사용 검사, 자판 사용 확인, 이메일 감시 등 다양한 수단이 동원된다는 사실을 지적하는 것으로 충분하다. 이로 말미암아 작업장은 감시의 강도가 매우 높은 공간이 된다. 게다가 일자리를 지키기 위해서 일정 정도의 감시는 감수해야 할 일종의 비용으로 받아들이게 되며, 그 결과 새로운 규칙들이 형성된다. 이런 점에서 작업장 감시는 확실히 고유한 범주로 다뤄야 한다.

기업들은 감시 기술을 작업장에서 노동자들을 관리하는 수단으로 계속 사용하고 있지만, 20세기의 마지막 수십 년 동안 동일한 기술들을 소비자 관리에 활용하려는 노력이 대규모로 확산되었다. 기업 활동의 중심이 소비 과정으로 이동하면서 이 분야에서 가장 큰 성장이 이뤄졌다. 여기서 우리는 좀 더 엄격한 규칙에 속박된 작업장이 아니라 공적 영역으로 되돌아온다. 상업적 감시는 대부분 소비자를 유인하기 위해 설계된, 도시 지역의 쇼핑몰 및 소비 지역과 관련이 있다. 이런 지역은 그곳이 질서정연하고 조화된 소비 공간이라는 점을 보여 주고자 비디오 감시를 이용할 수도 있다.[57] 또한 쇼핑 지역의 입지 선정은 개발업자들에게 가장 적합한 지역과 구역을 보여 주어야 한다는 점에서 시뮬레이션과 모형화의 영향을 받을 수 있다.

도심의 쇼핑 지구와 마찬가지로, 소비자 감시 또한 매우 중요한 방식으로 이뤄진다. 이 중 하나가 오스카 갠디Oscar Gandy가 '판옵티콘식 분류'라고 개념화한 것인데, 이 개념으로 갠디는 기업들이 광고 대상을 좀 더 정밀하게 설정하고 소비를 유인하기 위해 소비자 정보를 어떻게 이용하고 있는지를 설명한다.[58] 북미와 유럽의 많은 국가들에선 우편번호와 우편 구역에 따라 사회적 범주를 나눈다. 여기에는 '유유상종'이라는, 단순하지만 경험적인 진실이 전제로 깔려 있다. 인구지리학적인 자료와 인구조사 정보를 결합하고 이를 특정한 소비 양식(이 중 일부는 할인 카드와 결합된 회원 제도를 통해 확보된다)과 연계함으로써 기업들은 광고물을 어디로 보내야 할지, 판촉 전화는 어디에 해야 할지를 정확하게 알 수 있다. 영국에선 세인즈베리Sainsbury 인터넷 홈쇼핑의 잠재 고객 중 일부가 자신들이 특정 지역에 살지 않는다는 이유로 고객 범주에서 제외됐다며 불만을 제기하기도 했다.[59] 이처럼 잠재 고객이 자동차를 타고 쇼핑몰로 향하기 전에, 그리고 전화로 주문하기 전에 그들의 구매 선호를 시뮬레이션 함으로써 도시에서 소비자 감시는 군사적인 정밀함을 갖춘 판촉 활동을 계획하고 실행한다.

도시에 살지 않는 사람들도 감시에서 자유로운 건 아니다. 이는 여기저기에 설치된 감시 카메라의 시선을 피할 수 없다는 뜻만이 아니다. 다양한 기관들에서 당신에 관한 정보를 파악할 만반의 준비가, 당신이 지갑을 기꺼이 열 수 있는 곳으로 안내할 준비가 돼있다는 뜻이다. 예를 들어 도시를 안내하는 인터넷 사이트는 그 도시를 방문하는 사람이나 그곳 주민들로 하여금 보고 싶은 영화나 적당한 식당을 고를 수 있도록 관련 정보를 제공하는데, 이는 과거 그 사람들이 선택했던 기록을 이용한 것이다. 그 결과 온라인 가이드 이용자들에게는 거리를 어슬렁거리다 우연히 어떤 곳을 찾게 되는 경험이 사라지게 되었다. 온라인 가이드가 사람들에게 어디로 '가야 하는지'

를 알려 주기 때문이다. 이 시스템은 이용자의 개인적 취향이 어떨 것인지를 미리 결정하고, 그렇게 예상된 취향이 어떻게 충족될 수 있는지를 알려 주는 '협업 필터링'* 방식으로 운용된다.[60] 물론 특정 신용카드를 소지하고 있는 사람들은 일정한 혜택을 기대할 수도 있다. 그들은 곧장 맨 앞줄로 갈 수도 있다. 새로운 천년이었던 2000년에 '영원의 도시'Eternal City 로마를 방문했던 사람들은 바티칸 방문 예약이 가능한 '순례자 카드'를 사용할 수 있었다. 메모리칩이 내장된 이 카드는 호텔, 식당과도 연계돼 있었고 사용자의 신원은 물론 예약된 호텔과 의료 정보, 여행 계획에 관한 정보도 담겨 있었다.[61]

전자 상거래를 통한 감시를 살펴보자. 인터넷이 전자 상거래를 위한 공간으로 이용되기 시작한 지 얼마 되지 않아 거대한 변화가 이뤄졌다. 개인용 컴퓨터는 상품광고가 이뤄지고 개인 정보가 전송되는 장소가 되었다. 컴퓨터의 하드 드라이브는 이제 '쿠키들'의 저장고다. 쿠키는 사용자가 어떤 사이트를 방문했고 인터넷 서핑을 하는 동안 어떤 선택을 했는지를 기록해 놓은 정보다. 사용자가 어떤 사이트를 다시 방문하면 그 사용자에게 맞춤형 광고가 날아든다. 이때 초점이 맞춰지는 것은 인터넷 거래의 총합인 가상의 사용자이다. 하지만 결과는 차이가 없다. 쿠키와 그것을 관리하는 기업들이

---

* 협업 필터링(collaborative filtering) : 고객들의 선호도와 관심 표현을 바탕으로 선호도와 관심에서 비슷한 패턴을 가진 고객들을 식별해 내는 기법을 말한다. 비슷한 취향을 가진 고객들에게 서로 아직 구매하지 않은 상품들을 교차 추천하거나 분류된 고객의 취향이나 생활 형태에 따라 관련 상품을 추천하는 형태의 서비스를 제공하기 위해 사용된다.

사람들의 욕망과 선택을 유도한다.[62] 그렇지만 가상공간은 기본적으로 도시적인 현상이라는 사실을 기억하는 것이 중요하다. 전자 상거래가 내세우는 전 지구적 전망에도 불구하고 실제 거래는 지역적으로 이뤄지는 경향이 있기 때문이다. 가상공간은 (가상공간이 표상하고 표현하는) 현실의 장소들과 종종 연관돼 있다. 많은 경우, 새로운 미디어들은 도시를 넘어서는 것이 아니라, 그 내부에서 소통의 또 다른 층위로서 사용된다.[63]

심시티와 현실 세계

현실의 도시들은 심시티를 닮게 될까? 만약 그렇다면 어떤 식으로 닮게 될까? 감시는 많은 종류의 위험을 최소화하기 위해 주민들과 개인들에 대한 지식을 획득하는 수단이다. 사람들은 도시에서 일상을 영위하면서 때로는 알면서, 때로는 자신도 모르게 정보를 제공한다. 감시를 통해 획득된 데이터는 점점 더, 아직 일어나지 않은 상황을 시뮬레이션하고 모형화하거나 예측하는 데 쓰이며, 이런 정보를 바탕으로 여러 결정들이 이뤄진다. 도시계획, 치안 유지, 마케팅은 대부분 이런 시뮬레이션을 바탕으로 한다. 더욱이 도시계획에 관여하고 있는 기관과 조직들은 많은 경우 서로 활동을 조율하려고 노력한다. 예컨대 영국에서는 도심 관리 계획과 도시 안전 프로그램이 도심과 도시 공간을 공동으로 책임지고 있다.[64] 이처럼 위험관리는 감시를 자양분으로 삼아 성장한다.[65]

점점 더 개인화되고 상업화된 사회에서는 신뢰의 징표가 필요하므로 감시가 발생한다. 경찰은 내가 운전면허 시험을 통과했는지를 알지 못하기 때문에 나는 면허증을 경찰에게 보여 줘야 한다. 가게 주인이 날 뚫어지게 봐

봤자 내가 '은행에 돈이 있는지'를 알 수 없으므로 나는 신용카드를 만들어야 한다. 유동적이고 유연한 생활 방식이 개인화되면서 관계들은 점점 더 찰나적이고 잠정적이며 부차적인 것으로 바뀌었다. 어떤 사람들은 감시가 증가함에 따라 프라이버시가 필요해졌다고 생각할지 모르겠지만, 프라이버시는 실상 문제의 일부에 불과하다. 감시 시스템이 사람들을 세분하고 범주화할수록 사람들은 점점 더 전체 인구를 구성하는 (그리고 어떤 특성을 공유하는) 조각들로 분류되고 쪼개진다. 그 결과 감시는 많은 경우 공동체나 도시 전체는 말할 것도 없고, 한 개인에 대해서도 전체가 아닌 조각난 이해관계들에만 관심이 있는 것처럼 보인다. 다른 한편, 몇몇 감시 프로그램이나 감시 장치의 목적은 긍정적이다. 감시 시스템을 통해 안전과 편리함을 추구한다는 점에서 그렇다. 바로 이 때문에 사람들은 감시 시스템의 존재를 알면서도 그것과 기꺼이 타협한다.

그러므로 이런 감시 도시들에서 불평등이 기본적인 특징이라는 사실은 전혀 놀라운 일이 아니다. 왜냐하면 일부 사람들만이 보험 등을 통해 위험을 최소화할 수 있기 때문이다. 그 밖의 사람들은 지불 능력이 없기 때문에 위험에 좀 더 취약할 수밖에 없다. 그러므로 심시티와 현실 세계에 대한 질문, 즉 '사회과학적 픽션이 디스토피아를 닮아 가는 경향이 있느냐'는 물음에 '그렇다'고 대답할 수밖에 없는 것이다. 현실 세계는 점점 심시티를 닮아 가고 있다. 최악의 경우 영화 〈블레이드 러너〉에서 묘사된 것처럼, 도시의 부패와 사회적 배제가 부유한 권력층에게 특권을 주고, 상대적으로 이동이 적으며 선택의 여지가 없는 빈곤층을 주변화하는 상황이 벌어질지도 모른다. 만약 그렇게 된다면 폭력과 박탈의 악순환이 발생하고 여기에 좀 더 엄격한 처벌과 전 방위적인 감시가 뒤따르게 될 것이다.

도시는 시뮬레이션 감시 메커니즘에 의해 각 구역들로 분할되는데, 이 구역들 사이에는 전자적으로 무장된 장벽이 가로놓여 있다. 디즈니화된 도심의 쇼핑몰은 그곳으로부터 배제된 사람들에게는 갈 수 없는 구역이 되는데, 신용 등급이나 인종적 배경이 그 준거가 된다. 로저 버로우스가 지적한 대로, "전산화된 인식 시스템이 새로운 부자를 포함시키고 새로운 빈곤층을 배제함에 따라 건물들 자체가 점차 인지 능력을 갖게 된다. 노숙인과 빈곤층이 중산층의 쾌적한 생활공간으로부터 배제됨에 따라 새로운 아파르트헤이트는 참으로 기술적인 문제가 된다."[66]

도시에서 감시 그 자체가 불평등을 만들어 내는 것은 아니라 하더라도, 불평등을 강화하고 두드러지게 하는 것은 분명하다. 낯선 사람들이 스쳐 지나가는, 유동성이 큰 도시는 다양한 관습과 유행, 사상과 실천들이 서로를 풍부하게 자극하고 고양하는 공간이 될 수 있다. 하지만 도시는 위험이 잠재한 공간이기도 하다. 타인을 만난다는 것은 서로를 풍요롭게 만드는 훌륭한 대화의 원천이 될 수 있지만, 동시에 타자성otherness의 위협을 인식하게 될 때 발생하는 두려움을 불러일으킬 수도 있다. 이런 불화[67]에 대처하는 능력이 도시에서 도전받고 있다. 이는 20세기 초 게오르크 지멜이 묘사했던 도시보다, 오늘날 지구화한 다문화 거대도시의 경우 더더욱 그러하다.[68] 지멜이 말한 이방인들의 사회 ─ 도시에서 두드러진 ─ 에서 관계들은 번성할 수도 있고 파편화될 수도 있다.

앞서 언급했듯이, 기술 과학에 대한 확신으로 도시계획에 관해 심시티의 전망을 찬미하는 사람, 그리고 시뮬레이션 감시 도시에서 디스토피아적 재앙만을 보는 비관론자 양쪽 모두, 때로는 현실 세계와의 접점을 잃어버린 것처럼 보인다. 물론 '모든 시민에게 온라인으로 연결되어 있는 심시티'의 참여적 전망이 최악의 시나리오를 피할 수 있는 길일지도 모른다. 가상의 도시 계획에 시민들이 참여할 가능성을 현실화하기 위해서는 아직도 몇 가지 해결되어야 할 문제들이 남아 있기는 하지만, 볼로냐에서 추진 중인 '아이퍼볼' 시스템*은 바로 이런 실험 가운데 하나다.[69] 주요 상업 지구와 우범 지역을 드러내고 역사 유적을 보존하거나 더 많은 상가에서 소비를 확장하기 위해 이뤄지는, 도시에 대한 가상의 전자 지도 작성 작업은 사회 분열을 심화시킨다. 이런 사회 분열의 전체적인 효과는, 적절한 예방책을 취하기도 전에, 한층 더 심각한 사회적 결과를 초래할지도 모른다. 그런 상황이 발생한다면 때는 너무 늦은 것이다.

이처럼 위험관리를 목적으로 한 감시가 사회적 분열들을 악화시키는 역설적인 결과는 감시 시뮬레이션으로서의 심시티가 갖는 부정적 효과 가운데 하나다. 이로부터, 도시에서는 어떤 모습의 사회적 정의가 형성될 수 있는지에 대해 새롭게 고민할 필요가 제기된다. 하지만 문제는 그런 아이디어를 얻기가 갈수록 어렵다는 것이다. 왜냐하면 감시는 도덕성과 정의에 대해 공유된 어떤 기준을 따르는 것이 아니라, 그저 공리주의적인 기준에 따라 작동하는 사회적 조율의 한 방식이기 때문이다. 다시 말해 감시는 정의의 문제를 배제하는 경향이 있다.[70] 감시는 삶의 여러 가지 상황들로부터 도덕적인 판단을 배제시킨다. 감시는 분류 메커니즘을 통해 작동한다. 관료제가 그렇듯이 감시는 개인의 책임감과 감정, 감성 또는 도덕적 판단을 배제하는

---

* 아이퍼볼(Iperbole) 시스템 : 이탈리아 볼로냐 시가 운영하고 있는 무료 인터넷 시민 네트워크.

경향이 있다. 이런 자기 지시적인 특징에도 불구하고 감시는 굉장히 잘 작동한다. 분류 메커니즘은 상호보완적인 컴퓨터 자아, 곧 디지털 페르소나를 창조한다. 실제 인간은 이 디지털 페르소나를 인식하지 못할 수도 있지만, 디지털 페르소나는 개인의 삶의 기회에 심대한 영향을 미친다. 감시 시뮬레이션의 분류 메커니즘이 계속해서 위험관리에 사용됨에 따라, 디지털 페르소나를 지닌 실제 인간들은 점점 더 수많은 기관들에 휘둘릴 수밖에 없다. 어리석게도 인간들은 이 기관들이 자신들의 이해를 최우선에 두고 있다고 가정한다.

우리 모두는 (실제처럼 보이지만 현실이 아닌 도시 공간, 그리고 감시 시뮬레이션이 **너무나 현실처럼 보이는** 도시 공간) 심시티에 살고 있다. 이런 경향은 갈수록 심화되고 있다. 가상공간에서 우리가 행한 것에 관한 지식은, 피드백 회로를 통해, 우리의 행동을 예측하고 욕망을 특정한 방향으로 이끌며 일탈을 막는 데 이용된다. 현실 세계에서 심시티는 사회적 조율을 위한, 디지털화된 수단이다. 심시티는 정의라는 문제 앞에서 제 기능을 하지 못하고, 인류 차원의 필요와 반응에도 무감각한 것처럼 보인다. 심시티는 그런 대응에 무디게 만드는 역할을 할 수도 있다.

하지만 상황은 다른 방향으로 전개될 수도 있다. 저명한 도시 분석가이자 비평가인 제인 제이콥스는, 도시에서의 평화로운 관계는 '자발적인 통제와 규범의 (복잡하고 거의 무의식적인) 네트워크를 통해' 서로의 차이들을 다룸으로써 사람들 스스로에 의해 가장 잘 유지될 수 있다고 말한다.[71] 카메라를 비롯해 도시에 설치된 전자 장치들은 어떤 종류의 안전을 제공하는가? 그 밖에 또 제공해 줄 수 있는 것은 무엇일까? 제러미 시브룩Jeremy Seabrook이 말한 대로 "안전이 어딘가로부터 비롯되는 것이라면, 그것은 늘 서로를 보호하는 데 헌신하는 사람들의 친절함과 조심스러움이어야 한다."[72] 심시티와 전자적 기억상실의 양극단이 아니라, '살아 있는 구체적 개인들'의 실제 세계가 도시에서 다시 살아나야 한다.

5
신체 부위와 감시

　매일 가자 지구 국경을 넘어 이스라엘에 있는 직장으로 출근하는 팔레스타인 사람들은 손을 판독 장치 위에 올리고 스마트카드와 일치하는지 점검받아야 한다. 이스라엘 군은 팔레스타인 사람들의 장문handprint을 통해 그들의 신분을 확인하며 퇴근 후 국경을 넘을 때에도 이를 다시 확인한다. 생체 인식 또는 신체 측정 방식은 1999년 3월부터 이스라엘 당국이 도입한 것으로 점점 보편화되고 있다.[1] 개인의 장문을 일일이 조사하는 것은 매우 성가신 일이지만, 이미지 데이터베이스와 연동시키면 생체 인식은 중요한 감시 도구가 된다.

　생체 인식뿐만 아니라 유전자를 기반으로 한 또 다른 형태의 신체 감시body surveillance가 빠르게 성장하고 있다. 보건·치안·작업장에서도 유전자 데이터에 대한 수요는 크다. 실제로 질병 퇴치와 관련해 유전자 데이터는 질병의 예측과 예방에 뛰어난 효과가 있는 것으로 평가받고 있다. 하지만 동일한 기술이 좋지 않은 결과를 낳을 수도 있다. 1997년에 개봉한 영화 〈가타카〉에서는 유전자를 기준으로 모든 교육 기회와 사회적 특권을 누릴 수 있는 우등 유전자 보유자와, 생물학적 하위 계층을 이루는 열등 유전자 보유자로 인간을 나누는 유전자 차별 정책을 묘사한다. [영화 속에서 우주 항공 회사인] 가타카 내부에서 직원들을 대상으로 이뤄지는 지속적인 유전자 검사(머리카락·피부·소변·혈액 검사 등)는 이를 통한 사회적 분류가 효율적이고 확실하다는 점을 보장한다. 영화 속 등장인물들은 놀라울 정도로 이 같은 시스템에 순응한다. 물론 공상과학소설일 뿐이지만, 여기에도 내가 탐구하려고 하는 주제가 담겨 있다.

약물·알코올 검사와 더불어 이른바 신체 감시는 빠른 속도로 감시사회들의 핵심 요소가 되고 있다. 러시아 속담에 사람은 '육체와 영혼, 그리고 여권'으로 알아본다는 얘기가 있지만, 몇 년 전에 나는 이 말이 '육체와 영혼, 그리고 신용카드'로 바뀌어야 한다고 제안한 바 있다.[2] 여기서 내가 말하려 했던 요지는 20세기 들어 개인의 신분을 기록하는 방식이 국가가 요구했던 문서 정보에서 상업적 기업들이 요구하는 전자정보로 바뀌었다는 점이다. 하지만 이 장에서는 '육체와 영혼'으로의 귀환이라 할 만한 것에 관해 살펴보려고 한다. 비록 영혼은 여기서 별다른 의미가 없겠지만 말이다.

어떻게 이것이 '육체의 소멸' 이론에 부합하는가? 지금껏 논의한 건 육체의 존재가 아니라 육체의 비가시성이 증가한다는 사실이 아닌가? 이 퍼즐에 대한 답은 이렇다. 디지털 감시의 세계에서뿐만 아니라 신체 감시에서도 온전한 개인들은 이제 보이지 않는다. 육체에 대한, 육체로부터 추출된 추상적인 데이터만이 생체 인식이나 DNA에 기초한 감시와 관련해 의미를 지닐 뿐이다. 의식·영혼·사회성 등 인간을 구성한다고 생각되는 것들은 모두 여기서 이해되고 있는 감시의 구성 요소와 실제로 상관이 없다. 육체는 개인에 대해 많은 것을 드러내지만 여기서는 단순히 정보의 원천일 뿐이다.[3]

신체 감시가, 신분을 증명할 필요가 줄어든다는 것을 의미하지는 않는다. 그것은 오히려 사람의 몸 자체를, 신분을 증명하고 행동이나 상황을 예측하는 수단으로 사용한다는 뜻이다. 신원 확인과 관련해 몇 가지 미묘한 변화가 이루어져 왔다. 지금까지는 여권처럼 개인이 소지한 것, 혹은 등록번호처럼 개인이 알고 있는 것을 통해 신분을 확인했다면 이제 새로운 방법이 등장한 것이다. 그것은 바로 육체의 일부를 통해 대상이 '누구인지'를 알아내는 것이다.[4] 지문을 형성하는 뒤얽힌 선이며, 손과 엄지, 또는 손가락들의 기하학적 모양, 망막의 추상체 및 간상체는 신체 감시에서 보편화된 수단들이다. 그 밖에도 음성, 얼굴 모양, 체액으로부터 추출된 유전자가 여기에 포함될 수 있다. 이런 신원 증명은 전자 데이터베이스에 의존하는 것이고, 여전히 국가와 부분적으로 연관된다. 그러나 그것의 함의는 여권과 신용카드의 세계를 넘어서는 것이다.

20세기 말에 이르러 육체는 '또다시' 감시의 현장이자 원천이 되었다. 내가 '또다시'라는 표현을 사용한 것은 육체가 이런 식으로 쓰인 게 처음은 아니기 때문이다. 육체는 언제나 이런저런 방식으로 감시의 대상이었다. 1백년 전에도 범죄 인체 측정학은 신체의 특정 부위, 특히 머리 부분이 개인의 범죄 성향을 보여 준다고 주장했다. 오늘날 새로운 생물 측정학 기술의 발달이 의미하는 것은, 육체 자체를 직접적으로 조사하고 그로부터 정보를 캐낼 수 있게 되었다는 점이다. 인간의 육체는 감시 데이터의 원천이 되었다. 그 결과 신원 정보가 육체로부터 추출될 수 있고, 이런 정보는 그 사람이 특정 정체성을 주장하는 것보다 우선적으로 고려될 수 있다. 이제 인간의 육체는 그 안에 담긴 추상적인 데이터를 체계화하고자 하는 새로운 계획 속에서 다시 활용되고 있다.

육체로부터 비롯된 데이터는 분류와 범주화, 자격 여부 결정, 포함과 배제 등 전통적인 감시 양식과 같은 목적으로 사용된다. 이제 육체는 단순히 행동이나 위치를 파악하기 위해 관찰될 필요가 없다. 오늘날 감시는 개인의 신원 확인과 분류를 위해 감독·점검·시험 과정을 거치고자 피부밑으로 내려간다. 이런 미묘한 변화는 신체 감시가 기술적으로 정교해졌으며, 잠재적 범죄자들로부터 평범한 시민과 소비자들에 이르기까지 그 활용 폭이 확대됐음을 보여 준다. 좀 더 정확하고 간단한 신원 확인을 위해 육체 데이터로 관심이 쏠리고 있는 것이다. 이뿐만이 아니다. 육체 데이터는 예측력을 지닐 수도 있는데, DNA를 응용할 경우 특히 그렇다.

육체, 장소에서 원천으로

근대의 태동기부터 육체는 감시의 장소로서 새롭게 부각되었다. 새롭게 등장하는 국민국가 안에서 육체는, 사회화를 목표로 한 분류 과정을 거치면서 합리적으로 관리될 수 있었다. 육체는 감각적이고 비이성적이라는 이유로 불신의 대상이 되기도 했고, 그에 따라 새로운 목적을 위해 엄격한 규율 아래 길들여져야 했다.[5] 그 결과 이름을 부여하고 나중에는 번호를 부여함으로써 각 개인을 서로 구별할 수 있었다. 예를 들어 한 사람의 이름이 투표자 명단에 있고, 그가 투표를 하고 가면 투표를 한 것으로 기록돼, 그 사람은 다시 투표하지 않아도 된다. 이와 마찬가지로 현대 국가의 시민들은 복지 부서나 세관, 또는 이민국에서 원만한 일처리가 이루어질 수 있도록 여러 종류의 신분증을 가지고 다녀야 한다. 신분 증명 서류와 카드는 현대 생활에 필수적인 개인 소지품이다.[6]

하지만 이런 경우 신원 증명은 육체 외부에서 이루어진다. 다시 말해 일시적이고 예측 불가능한 육체를 이름이나 번호로 인지한다는 얘기다. 이런 상황은 1960년대 이후 진행된 대대적인 전산화 과정에서도 그대로 유지되었다. 경우에 따라서는 여전히 개인이 자신의 신원을 구두로 증명해야 했지만 전산화와 더불어 대세는 자동화된 교차 신원 확인으로 기울어지고 있다. 어떤 사람이 복지 혜택을 받을 자격이 있는지, 자동차를 운전할 자격이 있는지를 확인하기 위해 신뢰도 있는 제3의 기관이 발급한 자료를 이용할 수 있었다. 그러므로 처음에는 서류로, 그다음에는 디지털 신분 증명 시스템으로 개인들의 신원을 확인하고 구별할 수 있었다. 개인의 신원을 확인하는 과정에서 육체가 그 개인과 연관되는 일은 드물었다. 왜냐하면 신원 증명에서 중요한 것은 육체가 아니라 번호와 이름이었기 때문이다.

하지만 정보·통신 기술의 발전으로 각종 문서와 금융, 의료 정보, 기타 민감한 정보를 즉각 전송하는 것이 가능해지면서 또 다른 이슈들이 등장했다. 제3자가 이런 정보를 가로챌 가능성이 커지면서 미국 공익 연구 그룹 PIRGs이 '신원 도용'이라고 부르는 범죄가 나타난 것이다. 신원 도용은 "미국에서 가장 빠르게 성장하고 있는 범죄"로 꼽히며, 다양한 방식으로 일어나고 있다.[7] 현금 자동 인출기에서도 가능하며, 다른 사람의 주소로 이메일을 이용한다든가 인터넷으로 잘못된 메시지를 보내거나 개인 정보에 접근하기 위해 컴퓨터 시스템에 침입하는 것 등이 여기에 해당한다. 이런 신원 도용을 방지하기 위해 디지털 서명이나 별명을 사용하도록 하는 등의 다양한 암호화 방식이 확산되었다. 앞서 언급했듯이 이런 방식들은 '프라이버시 보호 기술들'에 속한다.

정확함과 정밀함에 대한 요구가 계속되면서, 이제 다른 신기술들은 컴퓨터의 부속물로 자리 잡고 있다. 이들 기술 중 단연 두드러진 것이 일반적으로 '생체 인식 기술'biometrics이라고 알려진 것인데, 이 기술은 신체 기관들을 측정하고 점검하는 것이다. 실제로 1998년 영국에서는 [주택자금 대출 기관인] NBSNationwide Building Society가 일부 자동 입출금기에 홍채 인식 시스템을 시험 도입했다.[8] 홍채는 개인의 특성을 집약하고 있어 신원 확인 자동화의 이상적인 방법으로 평가받고 있다. 하지만 이미지를 디지털화하는 기술이 발전하고 비용이 낮아지면서 지문 또한 여전히 인기 있는 방법으로 이용되고 있다. 지문의 사용 범위는, 중국 중부 산시성陝西省의 교통 통제 시스템(운전자의 기록이 담겨 있는 스마트카드와 데이터베이스의 지문을 비교한다)에서부터,[9] 노트북 컴퓨터나 컴퓨터 시스템을 시작할 때 암호로 사용하는 '바이오 마우스'에 이르기까지 다양하다.[10] 핸드 스캐너도 비슷한 용도로 쓰이는데, 예컨대 몬트리올 대학 체육관은 핸드 스캐너로 확인해 입장이 허용된 사람들만 출입할 수 있다.[11]

여기서 몇 가지 쟁점이 제기된다. 중요한 것은 다양한 종류의 문서·디지털 방식의 신원 증명에서 신체 감시가 이뤄진 배경을 살펴보는 일이다. 이에 대한 사회사적 설명은 새로운 생체 측정 기술이 어떻게 기회를 포착하게 되었는지를 보여 준다. 전산화로 말미암아 가능해지긴 했지만, 신체 감시는 과거에는 '정보' 기술로 생각되지 않았던 기술들의 융합을 의미한다. 이런 새로운 기술들은 모든 감시 분야에서 등장하고 있는데, 보건 분야, 작업장, 소비자 영역뿐만 아니라 정부의 행정·치안 활동에서도 볼 수 있다. 또한 각 부문에서는, 시·공간적 관계의 재편, 공적인 것과 사적인 것의 경계, 기술과 사회의 상호작용과 관련해서 신체 감시가 어떤 함의를 갖는지를 살펴보는 것이 중요하다. 정체성의 정치와 위험 관리의 세계에서, 감시는 신원 증명을 위한 '문서'로서, 그리고 예측을 위한 데이터의 원천으로서 육체에 결정적으로 의존하고 있다.

정체성과 신원 증명, 그리고 근대성

한 개인의 독자적인 정체성을 인식한다는 것은 다음 세 가지 요소에 달려 있다. 육체, 기억, 그리고 권리와 책임이다. 어빙 고프먼Erving Goffman은 역작『일상생활에서 자아의 표현』*The Presentation of Self in Everyday Life*[12]에서, 인정recognition이라는 행위와 일상적인 만남에 있어 얼굴과 육체가 중요하다는 점을 강조했다. 인간은 사회적인 존재이며 개인들은 '구체적인 사회적 행위자'이다.[13] 우리가 한 개인으로서 정체성을 확인받기 위해서는 다른 사람들의 인정이 필요하다.

하지만 육체 그 자체만으로는 충분하지 않다. 정체성을 확인하기 위해서는 자신을 설명해야 하고, 그 설명이 받아들여져야 한다.[14] 이런 과정을 통해 우리의 과거는 온전히 우리의 것이 된다. 나아가 한 개인의 정체성은 사회적 기대와도 밀접한 관계를 맺고 있다. '행위자'는 자신의 행동에 책임을 져야 하기 때문이다. 근대사회에서는 책임에 대한 강조와 더불어, 법으로 호소할 수 있는 개인들의 권리에 점점 더 주목해 왔다.

니콜라스 아베크롬비Nicholas Abercrombie와 여러 논자들이 지적하듯이, 근대성의 시대 초기에 지난한 과정을 거친 개인의 발견은 모순적인 결과를 가져왔다. "개인들이 점점 분리되고 서로 달라질수록, 그들은 독특한unique 존재로 인식된다. 다른 한편 독특함과 정체성은 서로 밀접하게 연관되고, 개인들의 정체성을 확인하게 되면 이들을 통제하기는 더욱 쉬워진다."[15] 어떻게 이런 일이 발생했을까? 근대성의 도래는 개인들에게 광범위한 권리가 부여된다는 것을 의미했다. 법 앞에서 평등한 시민권으로부터 시작해 시민의 정치적 권리와 복지를 위한 사회적 권리로 확대되었던 것이다. 그러나 이런 권리들을 획득하기 위해 관료 기구들은 일관된 규칙에 따라 자격 여부의 근거를 조심스럽고 꼼꼼하게 검토해야 했다. 그 결과 사람들은 명부에 등록되어야 했고 세세한 개인 정보가 수집되었는데, 이는 역설적으로 감시를 쉽게 만들었다. 봉건사회가 가했던 억압으로부터의 자유가 새로운 형태의 감시와 통제의 기회를 열었던 것이다.

20세기 말쯤 모든 자유주의적 자본주의사회에서는 포괄적인 대중 감시 시스템이 확립되었는데, 이 시스템은 주로 문서를 통해 개인의 신원을 확인했다. 예를 들어 1970년대 후반 제임스 룰 등은 미국에서 가장 보편적으로 소지하고 있는 여섯 가지 개인 서류의 사용 실태를 조사했는데, 그것은 출생증명서, 운전면허, 사회보장 카드, 여권, 통장, 신용카드[16]였다. 이런 증서들은 이를 소지한 개인과 이를 발행한 기관들 사이에 중요한 연관이 있음을 보여 주었다. 증서들의 중요성은 뭔가가 잘못됐을 때 극명하게 드러난다. 우리 모두는 이런 증서들이 없어지거나 손상됐을 때 얼마나 번거롭고 불편한지 잘 알고 있다. 다른 한편 조직의 관점에서 보자면, 이런 증서들을 이용하는 것은 확실성을 증대시킨다. 그렇지 않다면 각 기관들은 수많은 익명의 개인들을 상대해야 하기 때문이다. 증서들이 없다면 어떤 운전자에게 면허를 갱신해 주고 어떤 운전자를 법률 위반으로 수배할 수 있겠는가? 어떤 것이 정당한 복지 수당 신청이고 이중 수령인가? 어떤 소비자가 이 가전제품을 구입할 수 있고, 누가 채무를 갚을 의무가 있는가? 증서들이 이런 물음에 답을 줄 것이다.

룰과 그의 동료들은 1970년대 들어 개인이 스스로를 증명하는 방식에서 해당 기관이 개인의 신분을 직접 확인하는 쪽으로 신원 확인 방식에 변화가 일어났다고 지적했다. 왜냐하면 다른 서류들을 발급받는 데 통상적으로 필요한 출생증명서의 경우 부정한 방법으로도 쉽게 발급받을 수 있었기 때문이다. 그러나 이런 각종 서류들은 확실한 보증이 없음에도 아직까지 일정한 신뢰를 유지하고 있다. 신뢰도에 문제가 있다고 생각되는 곳에서는 기관들이 점점 더 직접 확인에 의존할 수 있게 되었다. 룰은 신용 조사 기관 같은 독립적인 외부 기관의 정보가, 신용카드 신청과 경찰 기록, 운전면허 등록 또는 국경에서 여권을 확인하기 위한 이민 관련 데이터베이스에 사용될 수 있다는 점을 발견했다. 이런 발견을 기초로, 룰은 "대중 감시와 관련해 미래에는 기관 내부와 기관들 사이에서 직접적인 확인 절차가 완벽하게 이루어질 것"이라고 결론 내렸다.[17] 그의 예상은 현실이 되었다. 기관들은 개인들이 잘못된 정보를 제공할 수 있다는 점을 여전히 경고하고 있지만, 전산화의 발전에 힘입어 직접적인 신원 확인은 더욱 쉬워지고 효율적으로 변했다.

오늘날 감시는, 사회적 요인들에 따라 영향력의 강도가 다르긴 하겠지만, 기술적으로 발전한 사회에 사는 모든 사람에게 영향을 끼치고 있다. 미국 도시 중심부의 저소득층 거주 지역에 살고 있는 흑인 '싱글 맘'은 교외에 거주하는 부유한 '싱글 맘'에 비해 자신의 삶이 훨씬 면밀하고 가혹하게 감시받고 있음을 알게 될 것이다. 컴퓨터와 전자 통신 업무의 새로운 결합이 가능해지면서 '데이터 감시'dataveillance는 이제 현대 생활의 한 측면으로 여겨지고 있다.[18] 분산되고 그물망처럼 서로 연결된 컴퓨터 시스템을 통해 교차 확인은 더욱 쉬워졌다. 공간적인 제약을 뛰어넘어 전자적으로 연결된 광범위한 개인 데이터 시스템과 일관된 신원 확인 방식 덕택에 데이터 감시는 번성할 수 있게 되었다. 아마 이를 두고서 룰은 "(데이터 감시가) 스스로 증식한다."는 표현을 썼을 것이다.

하지만 데이터 감시가 확산된 것이 단순히 신기술 때문만은 아니다. 콜린 베넷이 지적하듯이, 데이터 감시의 확산은 "신보수주의적 의제를 내세운 정부들에 의해 적극적으로 수용되었다."[19] 다소 과장된 신기술의 '수렴' 현상을 포함해 이런 기술 발전의 배후에는 1990년대의 새로운 정치경제에서 출현한 정부들의 선택이 놓여 있었다.[20] '정보 시대'라는 약칭은 현대사회의 몇 가지 핵심적인 특징을 잘 요약하고 있지만, 당대에 독특한 동학을 부여하는 자본주의의 구조 조정이라는 맥락 안에 자리한 신기술을 의미하는 것이기도 하다.[21] 이 같은 구조 조정 과정에서는, 위험에 대한 경각심과 경쟁이 높아짐에 따라 세부 정보들에 대해 더 많은 주의를 기울여야 한다. 이 세부 정보들에는 생산과정에 대한 지식, 감시를 통해 수집되는 소비에 관한 지식도 포함된다.

이런 구조 조정의 핵심적인 측면은 여러 감시 분야에 영향을 미치고 있는 작동 방식인 위험관리다. 경찰은 위험을 최소화하기 위해 다른 기관들의 편에서 개인 정보를 수집하고 분류하는 기구들 가운데 하나다.[22] 이렇게 확보된 지식은 어떤 의미에서는 개인적인 것이며 실제로 개인에 관한 것이지만, 바로 그런 점에서 위험과 연관된다. 다시 말해 개인에 대한 지식은 타자와 관계 맺고 있고, 피와 살이 있는 인간으로부터 추출될 수밖에 없다는 것이다.[23] 위험의 본질과 정도를 좀 더 정확히 예측하기 위해서는 더욱더 정확한 지식이 필요하다. 자격 여부나 유죄 여부를 결정하는 데서도 위험 분석은 결정적으로 중요해졌다. 그러므로 올바른 위험 분석을 위해서는 신원 확인이 필수적이다.

재편되고 있는 자본주의사회의 위험관리 관행은 신원 확인에 필요한 좀 더 간단하고 확실한 수단들을 필요로 한다. 육체는 이렇게 "다시 주목받게 되었다." 한때 개인을 개별적 존재일 수 있게 하고 차이를 완화시키도록 하는 근거의 일부는 바로 [다른 이들과 구별되는] 고유한 육체의 존재 그 자체였다. 하지만 지금은 지문 채취처럼 육체의 특징을 보여 줄 수 있는 다른 지표들이 주목받게 되었다. 1970년대 이후부터 직접적인 확인은 제3의 기관에 의한 검증의 문제가 되었다. 그리고 1980년대 들어 데이터 감시 시스템이 전자적으로 확립된 이후 직접적인 확인은 데이터 매칭data matching과 같은 방법을 통해 디지털 방식으로 이뤄지고 있다.

하지만 1990년대부터는 직접적인 확인이 다른 의미를 지닐 수 있다는 점이 분명해졌다. 육체 그 자체로부터 획득할 수 있는 근육·체액·이미지·모양 등에 대한 접근이 바로 그것이다. 기관들 간에 이루어지는 직접적인 확인 과정이 살아 있는 인간과의 대면을 배제했던 것처럼, 육체 내부로부터 만들어진 데이터를 직접 확인할 때에도 그 사람의 말이나 기억에 접근할 필요가 없게 되었다. 데이터는 그렇게 살아 있는 인간으로부터 또다시 추상화된 것이다.

신체 감시의 테크놀로지

보안이 철저하거나 민감한 장소에 들어가려면 통상 자신의 신원과 자격을 증명할 수 있는 암호를 사용해야 한다. 입장을 원하는 사람은 입장이 허용되기에 앞서 입구에서 암호화된 메시지를 제시해야 한다. 20세기 후반부터 실험실과 감옥, 또는 은행 금고에 들어가는 경우 마그네틱 선과 바코드가 새겨진 카드가 이런 목적으로 널리 사용되었다. 하지만 신체 감시 기술의 등장으로 인간이나 기계의 기억 장치에 저장돼 있던 문자 암호나 숫자암호는 불필요해졌다. 눈·손·손가락·얼굴·음성 등 신체의 일부를 인증 장치에 제시하면 된다. 문자 암호와 숫자암호를 넘어, 기억에 의존할 필요도 없고 카드를 만들 필요도 없는 또 다른 수준의 부호화가 육체 자체를 암호로 만든다.[24] 육체를 하나의 텍스트로서 구성하는 방식과는 별개로, 이 같은 변화는 접근권, 포함inclusion, 그리고 자격이나 권력의 배분이 이제 어떻게 육체적 특징의 표현에 의존할 수 있게 되었는지를 일깨워 준다.

신원을 확인하는 장치는 보통 전산화된 판독 장치의 형태를 띠는데, 정확히 같은 형질을 보유한 디지털 파일과 확인 대상의 생물학적 특징을 비교한다. 실제로 일리노이 주 쿡 카운티 교도소의 재소자들은 법정에 다녀올 때마다 망막 확인 과정을 거친다. 코네티컷 주와 펜실베이니아 주의 생활보호 대상자들은 지문으로 신원을 확인한다. 몬태나 주에서 캐나다로 자주 여행하는 사람들은 국경을 건널 때 미국 이민귀화국에서 운용하는 자동 음성 확인 시스템을 이용할 수 있다. 데이비스에 따르면 미국에서는 1997년에 이미 은행 금고에서부터 혈액은행에 이르기까지 출입이나 서류 열람을 위해 신체의 일부분을 사용해 신원을 확인해야 하는 곳이 1만 곳을 넘었다.[25] 상업적 성격을 띤 소식통들은 새로운 상품의 의미를 과장하기 마련이지만, 생체 인식 장치는 한낱 공상과학소설이 아니다. 생체 인식을 통한 신원 증명 방식이 갈수록 중요해질 것임을 보여 주는 증거들은 상당히 많다.

신원 확인과 감시를 위해 신체의 일부 혹은 신체의 움직임을 사용하는 것은 새로운 일이 아니다. 1930년대 미국에서 처음 사용되었던 '거짓말 탐지기'가 그랬듯이 지문은 수십 년 동안 일상적으로 사용돼 왔다. 스티븐 녹이 지적하듯이, 이런 기술들은 평판을 확립하거나 유지하기 위해 고안된

'시죄법'●의 오랜 전통을 잇는 것이다.[26] 하지만 이런 신체 감시 기술들은 범위가 무척 제한돼 있다. 법정에서 그렇듯이, 신체 감시 기술이 항상 채택되는 것도 아니다.[27] 이 기술들은 신원에 대한 의심이나 행위에 대한 혐의가 이미 존재할 때 주로 사용된다. 따라서 이 기술들은 개인의 유죄 여부를 결정하는 데 증언과 증거에 의존하는 사법적인 사고방식과 연관돼 있다. 즉 모든 사람을 날마다 '무조건적인 의심' 아래 두지는 않는 것이다.[28] 신체 감시는 어떤 행동을 일으키는 원인이나 사회적 조건보다는 그런 행동 자체를 방지하는 데 더욱 관심을 기울이는 행태주의적 접근법의 등장과 궤를 같이한다.[29]

오늘날 신체 감시 기술의 일관된 특징은 컴퓨터에 의존한다는 점이다. 예를 들어 미 연방수사국은 1990년 4천만 개의 지문 카드와 전과 기록을 디지털화하는 작업을 시작했다.[30] 컴퓨터의 성능이 향상되면서 과거에는 어려웠던 여러 가지 장치들의 자동화가 가능해졌다. 그에 따라 감시 연구의 관점에서 일부 생명공학 기술을 정보 기술로 간주하는 것은 설득력이 있다.[31] 그것은 전산화가, 서로 다른 기술 분야에서 얻어진 데이터를 생산·저장·검색·처리·전송하기 위한 보편적 디지털 언어를 제공하기 때문이기도 하다. 생명공학 분야에서는 특히 그렇다. 유전정보와 관련해서는 연관 관계가 한층 더 밀접하다. 암호 해독과 조작, 재프로그래밍은 유전학에서 중심이 되는 분야이다.

● 튜튼족 사이에서 행해진 재판법으로 시련을 견딘 자를 무죄로 판단했다.

가장 중요한 사례로 인간 게놈 프로젝트를 들 수 있는데, 이 프로젝트는 모든 유전자의 위치와 (화학적) 염기 서열을 결정하는 광범위한 유전자 데이터베이스를 구축하는 데 집중하고 있다. 이는 국제적인 유전자 지도 공동 연구 계획으로, 거창한 약속을 담고 있다. 유전자 지도 작성을 지지하는 사람들은 21세기 초에 유전자 질병을 예측하고 예방하며 치료하는 데 획기적인 발전이 이뤄질 것이라고 주장한다. 이 계획이 감시에 대해 갖는 중요한 함의는 의학적 잠재력이라는 긍정적 측면, 사회적 통제라는 바람직하지 않은 측면 모두와 연관되기 때문에 이 분야의 대다수 연구는 윤리적 연구라는 요소를 내장하고 있다.

이른바 일부 '유전체학'genomics 기업들은 자신들이 할 일은, 유전자 정보를 이용해 특정 의약품의 생산을 늘리는 일이라고 생각한다. 하지만 캘리포니아 팔로 알토Palo Alto에 있는 인사이트Incyte 제약회사나 메릴랜드 주 록빌에 있는 셀레라Celera 같은 경우에는 잠재적인 의약품 고객의 데이터만을 다른 기업에 판매하는데, 이런 예측이 가능한 것은 컴퓨터의 능력 덕분이다. 여타 기관들이 새로운 감시 기술을 기반으로 질병의 예측과 예방에 더욱 관심을 기울이게 됨에 따라, 응급 의료의 패러다임은 질병을 '발견하고 치료하는' 데서 '예측하고 예방하는' 쪽으로 꾸준히 옮겨 가고 있으며, 이와 함께 질병의 원인을 겨냥한 특정 치료법 개발이 뒤따르고 있다.[32]

인간 게놈 지도를 통해, 생물학적으로 결정되는 개인들의 특징에 대해 세세한 정보를 알 수 있게 되었다.[33] 이로써 생명 감시가 가능해지는데, 이런 정보는 개인들의 육체적·심리적 발전 경로에 대한 예측과 관계가 있다. 앞으로의 잠재적 인생 경로에 대한 이런 과학적 사전 지식에 대해서는 고용주와 보험회사가 특히 관심이 많다. 고용주와 보험회사는 유전자 검사와 심사를 바탕으로 한 이런 데이터를, 직원을 채용하거나 고객을 식별하는 수단으로 이용하고 싶어 한다. 앞으로 확인하게 되겠지만 고용주가 부담하는 건강보험 비용이 점점 늘어나는 동시에 유전자 검사의 신뢰도가 점점 높아지면서, 이런 생명 감시는 대규모로 발전할 공산이 커졌다. 다시 한 번 육체 그 자체가 비밀번호password가 되는 셈이다. 유전자 부호에 따른 입장entry과 차단은 개인은 물론 사회적인 차원에서도 심각한 결과를 초래할 것이다.

어떤 사회적 결과가 초래될까? 조직 사회에서 유전자 검사가 이뤄질 경우 불평등이 양산될 수 있다. 미국에서 이뤄진 몇몇 연구들은 유전자 검사에 대한 태도가, 다른 무엇보다도 사회 계급에 따라 상이하다는 점을 보여준다. 예를 들어 노동자계급은 중산층에 비해 유전자 검사를 요구하는 조직의 정책에 순응하는 경향이 더 강하다.[34] 마찬가지로, 유전자 검사가 공공 정책의 일부가 될 때 유전자 검사는 특정 집단들에게 긍정적인 효과만큼이나 부정적인 영향도 미칠 것이다. 보건 분야와 사법제도, 고용 분야에서 유전자 검사에 대한 관심이 높은 캐나다의 경우, 원주민 집단들은 두 가지 의미에서 위험에 처할 가능성이 높다. 원주민들은 다른 집단들에 비해 건강상태가 좋지 않고 교도소 수감 비율이 높으며, 사회적 지원에 대한 의존도가 강한 것으로 알려져 있다. 이런 상황에서 원주민과 특정 유형의 당뇨병 간에 유전적 연관이 있다는 사실을 발견한 것은 좀 더 신속하고 적절한 치료를 가능하게 한다.[35] 하지만 다른 한편으로는 유전자 결정주의나 원주민 집단들에 대한 유전자 차별의 위험이 존재하는 것도 분명하다.

지나간 과거에 대한 지식뿐만 아니라 미래에 대한 정보까지 포함하는 완벽한 지식을 획득하도록 부추기는 것은 위험관리라는 담론으로, 보험회사들은 이런 담론을 기반으로 만들어진다. 재편되고 있는 자본주의, 그리고 서로 다른 정보의 융합을 촉진하는 기술의 발전으로 말미암아, 감시는 서류철과 디지털화된 문서를 넘어서 육체 그 자체로 파고들고 있다. 바꿔 말해, 육체는 하나의 텍스트로 취급받는다. 육체는 암호해독을 위해 자료를 제공하는 일종의 비밀번호가 되는 것이다. 하지만 텍스트는 맥락 속에서만 가장 잘 이해할 수 있다. 이를 잘 보여 주려면 감시의 모든 분야에 걸쳐 나타난 신체 감시에 대해 살펴봐야 할 것이다.

서로 다른 분야들에서 이루어지는 신체 감시

신체 감시는 사회 모든 분야에서 발견된다. 이와 관련해 다음 두 가지를 분명히 지적하고 싶다. 우선 '분야'sectors라는 개념 자체가 실제에 비해 격리되고 독립된 느낌을 준다는 사실이다. 하지만 각 사회 분야는 다른 분야와 점점 더 많은 영향을 주고받고 있다. 탈규제와 네트워킹은 감시 데이터가 한 분야에서 다른 분야로 새 나가기 쉽다는 것, 그리고 덜 독립적이 되었음을 의미한다. 그럼에도 불구하고 분야들은 여전히, 강압적 권력으로부터 덜 강압적인 권력으로 이어지는 스펙트럼상의 서로 다른 지점에 존재하는 것처럼 보인다. 예컨대 경찰 업무에서처럼 사람들을 범주별로 나누고 그에 따라 혐의를 두는 것이 한쪽 극단이라면, 기업이라는 다른 쪽 극단에서는 사람들을 범주별로 나누고 그에 맞는 마케팅 활동을 펼칠 것이다.

두 번째로 지적할 점은 생체 인식 기술이 각 분야에서 실제로 사용되는 방식을 살핌으로써 기술결정론의 몇 가지 위험을 피할 수 있다는 것이다. 기술적인 것에 초점을 맞추는 연구들은 새로운 기술의 사용과 유용성에 대한 설계자와 생산자들의 과장에 둔감한 경향이 있다. 몇몇 기업들이 요즘

체취를 이용한 생체 인식 기술[36]을 실험하고 있다고 해서 가까운 미래에 우리가 냄새 감지기를 통과하게 되는 건 아니다. 생체 인식 기술을 이용한 감시에 대한 최근 조사 결과를 보면, 비록 유전자 검사가 확대되고 있기는 하나 여전히 단순한 지문(지금은 디지털 이미지로 만들어져 저장된다)이 선별을 위한 기술로 쓰이고 있다.

1997년 캐나다 온타리오 주는 남쪽 주들의 선례를 따라 정부의 생체 인식 기술 이용 범위를 확대했다. 사회복지개혁법안[37]은 지방 자치 정부가 생체 정보를 사용해 복지 수급자를 확인할 수 있도록 했다. 이런 조치의 목적은 지원자가 한 번 등록을 해두면 그들이 요청할 때 신원을 확인할 수 있고, 지원자와 수급자, 배우자와 성인 피부양자들도 자신들의 기록에 접근할 수 있도록 하는 것이다.[38] 이 조치를 통해 당시 토론토 시는 복지 업무의 감소로 인한 예산 절감액만 연간 450만 달러, 여기에 수표 발행과 다른 행정 업무의 축소로 연간 270만 달러를 추가로 절약할 수 있을 것으로 내다봤다.[39] 물론 여기에는 신보수주의적인 의제가 녹아 있다. 즉 나태한 사람이나 부당한 이익을 보려는 사람들과 상대할 시간이 없음을 분명히 하고 싶은 것이다. 주지사인 마이크 해리스Mike Harris는 지문 인식 기술을 바탕으로 건강보험 카드와 운전 면허증, 신원 증명 카드를 하나의 카드로 통합하는 계획을 세울 것이라는 희망을 피력했다.

지문 판독 장치는 슈퍼마켓 계산대처럼 유리판 위에 손가락을 올려놓는 방식이다. 카메라가 고해상도의 광학 이미지를 포착하면 이 이미지는 수학적 등식이 포함된 견본으로 전환된다. 사용자 조회 혹은 신원 확인을 위해 시스템은 실시간으로 지문을 스캔해 이를 저장된 견본과 비교한다. 지문 스캔이 용도(운전자 기록이나 건강 기록 등)에 따라 다양하게 암호화되는 한, 동일한 스캔은 여러 기관들이 기록을 공유할 위험 없이 다양한 목적에 사용될 수 있다.

하지만 이런 안전장치가 복지 수급자 같은 사람들에게 항상 만족스러운 것은 아니다. 이들은 어떤 형태의 지문 채취든, 그것이 자신들을 마치 범죄자처럼 취급한다고 주장한다. 더 심각한 문제도 있다. 만약 생체 인식 방법이 보편화된다면, 언제든지 생체 인식을 통해 신원을 확인할 수 있는 유일한 방법은, 암호를 설정한 칩을 개인들의 피부 속에 심는 것이다.[40] 그러나 법을 집행할 때 지문 채취 방법이 갖는 효용성은 이미 입증되었고, 망막 스캔이나 얼굴 인식 등의 방법들은 비용은 높은 반면에 정확하지 못하다는 단점이 있어, 지문 채취는 여전히 가장 현실적인 생체 인식 방법처럼 보인다.

대부분은 아니더라도 많은 수의 생체 감시 기법이 치안과 보안 분야에서 개발되었다는 점을 부정하기는 어렵다. 정부 기관 혹은 마스터 카드 같은 기업들이 지문 스캐닝을 제안했을 때 그들이 오명을 무릅써야 하는 건 이 때문이다. 미 연방수사국은 자동 지문 확인 시스템인 아피스Afis를 개발하는 데 6억4천만 달러를 들였다. 아피스는 1999년에 완성됐는데, 4천3백만 개의 지문 기록을 보유하고 있다.[41] 그러나 어떤 국가들은 다른 국가들보다 생체 인식 기술을 좀 더 빨리 받아들인다. 물론 한 국가에서 채택된 기술이 다른 국가에서는 채택되지 않기도 한다. 디지털화된 지문 채취 방법이 캐나다에 비해 미국에서 더 빠르게 확산되었다는 사실은 캐나다보다 미국에서 안전에 대한 우려와 범죄에 대한 공포가 상대적으로 높기 때문일 것이다.[42] 이와 마찬가지로, 폐쇄 회로 카메라를 통한 비디오 감시가 영국에서 집중적으로 이루어지고 있다는 사실은, 왜 다른 국가들보다 영국에서 얼굴 인식 기술이 좀 더 빠르게 발전하고 있는지를 설명해 준다.

시티코프Citicorp 같은 은행들이 얼굴 인식[43] 기술을 시험하고 있지만 이 기술의 발전은 법 집행이라는 맥락에서 이뤄질 가능성이 높다. 이 분야에서 영국은 세계 최고 수준이다. 영국에서는 컴퓨터 사용과 전기통신 간의 수렴이라는 일반적인 현상과 더불어 사진 기술이 함께 발전했다. 영국 내무부와 경찰재단, 그리고 연쇄점 마크 앤 스펜서는 자동으로 용의자를 인식하는 신뢰할 만한 시스템을 만드는 데 재정을 지원해 왔다.[44] 그레이터 맨체스터 주 Greater Manchester의 축구 정보 시스템처럼 제한된 형태의 용의자 자동 인식 시스템은 이미 사용되고 있다. 이 시스템은 축구장 폭력과 연루된 용의자 및 전과자의 정보·사진기록과 대조해 '요주의 인물'의 사진을 데이터베이스로부터 얻어낸다. 영국 범죄 정보국의 데이터베이스는 1996년 유럽컵 축구대회에 몰려들 것으로 예상되는 훌리건들의 디지털 사진을 전송하기 위해 광선 전화photophone(전파 대신 광선을 이용한 무선전화)를 사용했다. 호주 시드니 국제공항에서도 이와 비슷한 시스템들이 개발 중이다.[45]

치안 유지와 법 집행에서부터 민간 경제 분야에 이르기까지 경계를 넘나드는 또 다른 기술들에는 유전자 검사가 포함되어 있다. 수사에서 강간 및 살인 용의자의 유전자 샘플을 사용하는 것은 이미 잘 알려진 사실이다. 이런 절차를 통해 많은 용의자들이 유죄를 선고받았고 재판에 회부되었다. 머리카락·혈액·타액에서 나온 유전자 샘플을 통해 범죄행위의 증거를 확보할 수 있는데, 유전자 샘플은 특정 개인과 조응하기 때문이다. 미국 [연방수사국이 유전자 자료를 전산 관리하는] 통합 DNA 인덱스 시스템인 코디스CODIS는 전국적인 유전자 확인 시스템으로, 15개 이상의 주들에서 수집한 정보가 코디스 자료 은행 정보로 이용 가능하도록 돼있다. 유전자 프로파일링이 일상화됨에 따라 캐나다와 영국에서도 이런 정보 수집이 동의 없이 이뤄질 수 있을 것이다.[46] 이런 경우 정당한 절차가 축소되고 묵비권에 대한 고지가 없다는 점이 문제가 될 수 있지만, 경찰에 의한 유전자 검사에 관해서는 상대적으로 논란이 적은 편이다. 하지만 작업장에서의 유전자 검사와 선별에 대해서는 사정이 다르다.

고용주들은 위험을 최소화하기 위해 작업장에서 다양한 형태의 신체 감시 기술들을 사용한다. 유전자 검사와 감시는 물론, 약물 및 알코올에 대한 무작위 검사가 (특히 북미 지역의 작업장에서) 이뤄지고 있다.[47] 고용주들은 직원 중 (유방암·난소암·결장암·갑상샘암·안암·신장암·피부암 등 각종 암과 헌팅턴병과 같은) 질병에 걸리기 쉬운 사람들이 누구인지 알아내기 위해, 또는 작업장에서 위험 물질에 노출됐을 경우 입을 수 있는 손상의 수준을 점검하기 위해 유전자 검사를 활용할 수 있다. 그러나 이런 검사 결과를 토대로 유전자에 따른 차별이 일어날 수 있다. 그뿐만 아니라 차별받을지도 모른다는 두려움 때문에 일부 사람들은 자신들에게 유익한 검사를 피하려고 할 수도 있다. 이는 감시가 두 얼굴을 갖고 있다는 사실을 다시 한 번 일깨워 준다. 유전자 검사는 한 개인으로 하여금 질병이 악화되기 전에 치료받을 수 있게도 하지만, 다른 한편 승진을 가로막거나 실직을 가져오는 등 차별의 수단이 될 수도 있다는 얘기다.

신체의 여러 측면과 상태에 대한 관심이 새로운 것이 아닌 것처럼, 노동력을 통제하려는 욕구 역시 새로운 것이 아니다. 그러나 20세기 동안 기술적이고 관료주의적인 유형의 통제는 점점 효율성이 줄어들었는데, '개별적인 통제' 쪽으로 방향 전환이 이루어진 것은 이 때문이다. 물론 이는 가족과 학교 같은 사회화 기관이 실패했음을 인식했기 때문이기도 하다. 여기서 새로운 점은 작업장이, 인격과 건강에 대한 사회적 통제의 중요한 장소로 떠올랐다는 점이다. 사회적 통제는 채용 심사, 약물검사, 거짓말 탐지기 검사, 스트레스 관리, 건강관리 프로그램, 에이즈 검사, 알코올·도박 중독과 비만 관리 프로그램 등을 통해 이뤄진다.[48] 이는 작업장의 신체검사에서 유전자 증거를 사용하게 된 배경인 동시에, 국가 주도의 사회적 통제와 민간 차원의 사회적 통제 사이에 경계가 허물어지고 있음을 보여 주는 것이기도 하다. 약물검사용 소변 검사처럼, 많은 경우 이런 검사의 목적 중 일부는 '완벽한 노동자'를 만드는 것이다. 하지만 또 다른 목적은 대중들에게 진정한 규범이 어디에 있는지에 대해 상징적인 윤리적 제스처를 보내는 것이다.[49]

유전자 검사가 고용의 조건으로 사용되기 시작하면서 논쟁이 벌어졌다. 미국과 기타 국가들에서 모색되어 온 법률적 보호는 이런 차별에 반대하기 위한 것이었다. 실제로 1990년대 후반 캘리포니아의 로렌스 버클리 국립 연구소 직원 7명은 연구소가 채용 과정에서 건강 검진 차 채취했던 혈액과 소변으로 매독과 (흑인의 유전병인) 겸상 적혈구 빈혈증, (여성 지원자의) 임신 여부 등을 조사한 것을 문제 삼아 소송을 제기했다. 법원은 이런 검사들이 직원들의 업무 능력과 직접적인 연관이 없는 경우 직원들의 사전 동의를 얻어야 한다고 판결했다.[50] 유전자 검사의 정확성을 둘러싼 논란도 벌어졌다. 유전자만으로 한 개인의 미래 건강상태를 결정할 순 없다는 것이다. 유전자만큼이나 음식 조절, 운동, 사회심리적인 요인들, 경제적 조건 등도 개인의 건강에 영향을 미치기 때문이다.[51]

작업장에서 자본주의적 기업이 노동자들을 완벽하게 만들기 위해 신체 감시를 강화하고 있다면, 시장에서는 소비자들이 전자 상거래의 성장으로 활성화된 생체 인식 기술에 점점 더 노출되고 있다. 한동안 전자 상거래의 잠재력은 무척 밝았는데, 신원 증명 등 보안상의 문제가 가장 큰 장애였다.

그렇지만 생체 인식 인증 장치에 대한 요구가 전자 상거래의 발전 때문에 나온 것만은 아니다. 고객의 신원을 최대한 정확하고 효율적으로 증명하는 데 생체 인식 기술을 사용하려는 많은 시도들 뒤에는 일반적으로 위험관리라는 요인이 놓여 있다.

지문에 기초한 생체 인식 기술은 행정과 치안 업무에서는 여전히 일반적으로 사용되고 있지만, 민간 분야에서는 훨씬 불확실하다. 민간 분야에서 지문을 이용한 생체 인식 기술은 낯선 것이 아니지만(마스터 카드는 신용카드 사기에 대응하기 위해 지문을 이용한 생체 인식 기술을 도입하려 하고 있다),[52] 다른 방법들이 훨씬 폭넓게 사용된다. 작업장에서는 유전자 프로파일링과 유전자 검사가 아마도 가장 빠른 속도로 성장 중인 (그리고 가장 논란의 여지가 큰) 형태의 신체 감시일 테지만, 현재의 기술 수준을 감안할 때 이 방법이 시장에서 가장 대중적인 방법이 되긴 어려울 것 같다.

상업·소비자 분야에서는 다양한 생체 인식 기술들이 경합을 벌이면서 아직까지 뚜렷한 승부가 나지 않은 상태다. 일정한 기준이 자리 잡히기 전까지 이런 상황은 당분간 계속될 것이다. 최초의 상업적 생체 인식 장치는 월스트리트에서 직원들의 출근을 확인하는 데 쓰인 핸드 스캐너로, 1974년에 도입되었다.[53] 하지만 기술이 개선되고, 상업적으로 경쟁력이 생길 만큼 충분히 가격이 떨어지게 된 것은 1990년대 들어서였다. 로터스Lotus의 직원들은 탁아소에서 아이를 찾기 위해 핸드 스캐너를 통과해야 하고, 코카콜라에서는 신원이 확인된 직원들만 근무 카드를 찍을 수 있도록 핸드 스캐너를 사용하고 있다.[54]

상업화된 생체 인식 기술 가운데 가장 널리 쓰이고 있는 것은 '핸드키' handkey다.[55] 핸드키는 뉴욕과 토론토 공항의 입국 심사대에서 출장이 잦은 여행객들을 대상으로 하는데, 1996년 애틀랜타 올림픽 때는 올림픽 선수촌에서 6만5천여 명에 이르는 선수들의 출입을 통제하는 데 사용되었다. 일부 부정적인 반응에도 불구하고 지문을 이용한 생체 인식 기술도 상업화되고 있는데, 여기에는 컴퓨터 접근에 대한 보안 장치로 사용되는 이른바 '바이오 마우스'도 있다. 손가락 하나, 또는 손가락 전부와 엄지손가락을 스캔한 다음 암호화와 압축 과정을 거쳐 이미지를 저장한다. 이렇게 저장한 이미지와의 대조를 거쳐 허가된 사람들만이 장치를 이용할 수 있다. 이런 종류의 시스템은 원거리 접속, ID 카드 승인, 전자서명, 금융거래 승인 등에 활용될 수 있어 대중화될 가능성이 높다.[56]

인간의 눈도 생체 인식 기술에 적합한 기관이다. 망막 스캐너는 가장 정확한 신원 확인 장치이지만 가격이 비싸고 사용이 다소 불편하기 때문에 주로 정부 기관들이 선호한다. 예를 들어 미국 중앙정보국CIA은 버지니아 주 랭글리에 있는 일급 보안 전산실에 음성 지문과 함께 망막 스캐너를 도입하고 있다. 망막 스캔을 통과하려면 몸을 굽혀 스캐너 위에 얼굴을 갖다 대야 한다. 그러면 스캐너가 눈에 붉은 빛을 투사시켜 신분을 확인한다. 이에 비해 홍채 인식은 기계장치 앞에 얼굴을 갖다 대야 하는 불편도 없고 광선을 쏘지도 않기 때문에 현금 자동 인출기에 많이 사용된다. 고객이 접근하면 비디오카메라가 고객을 클로즈업한 다음 고객의 좌표를 고정시킨다. 그런 다음 1미터 거리에서 눈의 이미지를 포착해 약 2~3초 안에 디지털 암호화된 이미지 파일과 대조한다.[57] 일본의 오키OKI 전자산업과 영국 런던의 NCR 지식 연구실 등이 이런 홍채 인식 장치를 실험하고 있다.

움직임, 활동 그리고 위험

육체는 감시의 장소일 뿐만 아니라 감시 데이터의 원천이 되었다. 육체의 위치를 파악하고 추적·통제하는 것은 근대성의 규율들에 의해 일상화되고 강화되긴 했지만, 실은 역사만큼이나 오래된 관행이다. 육체가 갖는 특징(무엇보다도 얼굴)으로 신원을 확인한다는 발상 또한 마찬가지로 오래된 것이다. 현대에 들어 달라진 것이 있다면, 지문처럼 뚜렷하게 구별되는 특징이 신원 확인에 중요해지고 있다는 점이다. 앞서 살펴봤듯이 감시는 신원을 확인하는 것을 넘어 육체 그 자체로부터 데이터를 구하고자 한다. 데이터는 유전자가 될 수도 있고, 약물이나 알코올 중독 검사와 연관될 수도 있다. 최근에는 신체 감시의 서로 다른 측면들이 갈수록 중요해지고 있는데, 그것은 각 측면들이 서로 연관될 수 있다는 점을 시사한다. 움직임movement, 활동action, 위험risk을 살펴봄으로써 신체 감시의 다양한 측면들이 어떻게 상호 연관돼 있는지 확인해 보자.

첫째, 현대사회는 이동성이 높다. 다시 말해 현대사회에서 육체는 늘 움직이고 있다. 오늘날 사람들은 교통과 환승 시스템을 통해 도시 곳곳을 여행할 수 있으며, 비행기로 세계 전역을 여행할 수 있다. 여행하는 사람들 중에는 관광을 즐기는 부유한 사람들이 있는가 하면 고향에서 쫓겨난 비극적인 난민들도 있다. 이렇듯 이동성은 서로 다른 사회적 집단에 속하는 사람들에게 서로 다른 의미를 갖는다. 도시 통근자들의 경우도 마찬가지다. 냉난방이 잘돼 있는 자가용 승용차로 고속도로를 달리는 통근자와, 비를 맞으며 일터로 가는 버스를 기다리는 저임금 노동자의 여행은 다를 수밖에 없다. 이동성은 또한 우리가 낯선 사람들과 점점 더 많이 접촉하게 된다는 것을 의미한다. 이들은 우리가 실질적인 관계를 맺고 있는 사람들은 아니며, 우리가 누구인지도 잘 모르고, 우리도 그들이 우리를 신뢰하는지 알지 못한다. 자신을 증명하기 위해 운전 면허증과 신용카드, 여권이나 신분증과 같이 자아의 안정된 상징물을 제시해야 하는 건 그래서다. 이방인들의 사회에서는 신뢰의 징표가 필요하다.[58]

지멜(Zimmel 1971)이 관찰했듯이, 이방인들의 사회 내부에는 친밀함과 낯섦 사이에 정교한 변증법이 자리 잡게 되는데, 오늘날의 조건에서 이는 더더욱 두드러진다. 이제 신뢰의 각 징표는 신분 확인과 자격 감시 시스템의 그물 속에서 다른 징표들과 연결된다. 이런 시스템들은 움직이고 있는 육체를 감시하며, 허가된 육체만이 특정한 공간에 들어가거나 특정 국경을 넘을 수 있도록, 그리고 특정 고속도로나 항공 노선을 이용할 수 있도록 혜택을 부여한다. 이 시스템들은 사회적 통제와 사회적 조율, 사회적 영향력을 가능하게 하는 수단이다. 하지만 전자 눈은 실제로 움직이는 육체만을 포착하는 것은 아니다. 오늘날 중요한 상호작용의 점점 더 많은 부분이 육체와 무관해지고, 전자적 수단들에 의해 매개된다. 두 종류의 신체 감시는 이렇게 연결되는 것이다.

사회적 관계를 매개하는 다른 수단들이 늘어날수록 그와 더불어 감시의 징후도 늘어난다. 기존의 시·공간에서 육체가 조율·통제되던 것이 이제는 '가상공간'이라는 가상의 세계로 이동했다. 거래가 이뤄지고 그래서 정보와 권력이 유통되는 이 새로운 영역이 이제 한층 더 강화된 감시의 장소이다. 폴 비릴리오가 지적하듯이 이곳에서는 "사람들이 물리적 장애물이나 시간적 거리 때문에 분리되지 않는다. 컴퓨터 단말기와 모니터의 접속을 통해 **여기**와 **저기**의 구별은 이제 아무 의미가 없게 된다.[59] 그러나 정보의 흐름들이 지나가는 바로 이런 통로들에서 점점 더 신중함이 요구된다. 가상공간을 안전하게 유지하기에는 이 통로들에 구멍이 너무 많기 때문에, 프라이버시 강화를 위한 기술과 신체 감시가 필요해진다.

둘째, 활동이라는 범주를 생각해 보자. 앞에서도 이미 언급했듯이, 개인의 정체성이란 그 사람만이 가진 고유한 육체를 인식하는 문제, 기억에 대한 접근권을 획득하는 문제, 그 사람에게 책임과 권리를 부여하는 문제가 된다. 신체 감시는 정체성의 문제들을 육체라는 텍스트 자체에서 발견될 수 있는 것으로 환원한다. 활동하는 주체는, 자기 자신을 설명하고 싶어 할 수도 있고, 좀 더 긴 개인사의 맥락 속에서 이해받고 싶을 수도 있을 테지만, 신체 감시 기술은 유전자 샘플이나 손자국 등이 제공하는 말 없는 '진실'에 호소함으로써 이런 주체를 외면한다. 그러므로 마지막에 가서 신뢰받는 것은 활동하는 주체의 이야기가 아니라 육체라는 대상에서 추출된 데이터다. 신체 감시가 왜 필요한가에 대해서는 설득력 있는 이유가 많다. 범죄자를 좀 더 쉽게 체포하고 상거래에서 사기 피해를 줄일 수 있다는 것 등이다. 그러나 신체 감시는 또한 좀 더 광범위한 사회적 추세의 일부로 바라보아야 한다.

온타리오 주의 정보·프라이버시 보호위원회 앤 캐보키언Ann Cavoukian 위원장은, 예컨대 보건 정보망 등에서 생체 인식 암호화가 신분을 확인하는 안전한 방법이라는 이유로 이를 옹호한다. 그녀는 생체 인식 기술이 쉽게 알아볼 수 있을 경우 감시라는 심각한 위협이 될 수 있지만, 암호화된다면 '프라이버시의 보호자'가 될 수 있다는 역설을 지적한다.[60] 결국 개인과 조직의 이익을 모두 충족시킬 수 있다는 것이다. 개인은 암호화를 통해 익명성이 확보됨으로써 프라이버시를 보호할 수 있고, 조직은 그들이 거래하는 개인의 신분을 믿을 수 있다. 이 주장 자체에 이의를 제기할 사람은 거의 없다. 그러나 이런 사실이, 조직이 개인들을 덜 불신하게 된다거나, 개인들이 프라이버시를 지키는 일에 관심을 덜 갖게 된다는 것을 의미하지는 않는다. 신뢰의 징표가 우선적으로 필요한 것은, 결국 이방인들의 사회에서는 프라이버시가 필요하기 때문이다.

감시를 수행하는 데서 피부를 이용할 것인지, 신체 내부를 이용할 것인지를 선택하는 일은 프라이버시 문제를 불러일으킬 수 있다. 사람의 몸에서 진정으로 사적인 부분은 살갗인가 아니면 몸 안인가? 이 문제는 또한 육체를 권위 있는 텍스트로 취급하는 새로운 행태주의의 맥락에서 바라볼 필요가 있다. 위험에 대처하기 위한 지식을 획득하려는 과정에서 신체 감시는 훌륭한 원천으로 등장한다. 과거에 대한 자세한 정보(한 개인이 어떤 건물에 몇 번이나 출입했는지, 거래를 몇 번이나 했는지 등)뿐만 아니라 미래에 일어날 일에 관한 구체적 정보까지 제공하는 것이다. 위험 담론은 특히 미래에 대한 지식과 관계가 있다. 울리히 벡이 지적하듯이, "위험을 인지하는 데서 핵심은 현재가 아니라 미래다."[61] 그러므로 신체 감시(특히 유전자를 이용한 신체 감시)는 자연스럽게 미래의 물결로 다가온다. 이는 신원 확인에 집착하는 사람들이 부지런히 모색하는 바와 완벽하게, 그리고 역동적으로 맞아떨어지는데, 과거의 역사뿐만 아니라 비교와 점검을 위해 시뮬레이션 된 미래를 담고 있는 것이기도 하다.

그 결과 신체 감시는 사회적 활동과 인간 행위자를 이해하는 방식에서 좀 더 보편적인 변화의 한 부분으로 자리 잡게 된다. 직장에서 이뤄지는 면접에서 중요한 것은 한 개인의 자질이나 일에 대한 태도와 각오만이 아니다. 53세인 한 남자가 보험회사에 취직하기 위해 면접을 보던 중 자신에게

간 경변이나 당뇨병 증상을 유발할 수 있는 혈액색소 침착증이 있다는 사실을 털어놓았다. 하지만 혈액색소 침착증으로 인한 질병의 징후는 없었다. 2차 면접에서 회사는 그에게 합격해도 보험 혜택은 없을 것이라고 말했다. 그는 여기에 동의했지만 세 번째 면접에서 회사는 유전적 조건 때문에 그를 고용할 수 없다고 통보했다.[62] 잠재적인 미래의 건강 상황이 현재 시점에서 고용 차별과 격리, 범주화의 근거가 되는 것이다. 치안 업무 역시 미래에 초점을 맞춘다. 에릭슨은 다음과 같이 지적한다. "위험 소통 시스템은 일탈에 관한 도덕적 담론을 확률 계산이라는 공리주의적인 윤리로 전환한다. ……(그 결과) 도덕적 비행을 논외로 하게 되면 일탈은 비정상이 아니라 지극히 정상적인 사고로 취급된다. …… 만일 어떤 일이 발생한다 해도 위험관리 기술을 이용해 손실을 분산하고 재발을 방지할 수 있다는 것이다."[63] 경찰이 제공하는 신원identities 및 신원 확인에 의존하는 신체 감시는 보험 통계적인 정의로 나아가는 또 다른 계기를 암시한다.

위험과 안전은 사회복지에서 매우 중요한 것으로 보일 수 있다. 이는 과거의 의미를 최소화하고 상상된 미래(즉 시뮬레이션)에 기대어 현재의 실천과 정책의 방향을 설정하려는 사회에서 특히 그렇다. 만약 일차적인 신원증명서가 인간의 육체 그 자체라면 이는 시죄법이나 근육 및 체액 검사를 통해 신원을 확인하는 방식과 크게 다르지 않다. 신체 감시를 통한 이런 신원 확인 체제에서 개인의 자기 진술과 정체성을 형성하는 사회적 그물망의 중요성은, 무시당할 정도는 아니더라도 줄어들고 있는 것이 사실이다. 그러므로 우리는 다음 단계가 무엇이 될지 질문해야 한다. 그리고 누군가는 다음 단계에 대해 사회과학적 픽션 속의 또 다른 실험으로서가 아니라 현재의 기술 논리technological logic; technologic를 따르는 방법으로서 질문할 수도 있을 것이다. 만약 (스마트카드 속에) 생체 인식 기능을 탑재한 칩을 제시하는 일이 많아진다면, 이 칩은 항상 지니고 다녀야 할 것이다. 로저 클라크Roger Clarke 가 지적하듯이 이것을 확실하게 하는 유일한 방법은 "운반체에 칩을 탑재하는 것", 다시 말해 "칩을 사람 몸에 설치하는 것"이다.[64]

세 번째로, 이런 시나리오는 좀 더 진지한 문제들을 제기한다. 그것은 그저 시·공간 속에서 조율되는, 육체와 상관없이 이루어지는 거래와 움직이는 육체의 문제, 그리고 신원 확인을 육체에 대한 직접적인 접근으로 환원했을 때 발생하는, 사적인 것과 인간 활동의 역설 같은 문제가 아니다. 좀 더 진지한 질문들이란 기술과 사회의 관계에 대한 것이다. 감시는 기술 과학적 수단이 발전할수록 지식이 정확해진다는 믿음 아래, 위험관리를 위해 획득한 지식을 끊임없이 개선한다. 신체 감시와 신원 확인의 경우, 목표는 정확성이다. 하지만 '발전'은 무엇을 수반하는가? 한편으로는 미래와 위험에 초점을 두는 것과 보조를 맞추기 위해 새로운 양식의 정의justice가 등장한다. 다른 한편에선 오류 없는 신원 확인을 위해 육체를 변형시키는 것이 가능한가 하는 문제가 논란거리로 부상한다. '발전'을 위해 이런 대가를 반드시 지불해야 할까?

한 가지 명백한 문제는 새로운 신체 감시 기술이 믿을 만하냐는 것이다. 앞서 지적했듯이, 가장 믿을 만한 신원 확인 장치는 비용도 가장 높다. 비교적 오래된 기술을 바탕으로 하는 디지털 지문 채취는 행정상의 목적을 위해, 특히 복지와 관련해서 많이 사용된다. 하지만 지문 확인 방식은 자격은 있으나 피부 질환이 있는 사람들을 배제시킬 수도 있다. 실제로 로스앤젤레스에서 이런 사례가 있었다. 40대인 케네스 페인이라는 남성은 교사 자격이 있었다. 하지만 그는 아토피 피부병 때문에 일자리를 구할 수가 없었다.

아토피 피부병으로 인해 피부에 수포가 생기고 껍질이 벗겨졌으며 그 결과 지문이 지워졌던 것이다. 그런데 캘리포니아 주는 보안상의 이유로 모든 교사에게 지문 검사를 받도록 하고 있다. 지문이 없으면 직업을 가질 수 없는 셈이다.[65] 지문보다 더 정확한 망막 스캔 방식은 비용 때문에 제한적으로 사용되고 있다. 또한 사람들은 눈에 대한 자극에 방어적이므로 광선을 눈에 쏘이는 것 때문에 혹시 문제가 생기지 않을까 걱정한다. 음성 인식과 얼굴 스캔은 널리 사용되지 못하고 있으며, 정확성에도 몇 가지 문제가 있다. 얼굴은 하루에도 때에 따라 상당히 다르게 보일 수가 있고, 목소리 또한 감기에 걸리거나 하면 변할 수 있기 때문이다.[66]

이와 마찬가지로 유전자를 사용하는 경우에도 항상 정확성이 보장되는 것은 아니다. 더욱이 고용주들은 상황에 따라 유전자 정보를 다른 방식으로 사용할 수 있다. 이를테면 채용 과정에서 유전적 소인만으로 구직자를 탈락시킬 수 있다고 판단할지도 모른다. 질병에 걸릴 가능성에 영향을 끼치는 것은 유전적 소인뿐만 아니라 환경과 같은 다른 여러 요인들도 있다는 것이 잘 알려져 있음에도 말이다. 다른 한편, 독성 물질이 노동자의 건강에 미치는 영향에 대한 조사가 문제가 될 때 고용주들은 '다른 요인들'이 작용한다고 생각한다. "고용주들은 화학물질은 문제가 없다고 보면서 …… 노동자들이 앓는 병이 외부 환경이나 생활 방식 탓이라고 주장하는 경향이 있다."는 것이다.[67] 반드시 알아야 할 것은, 생체 인식 기술이 그렇듯이, 육체 그 자체는 영향을 미친 원인이 무엇인지를 알려 주지 못할 수 있다는 점이다. 완벽한 유전자를 지닌 사람은 아무도 없다.

약물검사에서도 확실성이란 부질없는 희망에 가깝다. 스포츠의 세계는 불법 약물 사용을 둘러싼 논란으로 가득하다. 벤 존슨Ben Johnson 같은 스포츠 스타들이 약물검사 결과 양성 반응이 나오면서 몰락하기도 했다. 여기서 국제올림픽위원회는 막대한 영향력을 행사하는데, 최고 수준 리그의 선수들뿐만 아니라 파급효과를 통해 지역 수준의 선수들이나 아마추어 선수들에게도 영향을 미친다. 그런데 약물검사는 믿을 만한 것일까? 린퍼드 크리스티Linford Christie와 다이안 모달Diane Modahl, 페트라 코다Petra Corda의 경우에는 약물검사 결과 양성반응이 나왔지만 곧 무혐의로 확인됐는데, 이로 인해 약물검사의 완벽함과 신뢰성에 심각한 의문이 제기되었다. 물론 비슷한 문제들은 직장에서도 제기된다.[68] 그러나 검사의 신뢰도가 유일한 문제는 아니다.

생체 인식 데이터가 데이터베이스들 간에 유포되고, 회사들 간에 거래될 수 있다는 점에서 거대한 잠재적 위험이 존재한다. 유전자 데이터 영역도 상황은 비슷하다. 암호화와 일대일 (스마트카드) 대조 시스템에 대한 압박의 이면에 이런 위험들이 도사리고 있다. 신원을 확인해야 할 때, 생체 인식 장치는 육체의 특정 부위와 카드에 기록된 데이터를 대조하기만 하면 된다.[69] 이때까지는 카드 소지자가 통제권을 가질 수도 있다. 적어도 이론적으로는 말이다. 다른 감시의 유령들이 고개를 드는 것은 다음 단계, 즉 칩 이식의 방법이 제기될 때다. 시민적 자유주의자들은 이 방법에 대해 머뭇거리는데, 그런 의미에서 자신들이 종교적 근본주의자라는 낯선 부류와 입장을 같이 한다는 것을 발견하게 된다. 예를 들어 1995년 미국의 텔레비전 복음 전도사 팻 로버트슨Pat Robertson은 "생체 인식 기술: 당신의 권리를 좀 먹는다"라는 제목으로 강연을 했다. 그는 다음과 같이 선언했다. "성경에는 당신의 손이나 이마 위에 표식이 없이는 물건을 사지도, 팔지도 못하는 때가 온다고 했다."는 것이다.[70] 생체 인식 기술, 유전자 ID와 함께 이른바 짐승의 표식이 도래한 셈이다.

칩 이식이 시민적 자유주의자들과 (종교적) 근본주의자들 사이에서 이처럼 부정적이고 억압적인 의미를 갖는다는 사실은 흥미롭다. 반대편에는 육체의 기술적 고양(사이보그의 창조)을 자유에 이르는 길이라고 보는 주장이 있다.[71] 예컨대 일부 페미니스트들의 글에서 사이보그는, 오래된 경계를 유쾌하게 넘나들고 '젠더'와 같은 범주들을 해체하는 정치적 잠재력을 지닌 해방자로 등장한다.[72] 새디 플랜트Sadie Plant는 육체가 기술적으로 초월될 수 있으며, 따라서 좀 더 유연하게 재현representation될 수 있을 것이라 생각했다.[73] 사실상의 해방이라는 것이다.

이런 유연한 재현은 주체에 의해 오염되지 않은 정보를 추출하기 위해 육체 속으로 직접 파고들려고 하는 욕망과 뚜렷하게 대비되는 위치에 서 있다. 사이보그는 의식이 없고 스스로 답할 수 있는 능력이 없으므로, 정확한 신원 확인과 정확한 예측이라는 목표와 모순적으로 보인다. 육체를 감독하려 했던 과거의 훈육 기술들이 작동하기 위해서는 여전히 성찰, 자의식, 심지어 양심 같은 관념들이 필요하다. 이에 비해 위험·감시·안전의 새로운 체제들은 갈수록 (문자 그대로의 의미에서) 책임감이 덜한 주체들을 필요로 한다. 앞서 언급했던 것이 정확하다면, 육체로부터 말 없는 증거를 추출하려는 시도는 스스로를 입증하는, '살아 있는 구체적 개인'과 충돌한다.

요한계시록과 생체 인식 기술을 직접 연관 짓는 것은 전형적인 근본주의적 음모론이다. 이런 주장은 사람들로 하여금 냉소적으로 반응하게 만드는 경향이 있는데, 이는 역설적이게도 종말론적 감시자들이 맞서 싸우기를 바라는 바로 이 현실 안주 경향을 더욱 부채질한다. 하지만 동일한 텍스트를 교조적으로 해석하지만 않는다면 유익한 측면도 있다. 신자들을 위해 미래를 예언하고 희망을 약속하는 요한계시록은 권력과 지식을 평가하는 데 놀라울 만큼 적실성을 지니고 있기 때문이다. 표식을 몸에 새긴 잠재적 구매자와 판매자는 '땅에서 나온 짐승'[74]이며, 이는 오도된 신념이나 이데올로기의 상징이다.[75] 근본주의자들은 생체 인식 기술 및 바코드를 짐승의 표식과 너무도 쉽게 연관시킨다. 하지만 표식은 그저 기표일 뿐이다. 1세기에 묵시록을 기록한 사람이 바코드를 상상이나 했겠는가? 그러나 기표가 표상하는 바 ― 곧 그 기표에 묻어 들어 간 이데올로기나 잘못된 신념 ― 가 진짜 위험이다.

이런 식의 해석을 따르면, 기술도 사회라는 실체도 정확하게 따져 볼 필요가 없다. 하지만 생체 인식 기술을 포함한 모든 종류의 식별자를 짐승의 표식이라고 생각하는 것은 어느 정도 솔직하고 설득력이 있다. 현재를 위해 가상의 미래를 끌어들이려는 시뮬레이션 감시는 완벽한 지식이라는 꿈을 믿는다.[76] 이 꿈은 현대 네트워크 사회의 다중심적 망polycentric web에 생기를 불어넣는 이데올로기적 힘을 갖는다. 신비주의적인 표식은 시스템에 속박돼 있는 사람들에게 확신을 주지만, 그 꿈은 기만이다. 제러미 벤담이 판옵티콘을 세속적인 신으로 구상했을 때 가졌던 꿈이 그랬던 것처럼.[77]

기만은 위험하다. 기만이 신체 감시와 같은 영역에 영향을 미칠 때, 그것은 강력할 뿐만 아니라 사회적으로도 막대한 영향을 미친다. 기만은 또한, 좀 더 정확한 예측은 가능할 뿐만 아니라 어떤 경우에도 바람직하다는 가정 아래, 생체 인식 데이터, 유전적 데이터, 그리고 다른 육체 데이터에 대한 탐구를 조장한다. 위험관리는 규칙들을 바꾸기도 한다. 그것은 정의를 보험통계적으로 왜곡하고 도덕성을 확률로 교묘하게 치환한다. 위험관리는 특정 집단들을 분류하고 견제하려는 새로운 노력과도 연관이 있다. 복지 수급자, 망명 신청자, 난민, 이들과 마찬가지로 상대적으로 불이익을 받고 있는 사람들은 생체 인식 기술과 DNA 측정 장치의 첫 대상들이다. 그러므로 비슷한 방법들이 은행 입출금기와 신용카드 등과 관련해 제안될 때, 여기서 가정하는 불안의 원천이 바로 범죄나 빈곤이라는 사실은 별로 놀라운 일이 아니다.

신분증명서에서 신체 감시로 무게 중심이 꾸준히 이동하는 가운데, 고유한 삶의 이력을 지닌 사람들 그 자체보다는 데이터 이미지들에 의존하는 경향은 갈수록 강해질 것이다. 오늘날 위험관리는 정확한 정보에 집착하면서 인간의 피부 속으로 감시 장치를 밀어 넣는다. 이런 목표를 추구하기 위해 신기술들은 빠른 속도로 발전·이용되고 있으며, 재결합하고 있다(이 점이 중요하다). 이식이 일반적인 현실이 되던 그렇지 않던 상관없이,[78] 결국 이 비자발적 사이보그들은 일상의 평범한 기능들을 사용하거나 접근하려면, 기술적으로 암호화된 육체 데이터에 점점 의존하게 될 것이다. 유전자 검사 역시 점차 일반화됨에 따라 대상자의 자격 여부, 자원에 대한 접근을 판단하는 데 사용될 것이다. 이렇게 해서 사회적 분류 장치들에 유전자 검사가 추가된다.

이런 현실에서 데이터 이미지에 대한 의존이 심화됨에 따라 초래될지 모를 잠재적 피해를 줄이기 위한 방법(정치적·교육적, 그리고 아마도 심지어는 기술적인)이 무엇인가라는 시급한 질문들이 제기된다. 육체에서 추출된 데이터는 두개골의 구조로 행태를 예측했던 오래된 골상학의 관행보다 훨씬 더 체계적이고 광범위한 방식으로 감시 시나리오로 돌아간다. 사회적 분류와 관련해, '골상학파'가 오래된 과거 속 유물이기 때문에 무해하다고 생각하는 사람은 컴퓨터를 활용하는 21세기 판 골상학파에 익숙해져야 할 것이다.

6
지구적 데이터 흐름

당신이 주식 중개인인지 또는 영화 애호가인지에 따라 지구적 데이터의 흐름이라는 말은 평범하게 들릴 수도 있고 과장되게 들릴 수도 있다. 개인의 사생활에 관한 정보가 국경을 넘어 유통되거나 우리의 일상적인 전화 통화나 이메일을 누군가가 중간에서 가로챈다는 것은 우리가 일상에서 흔히 생각할 수 있는 일이 아니다. 하지만 비행기 표를 구매할 때 우리의 개인 정보는 국경을 넘어 흘러 다닌다. 그뿐만 아니라 우리가 주고받는 전화 통화나 이메일은 지구 전체에 걸쳐 있는 전자정보 네트워크의 감청을 받을 수 있다. 심지어 생일 축하 메시지도 이 같은 정탐에 노출되어 있다.[1]

이런 데이터 흐름 속에서 확보된 개인 정보는 개인을 범주화하고 대상을 선정하는 데 쓰인다. 물론 비행기 표를 구매할 때 제공된 정보가 구매자의 인종이나 건강상태 등을 확인하는 데 쓰일 가능성은 희박하다. 하지만 이 정보는 특정 소비자 집단을 대상으로 하는 마케팅 수단으로 이용되어 개인들의 삶의 기회에 영향을 미칠 수 있다. 또한 평범한 사람들이 일상적으로 주고받는 메시지는 국제 정보기관의 관심을 끌지 못하겠지만, 국제사면기구와 그린피스 또는 크리스천 에이드 같은 국제단체의 활동가라든지, 민감

한 단어가 담긴 메시지를 다루는 사람들은 전화나 이메일을 이용할 때 좀 더 주의할 필요가 있다.[2]

감시사회의 특징인, 일상생활에 대한 추적 관찰은 다양한 종류의 데이터를 유통시키는데, 이 데이터들은 장거리 여행을 하게 될 가능성이 높다. 이때 감시의 요체는 컴퓨터를 이용한 분류 과정을 통해 단어와 활동 들을 분류하고 범주화하는 것이다. 다른 종류의 감시와 마찬가지로 지구적인 데이터 흐름 속에 포함된 정보들 역시 점점 더 위험관리와 경제 구조 조정, 그리고 정보사회에서의 정치와 연관된다. 지구적인 차원은 감시 데이터가 유통될 수 있는 공간을 확대하며, 그것이 미치는 사회적 파급효과의 범위도 넓어진다.

20세기의 특징이 된 '감시의 일상화'는 일반적으로 특정한 공간들에 한정돼 있었다. 인간의 육체에 대한 감시가 이뤄진 건 감옥과 작업장 등 고정된 환경 속에서였다. 개인 정보는 정부 기관들을 위해 서류에 기록되었고 이는 국민국가의 영토 안에서 주로 사용되었다. 하지만 20세기 후반 들어 정부 정책을 통해 촉진된 자본주의의 구조 변화는 경제-국가-사회-문화 사이에 새로운 관계를 만들어 냈다. 이런 변화 가운데 핵심적인 양상은 전 지구적 상호 의존이 전례 없이 심화된 것으로, 이는 새로운 기술에 힘입은 바 컸다. 그 결과 감시도 지구화됐는데, 마약 거래를 단속하기 위한 국제적 노력에서부터 전자 상거래의 발전에 이르기까지 지구적인 감시는 꾸준히 성장했다. 이와 동시에 감시의 성격 또한 달라졌다.

과거에 감시는 닫힌 공간에서 이뤄졌다. 처음에는 성벽으로 둘러싸인 도시에서, 그다음에는 자본주의적 작업장 안에서, 그리고 국민국가 안에서. 하지만 지구화는 감시가 국경을 넘어 무차별적으로 이뤄진다는 것을 의미한다. (또한 감시는 육체의 경계를 뛰어넘어 피부 속으로 파고든다. 그러므로 감시는 거시적인 차원과 미시적인 차원을 가로지르며 동시에 성장하고 있다.) 처음에는 감시가 기술적으로 확대되면서 서로 다른 기관들, 특히 정부와 기업이 개인 정보를 교환할 수 있게 됐다. 하지만 지구화로 인해 한 국가 내부의 기관들 사이에서뿐만 아니라 국가 간은 물론 국제적인 기관들 사이에서도 정보 교환이 가능해졌다. 감시 데이터의 흐름은 더욱더 빨라졌고, 감시 공간의 투과성은 점점 더 커졌다. 다른 영역에서와 마찬가지로, 지구화에서 '흐름'은 중요한 요소가 되었다. 전 세계적인 주식시장이 24시간 굴러가는 데서 쉽게 확인할 수 있듯이 오늘날 금융 정보는 전 지구적으로 유통 중인데, 감시 정보의 흐름 또한 비슷한 양상을 띠고 있다.

컴퓨터를 기반으로 하는 감시는 과거 별개의 조직들 안에서 서류를 통해 이뤄지던 감시보다 훨씬 더 섬세한 감시의 그물망을 창출했다. 지구화라는 상황 아래 감시는 점점 더 거리의 한계를 뛰어넘고 있다.[3] 이는 지구화의 본질적 특징인 일종의 원격 조정을 의미한다. 기술·정보·사람·이미지·상징들의 지구적인 유통이 양적으로 팽창하면서, 이런 흐름들을 추적하고 관찰하기 위해 감시가 활용된다.

오늘날 감시는 **과거**의 움직임을 추적할 뿐만 아니라 **미래**의 흐름을 예측하려고 한다. 각국 정부는 관광객과 기업인, 이민자들이 끊임없이 넘나드는 국경에 대한 감시를 자동화하기 위해 새로운 방법들을 사용한다. 기업가들은 멀리 떨어진 여러 작업장에서 일하고 있는 노동자들을 동시에 감시한다. 마케팅 회사들은 판매 기회를 활용하기 위해 고객들을 추적한다. 지구화라는 상황에서 감시 전략은 강화되고 있다. 다국적기업들이 세계 곳곳으로 거점을 분산시킴에 따라 감시 방식과 [그것의] 실행도 세계 곳곳으로 흐른다.

인터넷 덕분에 세계 시장에 대한 추적도 가능해졌다.

지구화는 몹시 불균등한 과정이다. 지구화라는 개념은 보편적이고 일반적이며 추상적인 것처럼 들린다. 물론 모든 곳에서 동시에 일어나고 있다는 의미에서 그럴 수 있지만, 다른 맥락에서 바라보면 그 원인과 과정, 결과는 모두 제각각이다. 어디서든 빅맥과 코카콜라를 먹고 마실 수 있는 것처럼 지구화는 겉으로는 유사해 보이지만, 실제로는 사회적·경제적 차이가 있다. 지구화는 근본적으로 권력의 재분배 과정으로서, 초국적 기업들의 부와, 카스텔스가 '스위치'switch라고 부른 네트워크 속 거점들에 직접 접근할 수 있는 사람들에게 유리한 과정이다. 그 결과 부유한 사람은 더욱 부유해지고, 가난한 사람들은 더욱 가난해지거나, 가난해지지 않는다 하더라도 형편이 좋아지는 속도는 부자들보다 훨씬 느리다.[4] 새로운 감시 기술들은 유용한 사람과 쓸모없는 사람을 구별하고 차별하기도 하는데, 이런 구별과 차별은 경제적 지위는 물론 인종과 민족에 따라 이뤄지기도 한다.[5] 컴퓨터와 전기통신의 힘은 지구화라는 개념 그 자체에 핵심적인 요소이다. 갈수록 빨라지는 통신의 속도가 공간을 응축시키지만, 신기술들은 불균등한 지구화와 밀접하게 연관돼 있다. 다른 영역들에서와 마찬가지로 지구화라는 영역에서도 감시 기술들은 차이를 강화하는 경향이 있다.

오늘날 지구적 감시를 이해하기 위해서는 감시의 몇 가지 상이한 측면들을 살펴봐야 한다. 우선 지구화의 의미가 다양하기 때문에 어느 정도 명쾌한 정의가 필요하다. 특히 지구화의 진전이 지역화의 후퇴를 의미하는 것이 아니라는 점을 분명히 기억해야 한다. 지구화와 지역화의 과정들은 본질적으로 상호 연관돼 있다. 또한 지구화와 관련해 오늘날 새로운 점은 무엇이며, 이것이 감시에 어떤 영향을 미치는지를 이해하는 것도 중요하다. 특히 지구적인 감시는 어떤 중앙 집중화된 세계정부의 산물이 아니라는 것도 알게 될 것이다. 지구적인 감시는 흐름들의 새로운 공간·경로·네트워크 속에 존재한다. 이런 감시에서 권력은 핵심적인 요소이다. 하지만 이때 말하는 권력은 지구적인 차원의 판옵티콘이 아니라, 분산돼 있고 유동하는 권력이다.

둘째, 감시 권력은 세계 각 지역마다 서로 다른 방식으로 움직이는 것처럼 보인다. 유럽과 북미, 환태평양 지역에서 감시는 여러 가지 면에서 수렴·공고화되고 있지만, 다른 지역들에서는 분화·확산되는 모습을 보인다. 더욱이 감시는 서로 다른 부문에서 서로 다른 방식으로 지구화되고 있다. 탈냉전기 안보 문제 또한 감시를 불러들이는데, 이는 범죄에 대한 두려움과 마찬가지로 첨단 기술로 무장된 국경 감시로 이어진다. 노동의 유연화 또한 새로운 감시 시스템을 필요로 한다. 상거래 부문에서 인터넷은 가장 빠르게 성장하고 있는데, 바로 여기에 감시가 개입된다.

끝으로, 이 같은 감시의 서로 다른 방식과 경험들은 다양한 대응들을 낳고 있고, 그 대응 또한 지구화되고 있다. 예를 들어 '프라이버시 인터내셔널' 같은 단체는 인터넷이라는 매체를 통해 세계 각국에서 감시에 관한 지식을 전파하고, 그에 대한 저항을 조직한다.

지구화와 감시

앤서니 기든스가 지적하듯이, '원격 업무 처리'는 오늘날의 세계를 이해하는 데 매우 중요하다. 이는 우리가 지구적 감시를 이해하는 데 분명 도움이 된다. 과거에 대화와 악수로 체결하던 거래가 지금은 원격으로, 자동으로 이뤄지기도 한다. 세계 주식시장에서 이런 거래는 끊임없이 이뤄진다.[6] 투자한

회사의 운영 상황을 확인하는 일, 나아가 그 회사 노동자들의 운명이 걸려 있는 일도 원격으로 이뤄질 수 있다. 아울러 기업들은 고객들의 활동을 좀 더 정확하게 추적하고 싶어 하는데, 이 또한 원격으로 가능하다. 이때 지리 정보 시스템은 매우 유용하다. 여기서 핵심은 다양한 형태의 원격 감시와 여러 종류의 축척으로 작성된 지도다.[7] 지구 위치 정보 시스템, 즉 GPS를 갖춘 지리 정보 시스템에 적당한 원격 감지 장치를 부착하면 그 효과는 엄청나다. 마이클 커리Michael Curry의 말처럼 "우리는 엄청난 성능을 지닌 시스템을 창조했다. 이 시스템은 정보의 저장과 분석은 물론 개인과 집단에 대한 감시의 확장에도 대단히 유용하다."[8] 새로운 기술이 새로운 지구적 관행 practice을 주도하지는 않았다 하더라도, 그것을 가능케 한 것은 분명하다.

이는 이미 오래전부터 존재했던, 단순히 전 세계적 차원의 경제·정치체제 그 이상의 영역으로 우리를 인도한다. 근대성이란 자본주의와 산업주의가 직접적으로든 간접적으로든 전 세계를 포괄하는 수준으로 확산되었음을 뜻한다. 지구화는 무엇보다도 경제적인 과정이다. 카스텔스가 잘 표현했듯이, 경제는 "실시간에 지구적인 규모로 하나의 단위가 되어 작동할 수 있는 미증유의 능력"을 갖는다.[9] 자본의 흐름은 특정 국가들을 벗어나 지구적인 차원에서 움직이고 있다. 노동 또한 자본과 같은 의미에서 이동하지는 못해도 지구적인 자원이 되었다. 기업은 저렴하게 적절한 노동력을 구할 수 있는 곳이면 세계 어디든 들어설 수 있게 되었고, 이는 때때로 새로운 감시 효과를 낳는다. 기업은 세계 어디서든 숙련된 노동력을 충원할 수 있고, 노동자들은 전쟁이나 빈곤에 떠밀려, 혹은 2세들을 위해 새로운 희망을 찾아 세계 곳곳의 노동시장에 진입할 수 있을 것이다.[10] 하지만 이 마지막 흐름은 종종 이민 규제 움직임으로 인해 제한되곤 하는데, 이것 또한 감시와 관련해 여러 가지 의미를 갖는다.

지구화되고 있는 경제활동 가운데 감시와 관련된 중요한 사례는 비행기 표를 구매하는 것이다. 거대 항공사들이 단골 고객들에게 제휴 서비스를 제공하면서 이는 더욱 심화되었다. 캐나다 항공을 이용하면서 '원 월드' 프로그램의 회원인 사람은 호주 퀀타스 항공을 이용할 때 '사파이어' 승객으로 환대를 받는다. 하지만 사파이어 승객이 누리는 혜택이 캐나다 항공에서는 '골드 클럽' 회원들에게 제공된다. 이처럼 항공사별로 대우가 다르더라도 개인 정보는 동일하게 보관된다. 단골 승객의 정보는 그들이 어디를 가든 자동으로 저장·관리되기 때문이다.

항공사들은 승객들의 건강상태, 식습관(이것은 종교와 연관될 수도 있다) 등 민감한 정보를 취급할 수밖에 없고, 고위 인사와 추방자, 보호자 없이 여행하는 청소년 또는 정치적 논란을 불러일으킬 수 있는 인사 등에 대한 정보를 취급하기도 한다.[11] 승객 명단은 출국 통제 시스템의 일부로서 목적지에 도착하면 폐기된다. 하지만 탑승 기록은 경영분석을 위해 오랫동안 보관된다. 단골 승객에 관한 정보는 많은 경우 유럽연합의 정보 보호 협약의 적용을 받지만, 마케팅을 위해 광범위하게 사용된다. 이에 따라 콜린 베넷이 지적하듯이 "비행기를 이용한 해외여행이 일반화되면서 국제 항공사들은 자신들이 수집·가공·확산시킨 정보로 개인들에게 상당한 영향력을 지니게 되었다."[12]

앞서 나는 지구화가 무엇보다도 경제적인 과정이라고 했다. 그러나 지구화에 다른 측면들이 있다는 사실을 부정하는 것은 아니다. 다만 자본주의 체제가 가장 중요한 전 지구적 힘이라는 점을 짚어 두려는 것뿐이다. 레슬리 스클레어Leslie Sklair가 주장하듯이, '초국가적 행위practice'에는 세 층위가 있다. 바로 경제적 층위, 정치적 층위, '문화·이데올로기적' 층위다.[13] 초국가적 행위를 지켜보는 일은 국가 중심적인 분석이 갖는 단순한 '국가 간' 행위를 뛰어넘는 것이다. 주요 경제적 행위자는 초국적 기업들이며 초국적 정치의 중심에는 초국적 자본가 계급이 있다. 그리고 초국적 문화·이데올로기적 실천의 중심에는 소비주의가 있다. 국민국가는 여전히 지구적 체제의 공간적 기준점이며(그러므로 국민국가는 감시나 여타 차원에서 다른 무언가로 '대체'되지 않는다), 여전히 군사적으로 중요하다. 하지만 기준점으로서의 자본주의 체제는 국민국가나 초국적 기업들보다 훨씬 더 많은 것을 제공한다.

지구적 체제에 대한 스클레어의 뛰어난 분석은 각 영역에서 지배 세력들이 핵심 자원을 독점하기 위해 어떻게 치열한 경쟁을 벌이고 있는지를 보여준다. 초국적 기업들은 자본과 물질적 자원을 장악하기 위해 노력하고, 초국적 자본가 계급은 지구적 권력을 통제하기 위해 노력한다. 그리고 소비주의 문화·이데올로기의 초국적 대리인들과 기관들은 사상의 영역을 통제하려 한다.[14] 그는 1990년대에 이뤄진 자본주의의 승리, 특히 소비주의로의 경도는 환상이 아니었다고 주장한다. 지구적 체제는 실제로 자본주의 기업과 계급, 문화에 완벽하게 속박되었다. 하지만 자본주의적 통제가 보장되는 **방식들**, 그중에서도 특히 감시가 개입되는 것들에 대해서는 할 이야기가 많다. 예를 들어 대중매체는 소비문화의 새로운 생활 방식들[15]을 창조하는 데 도움이 되지만, 다른 한편 신기술은 좀 더 부유한 지역에 사는 소비자들을 직접 겨냥하는 데 사용된다. 물론 아무리 가난하고 주변화된 사람들일지라도 대중매체들이 퍼뜨리는 소비주의적인 '좋은 삶'의 이미지에서 벗어나기는 어렵다. 그러나 구매력이 있는 사람들의 경우, 최대한 소비를 계속할 수 있도록 좀 더 집중적인 모니터링의 대상이 된다.[16]

지구화에 대한 지그문트 바우만의 비판에 대해서도 비슷한 질문을 던질 수 있다. 그는 최근의 감시 양상에 '판옵티콘'이란 비유를 사용하는 데 반대한다. 바우만은 특히 "우리의 육체를 네트워크, 데이터베이스, 정보 고속도로에 옭아매는 슈퍼 판옵티콘"이라는 마크 포스터Mark Poster의 개념을 거부한다.[17] 그는 판옵티콘은 규율을 부과하지만 데이터베이스는 단순히 신용을 확인할 뿐이라고 주장한다. 소비자의 신용도는 특히 데이터베이스로 검증할 수 있다는 것이다. 그런 다음 바우만은 (텔레비전 등) 대중매체를 통한 '역감시'•라는, 토머스 매티슨Thomas Mathieson의 개념[18]에 공감을 나타낸다. 이때 [감시받는] 소수는 명망가와 같은 생활 방식을 갖는 글로벌 엘리트들이다.

여기서 문제는, 바우만이 오늘날 판옵티콘이 지닌 범주화 또는 사회적 분류의 힘을 놓치고 있다는 점이다. 이 힘은 지구적 차원에서 움직이는 소비자들, 또는 최소한 이동성이 아주 높은 소비자들을 정확하게 겨냥하고 있다. 물론 이동이 적은 사람들과 배제된 사람들, 특히 감옥에 갇혀 있는 사람들 사이에서, 낡은 판옵티콘 식 방법의 그림자가 여전히 존재한다는 그의 지적은 타당하다. 그러나 감옥에서조차 판옵티콘이 일종의 '교화소'가 될 수 있으며, 죄수를 교화할 수 있다는 생각은 이제 [죄수의] 단순한 배제라는 의미로 대체되고 있다.[19] 하지만 추상적인 집합·개별 데이터에 기초한 사회적 분류 과정은 모든 사회경제적 계층을 통틀어 감시가 자동적으로 이뤄지도록 한다. 판옵티콘이 감옥에서 사라졌다 해도 이는 판옵티콘적인 측면이다.

• 역감시(synopticon) : 다수에 의한 소수 권력자 감시를 의미한다.

어쨌든 소비주의의 문제는 (작업장 및 행정 권력과 더불어) 자본주의 및 오늘날의 감시 모두에서 결정적으로 중요하다. 만약 스클레어가 옳다면, 소비주의는 지구적 체제에서 자본축적이 지속되어야 하는 근거를 제시하는 이데올로기다. 이것이 없다면 시스템은 작동하지 않는다. 게다가 감시를, 소비를 유지하고 소비 수준을 높이는 주요 수단으로 간주하는 것이 옳다면, 이는 감시를 통제하거나 감시에 저항하려는 시도와 관련해 여러 가지 함의를 갖는다. 흥미롭게도 일상적인 감시의 부정적인 측면들에 대해 경각심을 제기하는 초국적 시도가 이뤄진 것은 1990년대였다.

이 시점에서 지구화의 또 다른 측면을 짚어 봐야 한다. 지구화는 단순히 '서구화'의 동의어가 아니다. 지구적인 흐름들은 몇 가지 방향에서 동시에 발생한다. 로널드 로버트슨Ronald Robertson은 지구적인 것과 지역적인 것이 연관돼 있다는 점을 설명하기 위해 '글로컬라이제이션'Glocalization이라는 용어를 선호했다. 이런 시각에서 보면 어떤 지구적인 문화(예컨대 디즈니화[20])에는 동질화 효과가 있을 수 있지만, 다른 한편 그 효과가 어떤 모습을 갖을지는 지역적 맥락에 달려 있다.[21] 국민국가들마다 기원이 다르기 때문이다. 유럽에서 국민국가들은 상대적으로 자율적이었다. 하지만 이른바 신세계에서는 근대화 과정에서 원주민들이 학살당했다. 아프리카 국가들의 경우에는 식민주의를 통해 근대성이 부과되었고, 동아시아 국가들은 외부의 위협에 대응하는 가운데 근대화를 겪었다.[22] 그뿐만 아니라 국가적 프로젝트와 문화적 배경도 나라마다 다르다. 물론 지구적 차원에서 서구의 영향은 분명하다. 그러나 일본을 비롯한 여타 환태평양 국가들은 불과 몇 십 년 만에 세계 속에서 확실한 위치를 차지했으며, 이들의 발전과 지향은 자신들만의 독자적인 기원을 갖는다.

근대적 감시의 출발은 유럽 국민국가들에서 찾아볼 수 있다. 유럽형 감시 관행은 유럽 열강들의 통치를 통해 북미에도 그대로 전해졌다. 하지만 북미에서는 신기술을 바탕으로 한 작업장 감시와 소비자 감시가 완성되었고, 이는 지구화의 초기 단계에서 유럽으로 역수출되었다. 한편 환태평양 지역의 경우, 전 지구적 체제에 진입한다는 것은 곧 그 지역에서 독자적으로 형성된 감시 관행 ― 예컨대 일본의 '적시 생산'* 경영과 '종합적 품질관리'** ― 이 지구적 체제에 등장한다는 것을 의미했다.[23] 이 감시 관행들은 다른 지역에서도 채택되면서 초국가적인 성격을 띠게 되었다. 또한 환태평양 지역 국가들은 다른 국가들과는 확연히 구분되는 감시 관행들을 보여 주는데, 이는 개인주의가 덜 발달된 것과 관계가 있다. 예를 들어 싱가포르와 일본에서는 국가적 목표가 최우선적 가치로 인식된다. 그러므로 스칸디나비아처럼 감시에 민감한 지역과는 달리 높은 수준의 감시가 용인될 수 있다.

'일본화'Japanization를 예로 살펴보자. 일본을 선진 산업 국가이자 첨단 경제로 바꾸어 놓은 이른바 일본의 기적은 일본에만 한정되지 않는다. 일본의 이 같은 성취는 일본의 직접 투자를 통해 다른 국가들로 수출되었고, 일본을 모델로 삼은 국가들에 의해 모방되었다. 일본이 직접 투자한 경우, (특히 자동차 공장에서 두드러진) 일본형 생산방식은 해외의 하청 공장들로 이식되

• 적시 생산(just-in-time) : 도요타가 채택했던 방식으로, 필요할 때 필요한 만큼 제품을 생산·공급함으로써 재고를 최소화하는 생산방식을 말한다.
•• 종합적 품질관리(total quality control) : 제조 현장의 품질 관리에만 그치지 않고 영업·기획·개발·총무·경리 등 모든 비제조 부문에서 업무 수행의 질까지 높임으로써 생산 공정 모두에 걸쳐 품질을 향상시키는 방법을 말한다.

었다. 다른 국가들이 일본 모델을 모방한 경우로는 포드 사에서 엄격한 노동 규율을 도입해 일본형 생산방식을 추종한 예가 있다. 포드는 이렇게 해서 유럽의 현지 공장들에서 생산량을 늘리고 노동 편성의 유연성과 노동의 다기능성을 높였다.[24]

'일본화'라는 용어는 1980년대 중반에 등장했지만,[25] 이 구호가 인기를 끈 것은 1990년 『세상을 바꾼 기계』The Machine that Changed the World라는 책이 출간된 다음부터였다.[26] 많은 사람들이 분석적인 측면에서, 또는 경영과 노동 관리 전략을 새롭게 써야 할 필요 때문에 일본화를 새로운 패러다임으로 간주했다. 기업들은 물론 각국 정부들도 '일본화'를, 유연성과 생산성을 높여 줄 자본주의 구조 조정의 수단으로 받아들였다. 일본화를 위한 경쟁과 일본의 해외투자는 유럽과 미국 제조업의 구조 조정에서도 중요해졌다. 이로 인해 새로운 생산과 고용 관행이 미국·캐나다·멕시코·브라질·영국·독일·이탈리아·스웨덴 등 경쟁 국가들 사이에 확산되었다.[27] 하지만 피터 턴불Peter Turnbull이 지적하듯이 일본형 생산방식이 성공하려면 "노동자들이 기업의 성취에 책임감을 갖도록 만들고 기업의 성공을 자신의 성공으로 받아들일 수 있게 만드는 사회적 조직화"가 필요하다.[28] 이런 사회적 조직화가 이뤄지는 곳에서 일본화는 감시 방법의 지구적 흐름을 형성한다.

감시는 비록 항상 인식되는 것은 아니지만, 지구적 체제에서 이뤄지는 초국가적인 활동들의 중요한 측면이다. 감시의 범위는 서로 다른 분야에서 실제로 이뤄지고 있는 감시 활동에 대한 사례연구를 통해 확인할 수 있다. 지구적 체제를 전적으로 국가 중심적인 관점으로 보게 되면 핵심에서 벗어나게 되겠지만, 감시에 관한 한 국가는 여전히 중요하다. 실제로 국가 안보는 감시의 가장 강력한 명분이다. 지구화된 통신정보, 국경 통제의 성격 변화, 지구화된 치안 활동 등은 그 대표적 사례들이다.

　이런 현안들 뒤에는 경제적 이유들이 있다. 경제적 이유들은 작업장 감시와 소비자 감시라는 두 가지 핵심 맥락에서 중요한 위치를 차지한다. 지구화된 환경에서 작업장 감시는, 초국적 기업가들이 세계 전역에 흩어져 있는 공장 상황을 추적할 수 있고 이런 감시 방식이 다른 곳으로 쉽게 이전될 수 있음을 의미한다. 대부분의 전자 상거래가 지역 수준에서 이뤄지긴 하지만, 전자 상거래와 관계된 소비자 감시는 정보를 국경 너머로 끊임없이 유통시킨다. 이 모든 경우, 지구적인 감시와 지역적인 감시는 서로 분리될 수는 없지만 각기 분석 가능한 방식으로 상호작용한다.

지구적 보안 : 코민트

　'코민트'Comint는 통신정보communications intelligence의 줄임말이다. 통신정보 수집 활동을 펼치는 이 비밀스러운 국제 네트워크는 20세기 후반에 와서야 그 어마어마한 존재가 세상에 알려졌다. 1996년에 『비밀 권력』Secret Power이라는 제목으로, (정보기관 자체만큼이나 가치 있는) 놀라운 연구 결과가 출간되었다.[29] 뉴질랜드 출신의 저자 니키 헤이거Nicky Hager는 전임 수상이었던 데이비드 레인지David Lange조차 자신의 뒷마당에서 어떤 일이 벌어지고 있는지 몰랐다는 사실을 보여 준다. 데이비드 레인지 전 수상은 뉴질랜드가 독립적인 정보기관을 갖게 돼 기쁘다는 내용의 연설을 했지만, 바로 그때 실제로는 미국 국가안전보장국NSA이 뉴질랜드 정보기관을 통제했고 심지어는 뉴질랜드 본부의 책임자를 임명하기까지 했다. 헤이거는 또한 환태평양 지역 국가들과의 우호적인 관계를 강조하는 수사에도 불구하고 뉴질랜드에서 작동하는 미·영 통신 첩보 협약* 체제가 실제로는 부유한 강대국들에 유리하게 작동한다는 사실을 보여 준다. 일례로 1985년 뉴질랜드에서 그린피스 선박 '레인보 워리어'Rainbow Warrior 호가 프랑스[비밀 요원]의 공격으로 침몰되었을 때에도 미·영 통신 첩보 협약 체제는 뉴질랜드에 아무런 정보를 제공하지 않았으며, 1987년 피지에서 발생한 반민주 쿠데타와 관련해서도 쿠데타를 막는 데 아무런 도움이 되지 않았다.[30]

'지구적 감시'라는 용어가 사용될 때 머릿속에 먼저 떠오르는 것은 무엇인가? 놀랍게도 이런 시스템의 가장 중요한 역할 중 하나가 초국가적인 메시지 감청이라는 사실을 떠올리는 경우는 드물다. 1960년대에 성격이 바뀌기 시작했지만, 각국 정보기관은 20세기 내내 초국가적인 메시지 감청을 실시해 왔다. 20세기 전반기에 주로 군사·외교와 관련된 메시지와 정보들을 감청하는 수단으로 시작했던 코민트는 그 뒤로는 경제는 물론 과학·기술과 관련된 정보 수집까지 포괄하게 되었다. 1992년 미국 국가안전보장국 국장인 윌리엄 스투드먼William Studeman은 "국제 정보에 대한 수요가 증가하고 있으며 그 가운데서도 급속하게 성장하고 있는 두 가지 핵심 영역 중 하나가 기업의 요구"라고 말했다.[31] 또한 코민트는 마약 거래와 돈 세탁, 테러리즘과 조직범죄를 표적으로 삼고 있다. 코민트 활동은 개인은 물론 정부와 무역, 국제기구에 대해서도 민감한 정보를 획득하는 데 사용된다.

---

* 미·영 통신 첩보 협약(UKUSA) : 미국과 영국의 첩보기관이 1946년에 체결한 첩보 협약을 말한다. 영어권 국가들인 캐나다·호주·뉴질랜드는 1970년대 후반 '미·영 통신 첩보 협약'과 도청 동맹을 결성했다.

코민트는 대다수 국가들에서, 중요한 모든 영역에서, 현대적 형태의 모든 주요한 커뮤니케이션에 접근하고 통신 내역을 가로채고 가공하려는 노력을 나타낸다. 이런 야심적 임무는 영어권 국가들의 미·영 통신 첩보 협약 체제의 활동과, 무엇보다도 미국 국가안전보장국이 뒷받침하고 있다. 코민트 활동으로 지출되는 액수는 전 세계적으로 연간 약 150억 내지 2백억 유로로 추산되는데, 미국과 영국 외에도 호주·캐나다·뉴질랜드 등 '차상위 그룹'과 러시아를 포함한 30여 개 국가들이 여기에 돈을 쓰고 있다. 코민트보다 작동 범위가 넓은 '시긴트'의 경우에는 참가국이 더 많은데, 시긴트 활동에 비용을 지출하거나 시긴트 정보를 사용하는 국가들로는 중국은 물론 중동과 아시아의 대다수 국가들, 특히 인도와 이스라엘, 파키스탄도 있다.

탈냉전 시기에 코민트는 평범한 기업 활동에 관한 정보를 수집하는 데까지 확산되었다. 수지를 맞춰야 했고, 고객들의 요구를 충족시킨다는 믿음을 줘야 했기 때문이다. 코민트는 몇 가지 단계를 통해 작동한다. 우선 데이터에 접근해 이를 수집하고 가공한다. 가공은 데이터를 분류하고 경우에 따라 이를 요약하는 작업이다. 그런 다음 분석과 평가, 번역, 해설 과정을 거쳐 데이터를 완성된 정보로 만든다. 대부분의 경우 이 과정에 참여한 개인과 기업들은 익명이 보장된다.

코민트 활동은 국제통신 회선을 경유하는 통신들을 감청함으로써 이뤄진다. 국제통신 회선은 국가 소유도 있고 개인 소유도 있으며, 전화와 전보

• 시긴트(Signals intelligence, Sigint) : 신호정보 또는 신호정보 수집 활동을 뜻한다. 인간 사이에 오가는 통신정보나 기계 사이에 오가는 전자정보를 포괄한다.

회사의 회선도 있다. 국제통신은 전통적으로 단파를 사용했지만, 지금은 극초단파 중계, 해저 케이블, 그리고 통신위성에 기반을 둔 시스템까지 포함한다. 1990년 이후로는 대부분의 통신이 디지털화됨으로써 코민트도 인터넷 데이터를 수집한다. 던컨 캠벨Duncan Campbell이 지적하듯이, "세계 인터넷 용량의 대부분을 미국이 차지하거나 미국과 연결되어 있기 때문에 '가상공간'에서 이뤄지는 많은 소통들은 미국 내부의 중계 거점을 거칠 것이다. 유럽을 포함해 아시아와 오세아니아, 아프리카와 남미로부터 이뤄지는 국제통신은 통상 미국을 경유한다."[32] 미국 국가안전보장국은 인터넷상에서 관심 데이터를 수집하기 위해 (일반적인 인터넷 검색 엔진 외에도) '봇'*과 '스니퍼 소프트웨어'**를 사용한다.[33]

1970년대부터 '에셜론'으로 알려진 시스템은 몇몇 지역에서 코민트 처리 과정을 자동화했다. 에셜론은 용량이 너무 커 수작업으로 분류할 수 없는 메시지를 지속적으로 감시할 수 있도록 만들었다. 지금은 '보고할 만한 정보 가치가 있는' 사람들의 명단을 모아 놓은 '요주의 목록'이 '일람표'dictionary라는 키를 통해 자동화된 상태다. 이 일람표들은 특정 대상의 이름과 주소, 전화번호, 그 밖의 다른 분류 기준 등 광범위한 데이터베이스를 저장하고 있으며, 런던을 거치는 모든 텔렉스 메시지를 감청하는 데 쓰인다. 여기

---

* 봇(bot) : 네트워크에 연결된 컴퓨터를 자신의 의도대로 이용할 수 있게 하는 프로그램.
** 스니퍼 소프트웨어(sniffer software) : 네트워크의 트래픽을 감시하고 분석하는 프로그램으로, 네트워크를 통해 전송되는 데이터를 포착하거나, 그 데이터를 분석하는 데 사용되기도 한다.

에는 개인·기업·외교와 관련된 수천 건의 통신이 포함된다. 또한 에셜론의 컴퓨터들은 팩스와 모뎀 데이터는 물론 통신의 주제까지 식별해 낸다. 1995년부터는 성문聲紋도 감별하고 있는데, 무선호출기 메시지와 휴대전화, 그리고 새로운 위성 통신은 이 같은 감청에 취약하다.

무엇보다도 에셜론은 경제적으로 민감한 정보를 수집한다. 하지만 이런 정보는 기업들이 직접 이용할 수 없다. 왜냐하면 기업들은 이런 정보에 접근할 권리가 없기 때문이다. 그러나 각 정부 부처들은 이런 정보를 이용해 임무를 수행한다. 여기에는 향후 상품의 가격을 추정하는 것에서부터, 무역 협상에서 상대 국가의 입장을 알아내는 것, 그리고 국제 무기 거래 감시와 민감한 기술을 추적하는 것 등을 포괄한다. 영국에서는 국가통신본부GCHQ가 "영국의 경제 복지를 위해 외국 통신을 감청할 권한을 갖는다."[34] 감청 허용 대상은 기업 정보, 텔렉스, 팩스, 그리고 전화 통화 기록 등을 포함한다. 특히 미국 기업들은 코민트 정보로 이익을 얻어 왔다고 알려져 있는데, 예 컨대 사우디 항공 사업 입찰에서 보잉과 맥도넬-더글라스가 에어버스 인더스트리를 이겼을 때처럼 말이다. 이 밖에도 기밀 사항인 일본의 배기가스 기준이 그 세부 내용까지 유출된 일이나, 1993년 프랑스의 '관세 및 무역에 관한 일반협정'GATT 회담 참여 관련 정보와 1997년 아시아·태평양 경제협력체APEC 관련 정보들이 유출된 사례들이 있다.

그러나 다양한 변화도 진행 중이다. 광섬유를 사용하게 되면서 감청을 하려면 케이블에 직접 접근할 수밖에 없게 되었고, 도청·감청 장비들을 시중에서 쉽게 구입할 수 있게 되면서 코민트 활동의 경쟁자들이 생겨났다. 또한 민간과 기업 차원에서 암호화 기법이 발전함에 따라 감청이 점점 어려워지고 있다. 1990년대 초반에 선보인 암호화 시스템 '클리퍼 칩'*(미국 정

부가 제창하는 통신용 암호화 표준 규격을 위한 LSI 칩)의 배후에는 미국 국가안전
보장국이 있었다. 만약 이 규격이 채택되었다면 미국 국가안전보장국은 인
터넷에서 이뤄지는 정보 통신 과정에 무제한으로 접근할 수 있었을 것이다.
클리퍼 칩 도입이 대중적인 저항으로 좌절되자, 미국 국가안전보장국은, 비
정부 조직들이 모든 사용자의 사적·상업적 통신에 접근할 수 있도록 사용
자들의 암호 복사본을 보유하게 하는 방안을 추진했다. 이 같은 '암호 복구
시스템'에 대한 유럽연합의 반대로 협상은 몇 년 동안 결론이 나지 않았고,
이 글을 쓰고 있는 지금[2001년]까지도 논란은 진행 중이다. 미국 국가안전
보장국은 심지어 로터스·마이크로소프트·넷스케이프 같은 주요 기업들에
게 미국 외부에서 이용하는 이메일과 인터넷 시스템의 보안 수준을 낮춰 달
라고 요구하기도 했다. 그렇게 되면 암호를 풀고 메시지에 접근할 수 있기
때문이다. 하지만 개인 암호화 기술의 급속한 발전으로 인해, 코민트의 일
부 기능과 미국 국가안전보장국의 활동은 제약을 받을 가능성이 높다.

코민트의 사례는 스클레어가 얘기한 초국적 활동의 세 수준, 즉 경제적,
정치적, 문화·이데올로기적 수준을 잘 설명한다. 왜냐하면 코민트는 이 세
가지 모두와 연관돼 있기 때문이다. 냉전 시기 군사적 정보 수집이 그랬던
것처럼, 소비사회에 필요한 경제 정보 수집은 분명 오늘날 에셜론의 중요한

• 클리퍼 칩(Clipper Chip) : 정부가 제조·관리하는 이 칩을 사용하면 기업이 전송하는 암호
화된 메시지를 정부 기관이 해독할 수 있게 된다. 공공 목적을 위해 정부 기관이 법원의 허
가를 받아, 암호화된 메시지를 해독할 수 있는 암호 키를 기업으로부터 위탁받는 방식이
추진되었으나, 시민 단체와 산업계의 반대에 부딪혀 암호 키 복구 방식으로 입법화되었다.

측면이다.[35] 하지만 평범하고 일상적인 통신 또한 감청될 수 있다는 사실은, 어떻게 전 지구적인 차원의 거대한 경제적·국제적 운용 과정들이 감시라는 매개를 통해 지역 차원의 소소한 일상에까지 녹아들어 있는지를 보여 준다.

지구적 안보 : 국경 통제

디디에 비고Didier Bigo는 오늘날, 특히 유럽에서 작동 중인 초국적 치안 컴퓨터 네트워크를 '경찰 군도'police archipelago라고 묘사했다. 20세기 중반까지만 해도 주로 도시 내부의 활동에 한정됐던 치안 시스템은 그 뒤 활동 범위가 주와 도, 국가 전체를 포괄하는 방향으로 확대됐고 최근에는 국제적인 차원으로까지 넓어졌다. 국경에는 물리적인 방벽뿐만 아니라 전자 방벽도 설치되었다. 네트워크들은 각 국가 내부뿐만 아니라 국가 간에 진행 중인 상황들을 추적하고, 과거에는 서로 다른 기관들에서 관할하던 것들을 통합하고 있다. 각국의 경찰은 물론 세관과 이민국, 출입국 관리소, 영사관, 운송 기업, 사적 감시 조직까지 이런 네트워크 안에서 데이터를 공유한다. 그 결과 앞서 언급한 기관들과 그들이 추적하는 감시 대상, 다시 말해 수배자, 실종자, 입국이 금지된 사람, 추방된 사람, 망명자, 이주 노동자 사이에 새로운 관계의 범주들이 만들어졌다.[36]

국경 통제와 관련해 가장 경각심이 높은 사안은 아마도 국제 마약 거래일 것이다. 지역 차원의 마약 범죄는 거의 대부분 초국가적인 마약 조달과 운반, 판매라는 맥락에서 이뤄진다. 하지만 국경을 가로질러 벌어지는 좀 더 미묘한 형태의 불법 활동은 가상공간에서 조용히, 그리고 눈에 띄지 않게 이뤄진다. 사기나 자금 세탁과 연루될 수 있는 전자식 자금 이체는 (치안 정책의 새로운 기준은 말할 것도 없고) 새로운 형태의 감시를 요구한다. 그래야만 국경을 넘나드는 범죄를 줄일 수 있기 때문이다.[37] 하지만 명백히 범죄와 관련된 월경과는 별개로, 매일 발생하는 수많은 일상적인 사건들은 국경 감시와 관련해 새로운 문제들을 던지고 있는데, 국경을 넘어 통근하는 경우나 점점 증가하고 있는 해외여행 등이 여기에 해당한다.

다른 한편 지난 수십 년 동안 이뤄진 가장 눈에 띄는 변화 가운데 하나는, 지구적 차원의 범죄 경제가 광범위하게 출현했다는 점이다. 마누엘 카스텔스가 지목한 주요 행위자들로는 시칠리아의 코사 노스트라Cosa Nostra, 미국 마피아, 콜롬비아와 멕시코의 마약 카르텔, 나이지리아 범죄 네트워크, 일본 야쿠자, 중국 삼합회, 러시아 마피야, 터키 마약상들, 그리고 자메이카의 샤워 파시Shower Posses 등이 있다.[38] 그는 이들 활동의 국제 네트워크를 새로운 세계경제의 매우 중요한 부분으로 간주한다. 이들은 대부분 무기와 핵물질, 불법 이민자, (매매춘) 여성과 아동, 장기 매매와 돈 세탁 등을 취급한다. 범죄 집단의 유연한 네트워크들은 국경 통제를 우회할 수 있는 다양한 경로를 찾는다. 따라서 지구화된 범죄에 맞서 싸우기 위한 네트워크에 기초해 작전을 수행하려는 시도 역시 급증한다. 범죄 활동을 억제하려는 이같은 노력은 시민들의 자유를 위축시킬 수도 있다. 특정 이민자 집단들이 마약 거래나 매매춘과 연루되었을 경우에는 그 집단에 대한 외국인 혐오 반응으로 이어질 수도 있다. 이는 감시 기준의 '인종화'ethnicizing로 귀결된다.[39]

범죄 활동의 지구적인 네트워크가 눈에 띄게 발전함에 따라, 이에 맞서는 치안 업무와 감시의 네트워크도 점점 지구화되었다. 초국가적인 치안 활동이라는 발상은 비교적 최근에 생긴 것이다. 과거에 경찰은 주로 국내 치안을 담당하고 외부의 위협은 군대가 담당했다. 특히 유럽에서는 경찰이 점점 더 초국가화하고 있는데, 여기에는 '유로폴'Europol이라는 특수한 네트워크가 큰 역할을 하고 있다. 유로폴은 인터폴을 모델로 해서 유럽에서 창설된 초국적 경찰 네트워크이다. 유로폴은 유럽 정보 시스템European Information System과 센겐 정보 시스템Schengen Information System에 의존하고 있다. 유럽 정보 시스템과 센겐 정보 시스템은 유럽 각국 경찰들의 활동을 조율하기 위한 첨단 기술 네트워크이다. 하지만 이 새로운 시스템이, 애초에 데이터를 확보할 때 그랬던 것처럼 그 데이터를 보호하는 데서도 성공적일지는 더 지켜봐야 할 것 같다.⁴⁰ 이는 단순히 국가의 사법권을 넘어서서 어떻게 '프라이버시를 보호'할지의 문제가 아니다. 예를 들어 센겐 조약은 국제적인 범죄자나 불법 이주자 등 환영받지 못하는 개인과 집단에 대한 초국적 치안 활동에 초점을 맞추고 있다.⁴¹

개인과 집단을 '필요한/불필요한', '바람직한/바람직하지 않은' 범주로 분류하는 것은 새로운 기술 적용이 필요한 영역이다. 초국가적인 경찰 정보 시스템은 이런 목적에 안성맞춤이다. 이런 방식들 중 많은 부분은 애초 미국에서 비롯되었지만, 지금은 미국 바깥으로, 특히 유럽으로 수출되고 있다. 첩보활동 방식의 혁신은 북미에서 개발되어 이제 유럽의 맥락에서 나타나고 있다. 미국의 경우, 첩보활동이라는 방식에 대한 초기의 불확실성과 신중함은 20세기 후반기 들어 범죄에 대한 두려움이 커지면서 점점 약화되었다.⁴² 첩보활동 방식들은 통신 및 정보 기술에 대한 의존도가 높다. 게리 T. 마르크스가 지적하듯이, 이는 일종의 수렴 현상을 가져오며, 그 결과 각국의 사법적 관할구역들 간에는 동질성이 커지고 있다.⁴³ 이 뚜렷한 동질성은 범죄의 예방, 혐의를 범주화하는categorical suspicion 합리적 전략, 문제 해결*과 시스템 인텔리전스**에 대한 관심, 시민들에 대한 의존 심화, 기존에

도외시되고 규제되지 않았던 전략들로 법과 정책이 확장되는 것과 관련이 있다. 한때 '공안'high policing 업무에 주로 쓰인 이런 방식들이 기술적으로 표준화되면서 잠재적인 문제들을 낳기도 하는데, 범죄 예방은 물론 정치적인 목적으로 첩보 전술을 활용해 온 프랑스 같은 나라에서는 특히 그렇다.

국경 관리와 관련해서는 생체 인식 기술이 갈수록 인기 있는 도구가 되고 있다. 1997년에 유럽연합은 회원국에서 정치적 박해를 피해 망명을 원하는 모든 사람의 지문을 디지털화해 한곳에 저장·관리할 수 있는 길을 열어 놓았다. 이 데이터베이스는 '유로댁'Eurodac이라 불린다. 유로댁은 정치적 망명을 원하는 사람들이 증빙서류 부족으로 어려움을 겪는 것을 보완하고, 각국이 이들을 서로에게 떠넘기는 것을 방지한다는 그럴듯한 명분을 지니고 있다. 하지만 유로댁은 예기치 못했던 부작용을 낳고 있기도 하다. 우선 하나만 살펴보면, 이르마 반 데 플뢰그Irma van der Ploeg가 지적하듯이, 유로댁이라는 시스템으로 정치적 망명자의 신분을 확인하기보다는 오히려 그의 정체성 자체를 확정짓게 된다는 문제가 있다.[44] 때문에 특정 이주자의 신원에 불법이라는 오점이라도 남을 경우, 이는 앞으로 그가 하게 될 모든 일에 영향을 미치게 된다.

대다수 국가에서 많은 시민들이 이민 통제의 필요성을 어느 정도 인정하

- 문제 해결(problem solving) : 문제를 발견·형성하는 것을 포함하는 인지 과정을 뜻하는 것으로 좀 더 큰 문제 해결 과정의 한 부분이다.
- •• 시스템 인텔리전스(system intelligence) : 시스템 환경에 대한 감수성을 시스템적 사유와 결합시켜 개인의 문제 해결 능력을 촉진하는 활동을 의미한다.

고는 있지만, 국경을 개방해야 할 이데올로기적·경제적 압력도 있다. 한편으로 많은 국제주의자들은 세계가 전쟁과 불의를 피하기 위해서는 국경을 개방해야 한다고 주장한다. 실제로 캐나다와 미국, 호주처럼 상대적으로 문호를 자유롭게 개방했던 국가들의 정책을 부정하기는 어렵다. 미국은 기회의 나라가 아닌가? 이스라엘이 세계 각지의 유태인들에게 자국으로의 이주를 허용한 것은 국가는 모두를 위한 안식처[45]라는 시온주의 사상의 핵심 요소 때문이었다. 이런 이유들 외에, 자국의 경제적 이익 때문에 문호를 개방하는 나라들도 있다. 이런 국가들은 값싼 노동력을 확보하기 위해, 또는 자유무역 지대에서 이루어지는 관계를 조율하기 위해 국경을 개방한다. 국경개방에 찬성하는 이데올로기적 논리들은 사실상의 불평등과 불의, 억압적인 체제의 존재, 국가 간의 교육 수준 및 보건·소득에서의 거대한 격차 앞에서 왜소해지는 경우가 많다.

1990년대부터 국경 통제를 완화해야 한다는 주장이 많아졌는데, 이런 주장은 곧 시장의 지구화를 의미했다. 실제로 몇몇 사람들은 지구촌 시대에 이민은 불가피하고 통제할 수 없는 현상이라고 주장한다. 새로운 기술 덕분에, 직업과 주거에 대한 정보를 쉽게 얻을 수 있게 되고 이동 비용도 낮아짐에 따라 값싼 노동에 대한 요구는 점점 이주 노동자들의 유입을 불러왔다. 카리브 해 국가들과 멕시코의 노동자들은 미국으로, 터키·유고슬라비아·그리스 노동자들은 독일로, 북아프리카 노동자들은 프랑스·이탈리아·스페인으로 건너간다. 앞서 언급했던 맥락들 속에서 이주 노동자들의 유입은 지속적으로 증가하고 있는데, 유럽에서는 미등록 이주 노동자들의 수가 등록 노동자들의 수를 압도적으로 능가하고 있다.[46] 전 세계 이주 노동자 수에 비하면 작은 비중(1993년 기준으로 해외에서 일하는 전체 노동자 8천만 명 중 약 1.5 퍼센트)

일지 모르지만, 유럽 미등록 이주 노동자의 절반 정도가 사하라 이남 아프리카나 중동 출신[47]임을 감안하면 이는 결코 가볍게 지나칠 문제가 아니다.

이주 노동자에 대한 규제의 강도는 노동력에 대한 수요보다 전체 이주 노동자 수의 증감에 더 큰 영향을 미친다. 실제로 1988년에서 1994년 사이에 독일의 이주 노동자는 50퍼센트 정도 늘어난 반면, 규제가 엄격했던 영국의 경우에는 거의 증가하지 않았다. 노동의 지구화에도 불구하고, 일본은 많은 나라들, 특히 서유럽 국가들과 달리 임시 노동자 프로그램을 채택하지 않았고 불법 이민과 정치적 망명에 대해 엄격한 통제를 유지했다.[48] 독일은 자국 시민은 물론 외국인들도 거주지를 옮길 경우 등록하도록 하고 있으며, 독일 거주 외국인 전체를 연방 정부에서 관리하고 있다. 독일은 일자리를 원하는 자국 내의 모든 거주자에게 신분증을 지참할 것을 요구하고 있다.

반면에 미국의 경우, 불법 체류 문제가 독일보다 훨씬 심각함에도 전국적인 신분증 제도를 도입하는 데 정치적으로 어려움을 겪고 있다. 미국에서는 멕시코 접경 지역을 중심으로 약 4천 명 가까운 국경 순찰 요원이 컴퓨터 시스템을 포함한 첨단 장비를 갖춘 채 국경을 지키고 있지만, 매년 20만~30만 명에 이르는 불법 이주자들을 통제하지 못하고 있다. 토머스 에스펜셰이드Thomas Espenshade가 지적하듯이, "현 수준의 미등록 이주자는 미국이 개방된 사회를 유지하기 위해 치러야 할 대가"인지도 모른다.[49]

국경 통제에 초점을 맞춘 경찰 감시의 지구화는, 공식 세계경제 및 범죄 관련 (비공식) 세계경제가 성장한 데 따른 것이다. 둘 모두는 전반적인 경제 구조 조정에서 비롯되었으며 신기술의 확산으로 가능해졌다. 신기술의 사용은 특정 관점과 특정 유형의 감시를 촉진하지만, 기술 그 자체는 아무것도 결정하지 못한다. 감시 기술의 발전과 사용, 그리고 감시 기술이 지원하는 네트워킹을 특정 방향으로 이끄는 것은 특정한 맥락 속에 놓여 있는 사회적·문화적 요소들이다. 서로 다른 대륙에 있는 경찰들이 유사한 감시 기술을 사용함에 따라 경찰 감시의 지구화는 전 세계적인 경찰 감시망의 동질화를 낳을 수 있다. 하지만 새로운 네트워킹이 등장하는 다양한 사법 문화들 속에는 이질성과 다양성 또한 존재한다. 동일한 기술이 헤이그에 있는 유로폴 정보 센터와 미국의 엘패소 정보 센터[●]에서 다른 결과를 낳을 수 있다는 얘기다. 이들은 또한 세관이나 이민국 같은 다른 기관들과도 서로 다른 방식으로 교류를 맺을 수 있다.

비고가 잘 간파했듯이, 핵심적인 변화는 경찰 업무가 점차 네트워킹을 통해 그리고 원격으로 이루어진다는 것이다.[50] 이것이 원격조종으로의 변화이다. 각국의 경찰들은 특정 국가 내부에서 활동하기도 하고, 이주자나 범죄자의 출신 국가들과 공조하기도 한다. 그 결과 직접적인 관계들은 감소하면서 범죄 가능성 높은 사람들이 누구인지를 결정하는 일이 주를 이루게 된다. 표적이 된 범주들은 강화된 감시와 전산화된 통계 분석을 통해 관리된다. 누군가 법률을 어겼을 때, 단순히 그 개인을 추적하는 것이 아니라 다양한 범주에 속하는 사람들의 이동 빈도와 규모를 예측하려는 노력이 이뤄지는 것이다.

또한 비고는 이런 새로운 감시 방식들이 처음에는 과거에 비해 덜 규율적인 것처럼 보인다고 지적한다. 이는 판옵티콘과는 거리가 멀며, 오히려

● 엘패소 정보 센터 : 마약과 이민자 통제 등 국경 관리를 담당하는 곳으로 마약단속국, 국토안보부, 세관, 이민국 등 미 연방 정부 기관들에서 파견된 직원들이 근무하고 있다.

가상현실 기술에 더 가깝다. 예컨대 '모핑'● 과정은 수많은 데이터 조각들을 가상으로 조합해, 유동 중인 개인의 모든 상태를 구성한다. 이민자라든가 교외에 거주하는 청년이라는 최초의 이미지에서 최종 이미지(테러리스트나 마약 거래자)에 이르기까지, 변형의 단계들이 가상으로 재구성되는 것이다. 비고가 지적하듯이 이런 장치들은 "육체를 해체하기보다는 특정한 방향으로 매개한다."[51] 하지만 이 장치들이 미치는 사회적 영향은 강력하다. 왜냐하면 이미 구축돼 있는 범주들은 소수집단, 그중에서도 특히 인종적 소수집단과 관련돼 있기 때문이다. 그 결과 이 장치들은 개인들을 특정 집단과 지위에 귀속시키는 분류적 사고방식과 고정관념을 강화하고, 이를 정당화한다.

신기술은 이렇듯 분류의 권력을 촉진하고 강화하지만, 바로 그 신기술의 뒤에는 분류의 권력이 자리 잡고 있다. 비고는 '새로운 감시'에 대한 게리 T. 마르크스의 주장이, 기술의 발전이 '결과들'을 '초래'했다는 오해를 부를 수 있다고 지적한다. 예컨대 영국·덴마크·프랑스·이탈리아 등 몇몇 국가들의 경우, 경찰은 개인적인 접촉을 [감시] 기술로 대체하는 것에 대해 유보적인 입장을 밝히고 있다. 그러나 비고에 따르면, 더욱 중요한 것은 새로운 감시가 소수자들을 규정하며 범주화·표준화하고 정렬·통제하는 일과 관련돼 있다는 점이다. 그 기저에는 사후 대응이 아니라 사전 예측이라는 추세가 존재한다.[52]

● 메타 모핑(meta morphing)의 약자. 컴퓨터 그래픽을 통해 어떤 모습을 다른 모습으로 서서히 탈바꿈시키는 기법. 예를 들어 어린 아이가 청년·노인으로 변하는 과정을 보여 주는 것도 여기에 해당한다.

감시의 월드와이드웹 : 세계를 뒤덮는 감시의 그물망

과거 어느 때보다도 '지구적으로 사고'하는 기업가들의 목표는 식별·범주화·표준화·정렬·통제로 요약할 수 있다. 정보 데이터의 지구적 유통이 경제적 경쟁과 밀접한 관계를 가질수록, 경제적 경쟁이 노동자들의 이동을 조장하고 국경 안보 문제를 제기하는 것 또한 사실이다. 작업장과 관련된 지구적인 데이터의 흐름이 노동자들의 순응과 책임감을 확보하려는 경영 기술의 흐름이라면, 소비자 영역에서 이뤄지는 지구적인 데이터 유통은 실질적인 거래 데이터를 기반으로 하는, 소비를 유발하기 위한 기술들과 관련돼 있다.

흥미롭게도 새로운 생산 체제가 성공하려면 최소한 어느 정도는 인간적인 관계에 의존해야 하며, 소비를 관리하기 위해서는 소비자들에 대한 좀 더 '개인적인' 지식이 필요하다. 제조업체와 도매상은 고객과의 관계를 서비스업 수준으로 끌어올리고 싶어 한다. 그들은 고객의 행위에 영향을 미치기 위해 고객의 정보를 수집·축적하고 활용한다.[53] 데이터베이스 마케팅은, 생산으로부터 테일러리즘[54]의 측면들을 취해 이를 시장에 적용함으로써 차별의 기술로 작동한다.[55] 이때 소비자들은 개인 정보에 기초해 등급이 매겨지고 특정 방향으로 유도된다. 개인 정보는 공적 출처를 통해 얻어지기도 하고, 소비자 개인의 행태를 직접 기록하는 방법으로 획득되기도 한다.

오늘날 데이터베이스 마케팅은 내가 '감시의 월드와이드웹'[56]이라고 부르는 것과 밀접하게 연관돼 있다. 감시의 월드와이드웹은 가상공간이나 컴퓨터를 매개로 하는 커뮤니케이션에서 발생하는 모든 형태의 감시를 포괄하는 비유다. 인터넷과 월드와이드웹, 이메일 사용은 모두 추적이 가능하며, 이 매체들이 상업화됨에 따라 감시 능력도 빠르게 발전하고 있다. 넷스케이프에서는 브라우저가 사용될 때마다 그 사실을 알 수 있다. 1996년 '커뮤니케이터 스위트'communicator suite라는 넷스케이프의 신제품이 출시됐을 때, 덴마크의 한 소프트웨어 개발 회사는 놀라운 사실을 발견했다. 운영자들이 넷스케이프 웹사이트에 접속한 컴퓨터의 하드 드라이브에 저장된 모든 정보를 읽을 수 있었기 때문이다. 기업들은 이런 수단을 이용해 인터넷 사용자들의 정보를 수집할 수 있다. 기업들은 사용자의 레지스트리 데이터를 통해 정보를 수집하기도 하지만, 대부분은 인터넷을 검색하는 사람들이 알지 못하는 사이에 그들의 동의 없이 정보를 수집한다.

사용자가 어떤 웹사이트에 접속했을 때 그 웹사이트 운영자에게 자동으로 메시지가 전송됨으로써 사용자의 정보가 수집되는 것이다. 그러므로 사이트 방문 기록을 통해 사용자의 컴퓨터 관련 정보와 접속 습관, 구매 기록과 소비 행태 등을 파악할 수 있다. 그 결과 웹마스터는 사용자가 어떤 파일과 사진 또는 이미지에 관심이 있는지, 사용자가 그것들을 얼마 동안 봤는지, 특정 사이트 방문 전후에 어떤 사이트를 방문했는지를 알 수 있다. 웹사이트 접속량 측정 전문 회사인 '인터넷 프로파일'Internet Profiles, I/PRO은 누가 어떻게 사이트를 이용하고 있는지를 잘 보여 준다. 야후, 컴퓨서브Compu-serve, 넷스케이프 등이 인터넷 프로파일의 고객이다.[57] 그뿐만 아니라 사용자의 웹사이트 방문 기록을 보여 주는 '쿠키'는 개인들의 데이터를 확보하려는 기업들에게 거대한 추적 능력을 제공한다. 쿠키는 웹사이트들이 사용자의 하드 드라이브에 있는 방문 사이트 정보를 저장할 수 있도록 해준다. 따라서 웹사이트들에서는 어떤 사용자가 웹사이트를 방문할 때마다 전에도 방문한 적이 있는지를 확인하기 위해 사용자의 하드 드라이브를 읽을 수 있다. 쿠키는 사용자들이 각자의 필요에 꼭 맞는 맞춤형 정보와 광고를 받아 볼 수 있게 하는 장점이 있다고 한다. 다른 한편 기업의 입장에서는 시장을 개별 소비자들의 수준에서 구체적으로 파악할 수 있다는 이점이 있다.

많은 기업들이 인터넷 검색엔진을 작동시키는 지루한 과정을 단축하기 위해 '지능형 에이전트'●의 개발을 추진하고 있다. 현재 갈수록 복잡해지고 있는 트래킹 기술과 매핑mapping 기술을 사용하고 있는 프로그램은 '스파이더'●●라고 불린다. 이 스파이더가 소비자 추적과 정보 수집에 사용되고 있다는 증거는 아직까지 없다. 하지만 그 잠재력은 명백하다. 실제로 시카고 트리뷴 사Chicago Tribune Company은 소비자들의 사이트 이동 행태를 분석하는 데 인터넷에서 널리 쓰이는 '데이터 마이닝'Data mining 기술을 사용하고 있다. 데이터 마이닝 같은 기술은 큰 기업들만이 이용할 수 있는 기술이다. 그러므로 개인 정보를 유료로 제공하는 기업들 — 캘리포니아 치코 시의 '백그라운드 인베스티게이션 디비전'Background Investigation Division에 소속된 '스누프 컬렉션'Snoop Collection 등 — 이 많지만, 대기업들은 상세한 소비자 정보를 확보하기 위한 조사를 일상적으로 수행한다.

'지오시티'●●●는 한 달 방문객이 약 2천만 명에 이르는 거대한 포털 사이트

● 지능형 에이전트(intelligent agents) : 사용자의 개입 없이 주기적으로 정보를 모으거나 일부 다른 서비스를 수행하는 프로그램.

●● 스파이더(spiders) : 검색엔진의 검색 목록을 만들기 위해 웹사이트를 방문해 여러 가지 정보를 읽어 오는 프로그램.

●●● 지오시티(GeoCities) : 인터넷 열풍을 타고 인기를 누렸던, 홈페이지 무료 제작 서비스. 1999년 야후가 거액을 들여 인수하면서 화제가 되었으나 새로운 SNS의 등장으로 사용자

다. 1998년 지오시티는 회원들의 정보를 외부에 판매했다. 물론 지오시티는 회원들에게 개인 정보를 유출시키지 않겠다고 약속한 상태였다. 미 연방통신위원회FTC는 이 사건과 관련해 지오시티를 고발 조치했다. "회원들의 신원 확인을 목적으로 수집한 개인 정보를 다른 용도로 사용했다."는 것이 그 이유였다.[58] 하지만 인터넷상에서 개인 정보를 이렇게 부당하게 사용하는 사례는 점점 더 늘어나고 있다. 이런 개인 정보의 오용은 종종 범주별 조사categorical sifting라는 새로운 형태를 띠기도 한다. 예를 들어 '클릭스트림'●감시는 인터넷 사용자들을 그들이 방문한 페이지별로 추적한다. 클릭스트림은 '협업 필터링'과 결합해 효과적이고 새로운 마케팅 수단을 만들어 낸다. '협업 필터링'은 하나의 분석표를 다른 분석표와 비교해 개개인의 취향에 관한 믿을 만한 추론을 이끌어 낸다.

컴퓨터 기업들 역시 가치가 높은 개인 정보를 얻고자 한다. 1999년 초 인텔은 웹 서버가 인식할 수 있는 고유 번호를 부착한 펜티엄 III 칩 발매를 계획했다. 계획대로라면 펜티엄 III 칩을 내장한 컴퓨터는 접근과 식별이 가능한 다른 모든 개인 신상 정보와 연계될 수 있었다. 여기에는 클릭스트림과 협업 필터링을 통해 획득된 정보도 포함된다. 하지만 펜티엄 III 칩이 지닌 이런 문제점을 간파한 제이슨 캐틀릿Jason Catlett이 '정크버스터 닷컴'junk-buster.com을 통해 항의 운동을 조직했다. 정크버스터 닷컴은 항의 운동을 시

들의 외면을 받아 2009년에 서비스가 종료되었다.
● 클릭스트림(clickstream): 사용자가 인터넷에서 보내는 시간 동안 방문한 웹사이트를 기록한 것.

작한 지 채 한 달도 지나지 않아 미국 내 최고 경영자의 38퍼센트가 인텔의 '프로세서 일련번호'에 반대하고 있다고 주장했다.[59] 만약 인텔이 처음 의도했던 대로 제품이 발매됐다면, 사용자의 동의나 인지 없이, 수많은 개별 기업들의 기록이 융합되어 사용자의 활동에 관한 광범위한 자료들이 유출되었을 것이다. 결국 인텔은 반대 여론에 손을 들었고 식별 기능을 무효화했다. 하지만 소비자들이 특정 기업과 거래를 하는 조건에 따라서는 그 기능이 다시 부활할지 알 수 없는 일이다.

인터넷을 이용한 소비자 감시는 부유한 나라에서 급속하게 성장하고 있다. 사람들이 소비사회, 특히 전자 상거래에 좀 더 깊이 참여하려 할수록 감시의 깊숙한 침투에 종속된다. (가난한 국가들에서와는 달리) 대중매체가 직접적인 영향력을 행사하지 못하는 곳에서는 자본주의 체제를 유지하는 데 결정적으로 중요한 문화적·이데올로기적 실천들을 강화할 강력한 수단들이 요구된다. 이처럼 일부 지역에서는 '역감시'가 여전히 먹히고 있지만, 부유한 지역에서는 '역감시'만으로는 감시에 대한 저항이 효과적이지 못하다.

감시의 지구화

지구화된 감시는, 통상 '지구화'라고 불리며 지구적 규모로 진행 중인 자본주의경제 구조 조정의 본질적인 측면이다. 초국적인 감시는 지역과 분야에 따라 결과는 다를지 모르지만, 사회·경제·정치 등 우리 삶의 모든 중요한 분야에서 발견할 수 있다. 예를 들어 각국 경찰들은 범죄자와 이민자들의 이동을 추적·통제하기 위해 선진 정보 시스템을 사용하는 초국가적 네트워크를 운용하고 있고, 기업들 또한 소비의 흐름을 추적·통제하기 위해 첨단 정보 기술을 동원해 고객의 개인 정보를 획득하고자 치열한 경쟁을 펼치고 있다. 또한 우리는 어떤 한 가지 목적으로 개발된 시스템(예컨대 군사 정보)이 어떻게 다른 목적(예컨대 경제·기술 정보)을 위해 사용되는지를 확인할 수 있다. (일본식 경영이나 비밀경찰 조사처럼) 특정 국가나 지역에서 개발된 방식들이, 실제 데이터뿐만이 아니라 기술의 꾸준한 이동 흐름 속에서 어떻게 다른 지역으로 수출되는지도 확인할 수 있다.

초국적인 감시는 급속한 변화를 겪고 있다. 초국적인 감시를 가능하게 만든 신기술이 급속하게 발전하고 있기 때문이다. 이는 지구화된 감시가 반드시 일국적 상황에서 등장한 것이 아님을 의미한다. 모든 분야에서 주도적인 추세는 행위를 예측하고 시뮬레이션하려는, 분류적이고 선제적인 감시로의 움직임이다. 하지만 이런 분류는 그 자체로 일종의 권력을 나타낸다. 사람들을 여러 범주로 구별하고 그에 따라 다르게 대우한다는 것만으로도 말이다. 범죄 집단, 인종 집단, 소비자 집단들은 모두 이런 분류와 선별 장치들에 노출돼 있다. 이들 장치는 데이터의 구성물로 가상적 형태를 띠고 있지만, 현실 세계에서 살고 있는 사람들의 삶의 기회에 실질적으로 영향을 미친다.

이런 경향에서 부분적인 예외가 있다면 그것은 일본화라는 항목에서 논의됐던 작업장 감시와 관련된 것이다. 하지만 다른 곳에서 지적했듯이,[60] 이 분야도 좀 더 전통적인 업무 수행 데이터와 행동 데이터뿐만 아니라 생체 인식 기술을 기반으로 한 차별적 감시 기술의 효과로부터 자유롭지 않다. 다른 한편, 지식에 기반 한 위험관리는 오늘날 초국적 기업의 인사관리 방식을 이해하는 데 핵심 열쇠다. 이른바 일본화의 몇몇 측면들은 직원들의 직장 밖 생활에 대한 세심한 관심을 포함하는데, 이는 감시의 범위를 확장시킨다. 하지만 어느 경우를 막론하고 감시의 궁극적인 목적은 노동자들로부터 기업에 대한 더 큰 헌신과 높은 생산성을 이끌어 내는 것이고, 그렇게 해서 더 큰 이윤을 얻는 것이다.

감시 데이터는 전 세계를 자유롭게 이동한다. 많은 경우 그 목적은 위험을 줄이고 안전을 강화하는 것이다. 마약 거래나 국제 테러리즘 등과 관련해서 감시는 각국 정부는 물론 평범한 시민들에게 안도감을 선사하며, 이는 환영받을 만한 일이다. 적어도 2001년 9월 11일 세계무역센터와 펜타곤에 대한 테러 공격이 발생하기 전까지는 그랬다. 하지만 9·11 이후 안보 관련 감시는 획기적으로 강화되었고, 테러 공격이 상대적으로 원시적인 방법으로 이뤄졌음에도 최첨단 기술을 기반으로 한 선제 대응이 여전히 지배적이다.[61] 하지만 더 큰 문제는 이것이 누구의 안전을 위한 것이며, 위험의 실상은 과연 어떤 것이냐 하는 점이다. 앞서 언급했듯이 지구화는 초국적 자본주의의 이해관계에 기여한다는 점에서 무엇보다도 경제적인 현상이다.[62]

이 같은 지구적 경제 질서는 일자리를 위해 국경을 넘나들 각오가 되어 있는 기동력 있고 유연한 노동자를 필요로 하며, 서로 경쟁하는 국가와 기업들이 소중히 여기는 정보 또한 필요로 한다. 지구적 경제 질서는 위험 계산을 추동하는 주된 힘이며, 위험 계산은 감시로 가능해진 자동화된 사회적 분류 작업에 반드시 필요한 범주들을 제공한다. 가난한 이주 노동자들에서부터 인터넷을 이용하는 부유한 사람들에 이르기까지, 모든 집단은 이 같은 분류 과정에 노출돼 있다. 지구화된 시장이 지배하는 세계에서 지역 수준의 일상적 관계들이 지닌 중요성을 지켜 내려면, 지구적 감시망의 교환 메커니즘에 접근할 수 있는 집단의 권력과 영향력에 대한 분석 및 비판, 그리고 도전이 반드시 필요하다.

제3부

감시 시나리오

19세기 말, 런던이나 뉴욕, 도쿄의 시민들은 매일의 삶을 지역적 개념으로 사고했다. 부유층은 이미 전신과 전화의 혜택을 누리고 있었지만 일반 사람들에게는 여전히 대면 접촉이 지배적이었다. 당시 사람들도 혼인신고를 한다거나 출생신고·사망신고를 해야 했을 것이며, 경찰력이 발전함에 따라 기록이 이루어지고 고용주가 노동자들의 작업을 감독했을 것이다. 그럼에도 일상생활은 대부분 정부 기관이나 체제의 통상적인 감시 바깥에서 이루어졌다.

21세기에 들어선 오늘날, 보통 사람들이 누리고 있는 삶의 모습과 얼마나 대조적인가! 이제 일상생활은 끊임없이 감시받는 중이다. 지갑 속 신용카드에는 바코드나 자기 띠magnetic stripes, 혹은 컴퓨터 칩이 내장돼 있어 수많은 낯선 기관들과 우리를 연결해 준다. 개인 정보는 광섬유 케이블이나 위성을 통해 기계들 사이를 넘나들면서 유포되는데, 우리는 이를 알기 어렵다. 도심의 거리를 걸어 다닐 때면 도처에 설치되어 있는 카메라가 우리를 감시하고, 고용주들은 우리가 약물을 복용하거나 유전적 질병이 있는지를 알아보기 위해 소변검사와 혈액검사를 요구한다. 심지어 우리가 사적인 것이라고 여기는 '개인용' 컴퓨터에서 인터넷으로 서핑한 정보도 마케팅 담당자들에게 넘어간다.

앞서 우리는 대면 접촉 관계와 개인들 간의 직접적인 소통으로부터 어떻게 멀어져 왔는지, 정보 인프라가 얼마나 엄청나게 확산·성장했는지, 감시 네트워크 안에서 개인 정보가 어떻게 흘러 다니는지 등을 검토함으로써 그 의미를 살펴보았다. 또한 감시를 가장 집중적으로 실감하는 장소가 왜 여전히 도시인지, 그리고 인간의 육체 자체가 어떻게 감시 데이터에 신호를 보내게 됐는지, 또 감시 데이터의 흐름이 어떻게 지구화되고 있는지에 관해서도 살펴보았다.

제3부에서는 더 나아가 감시사회의 의미를 세 가지 차원에서 살펴본다. 7장에서는 감시 문제를 사회학적으로 해석하는 주요 문헌들을 비판적으로 고찰한다. 감시에 관한 근대 이론과 탈근대 이론 중 우리의 이해를 돕는 데 유용한 이론들이 여럿 있겠지만, 현대의 복잡한 감시 시스템을 적절히 포착해 내기 위해서는 새로운 이론적 지침이 필요하다. 사회학적 해석에 관심이 없거나 정책 지향적인 독자들이라면 이 장을 건너뛰거나 대충 훑고 넘어가고 싶을 것이다. 그러나 이 장에는 이 책에서 전개하는 논의들이 어떻게 연결되는지에 관한 단서들이 포함되어 있다.

8장에서는 해석의 문제에서 정치의 문제로 넘어간다. 지금까지 나는 감시에는 양면성이 있으며 감시를 단순히 유해하다거나 사악한 것으로만 생각해서는 안 된다고 강조했지만, 실제로 우리를 분명 주저하게 만드는 요소들이 있다는 사실도 관찰했다. 그러므로 8장에서는, 저항이 필요한 상황이 분명 존재하며, 이런 저항이 어떻게 벌어지는지, 그럼에도 저항이 왜 종종 실패하는지도 조명한다. 마지막으로 9장에서는 문제의식을 좀 더 확장해, 감시 과정이 확연하게 진행되고 있음에도, 이에 대한 인식이 척박한 현실에서 이 사회는 어디를 향하고 있는지에 대한 질문을 던질 것이다. 감시는 탈근대로의 전환을 의미하는가? 감시사회는 기술 혁신과 '진보'의 필연적인 결과인가? 아니라면 21세기 우리의 삶에 너무나도 광범위하고 심원한 영향을 미치고 있는 이 발전 양식들에 도전하고, 현재의 흐름을 되돌리거나 변화시킬 여지는 있는가?

7
이론의 새로운 방향

1994년에 개봉한 영화 〈네트〉The Net에서, [주인공인 안젤라 베닛 역을 맡은] 산드라 블록은 어느 날 갑자기 정체성을 잃어버리고 만다. 다시 말해 전자 세계에서 자신을 설명해 주던 상징들을 모두 박탈당한 것이다. 평범한 사람에게 좀처럼 일어나기 힘든 상황에 처한 주인공은 자기 자신의 상징들, 신뢰의 증거들을 다시 꿰어 맞추기 위해 필사적으로 온갖 수단들을 강구한다. 그렇게 하지 않으면 그녀의 존재는 사라지고 고통스러운 익명의 존재로 전락할 것이기 때문이다. 빔 벤더스의 1991년작 〈이 세상 끝까지〉Until the end of the world가 전하는 이야기는 또 다르다. 이 영화에서 일급 기밀장치•를 가지고 있는 윌리엄 허트William Hurt는 산업 스파이에게 쫓기는 중이다. 전 세계를 누비는 숨 막히는 추격전은 실제 세계뿐만 아니라 전자 세계에서도 펼쳐지며 호주의 오지에 이르러서야 속도가 느려진다. 그리고 거기에서 영화

• 촬영자의 뇌 작용을 기록해 컴퓨터를 통해 실명자의 뇌로 전달함으로써 세상을 볼 수 있게 하는 카메라.

가 끝난다. 이 영화는 우리를 연결해 준다고 여겨지는 정보·통신 기술에도 불구하고, 자신에 대한 이해와 진정한 인간적 접촉이 만만치 않은 일임을 탐구한다.[1]

  [개인의 정체성에 관해 서로 다른 방식으로 이야기하고 있는] 이 두 영화 사이의 긴장은 감시에 관해 무언가를 얘기해 준다. 우리는 상황을 관리하기 위해, 그리고 정체성과 자격을 인정받기 위해 감시 기술에 의존한다. 그러나 이 기술은 정작 우리의 관계에 의미 있는 교감을 불어넣어 주기는커녕 우리 삶에 대해 만족스러운 설명조차 제시해 주지 못한다. 그리고 지금까지 살펴본 것처럼, 감시 기술은 우리의 삶을 원하지 않는 방향으로 움직이게 하거나 사회생활에 참여하지 못하게 하기도 한다. 감시를 이론화할 때, 새로운 기술에 대한 이해는 삶의 경험이라는 중요한 차원을 벗어나기 쉽다. 육체의 구조적 소멸, 다시 말해 대면 관계가 사라진 상황에서 개인의 정체성을 확인하기 위해서는 감시에 의존할 수밖에 없다는 점을 전제로 할 때, '살아 있는 구체적 개인'이 회복될 전망은 있는가?

  21세기로 접어들면서, 사회변동을 이해하는 데 정보·통신 기술이라는 변수가 중요해진 것은 분명하다. 전 지구적 소통과 일상의 삶 모두에서 컴퓨터에 대한 의존은 중요한 특징이 되었다. 현대 세계에서 지구화와 일상생활은 어느 정도는 컴퓨터와의 관계를 통해 구성된다. 세계 어느 나라도 정보 인프라 구축의 기회를 놓치고 싶어 하지 않는다. 마찬가지로 전화나 텔레비전, 인터넷에 대한 접근과 관련해 정보 흐름의 네트워크로부터 배제되기를 바라는 시민이나 소비자들은 거의 없다. 그러나 정보사회의 이면은 바로 감시사회다. 전자적으로 연결된 세계는 정보사회와 감시사회라는 두 가지 방식으로 작동한다. 전자적으로 연결된 세계는 지구촌을 바로 우리 문앞에 가져다준다. 그와 동시에 우리에게서 개인 정보를 빼내, 우리 삶의 기회에 영향을 미치기 위해 이를 처리·조작·거래·이용한다.

어떻게, 왜 이런 일이 벌어지는지를 설명하기 위해 많은 논쟁이 있어 왔다. 정보·통신 기술의 사회학은 전산화가 관료적 조직화와 같은 사회과정을 어떻게 강화하고 때로는 변화시키기도 하는지를 설명하면서 시작되었다.[2] 신기술을 가장 먼저 도입한 것이 국민국가와 자본주의 기업이기 때문에 어떻게 세력균형이 깨질 수 있는지 혹은 어떻게 사회적 통제가 완화될수 있는지 하는 문제들이 대두되었다.

앤서니 기든스는 전체주의 정부가 들어설 가능성이 점점 커진다고 경고했으며, 게리 T. 마르크스는 미국에서 치안 활동에 사용되는 '새로운 감시' 기술이 미래 '극단적 감시사회'maximum surveillance society의 전조일지도 모른다고 우려했다.[3] 이런 설명에서는 사회학적 분석에 관한 고전적 관심이 다시 등장한다. 우리는, 의식하고 있든 아니든 간에, 언젠가는 우리를 압도할지도 모를 사회적 힘들의 생성에 참여하고 있다. 좀 더 거대한 통제라는 꿈은 독립적 주체로서의 우리를 해체하는 부메랑 효과를 낳을 수도 있다. 이런 설명은 '근대적 기계의 복수'라는 고전적인 이야기를 떠올리게 한다.

그러나 컴퓨터가 단순한 근대적 기계 이상의 어떤 것이라면? 컴퓨터가 근대성 그 자체의 사회적·문화적 변환과 관련이 있다면?[4] 따라서 이렇게 추정되는 변환에 적합한 새로운 해석 방식이 필요하다면? 만약 그렇다면 전체적인 그림은 어떤 식으로든 달라질 것이다. 오늘날 감시가 지닌 사회적 선별과 분류의 권력, 그리고 감시의 존재이유인 위험관리의 급속한 성장과 함께 제기되는 문제들은 새로운 함의를 갖는다. 판옵티콘 같은 옛 모델들을 수정 혹은 거부해야 한다는 뜻일까? 어느 쪽이든, 오늘날 감시를 이해하는 데 필요한 새롭고 건설적인 이론의 방향은 어떤 것일까?

이런 질문들은 데이터베이스가 어떻게 하나의 담론으로 인식될 수 있는지,[5] 혹은 어떻게 감시가 시뮬레이션의 양식 안으로 미끄러져 들어가게 되었는지를 보여 주는 흥미롭고 중요한 수많은 연구들을 자극해 왔다.[6] 이들 연구는 고전적인 사회학 연구보다는 미셸 푸코나 장 보드리야르의 연구에서 실마리를 찾으면서, 한 걸음 더 나아가 과거의 접근 방식들이 왜 더 이상 적절하지 않은지를 보여 주려 한다. 예를 들어 관료 조직에 대한 막스 베버의 사회학에서 중요한 전제가 되는 합리적이고 자율적인 개인은 '인류학적 불변체'[7]라기보다는 일종의 구성물로 볼 수 있다. 마크 포스터는 이제 컴퓨터 데이터베이스가 '주체들', 더 정확하게 말하면 정체성이 분산된 '대상들'을 구성하게 될 것이라고 주장한다. 이 경우 지배에 대한 종속이야 여전하겠지만, 그 지배의 양식은 달라질 것이다. 벤담의 판옵티콘은 전자적인 슈퍼 판옵티콘에 자리를 내주게 된다.

판옵티콘 개념은 이렇게 서로 다른 설명들에 걸쳐 있다. 전지전능한 눈 all-seeing eye이라는 발상은 전자적으로 강화되면서 이 두 설명에서 공통으로 나타난다.[8] 그러나 그 용도는 완전히 다르다. 한편에서 이는 감옥의 구조를 자동화하는 현대적이고 공리주의적인 벤담 식 틀과 관계가 있다. 다른 한편 좀 더 탈근대적인 의미에서, 판옵티콘은 일종의 담론으로서 그것의 레퍼토리는 시뮬레이션에서 현실화된다. 문제는, 논쟁 참가자들 스스로가 주장하듯이 이 두 접근법은 서로 만날 수 없는 것인지, 아니면 문제의 현상에 대한 좀 더 완전한 그림을 함께 그려낼 수 있는 보완적 설명을 제공하는지이다.

이는 분석적인 이유와 정치적인 이유 모두에서 중요한 질문이다. 우선 이것은 사회학적 이슈를 제기한다. 정보가 포화상태에 이른 지금의 사회적 환경에 어떤 이론이 적합할까? 각 이론의 통찰력과 한계는 특정한 환경, 즉 감시의 디지털화라는 측면에서 살펴볼 수 있다. 그러나 두 번째로, 이 질문은 정치적인 측면과 크게 관련이 있다. (특히 규제나 저항 등을 포함해) 적절한 대응을 발전시키기 위해서는 무엇보다도 오늘날 감시사회에서 작동하는 권력이 어떤 것인지 이해해야 한다.

컴퓨터와 근대적 감시

감시 이론은 네 갈래로 분류할 수 있는데, 각각은 근대성에 관한 고전적 개념과 깊이 연결되어 있다. 다음 절에서는 탈근대 이론 몇 가지를 살펴볼 것이다. 감시는 국민국가, 관료제, 그리고 기술 논리라 부를 수 있는 것, 정치경제와의 관계 속에서 이해될 수 있다. 각각의 경우, 대단히 중요한 과정의 일부로서 기관/조직들이 개인의 삶에 대해 점점 더 일상적이고 체계적이며 집중적으로 관심을 기울이고 있는 (따라서 '감시'가 되는[9]) 데 강조점을 두고 있다. 또한 1960년대부터 감시 기능을 강화하고 확대하기 위해 전산화가 추진되었다는 점에 주목한다.

앞으로 확인하겠지만 이런 설명에는 한계도 있는데, 여기서 간단하게 짚어 보자. 컴퓨터는 마치 외부에서 들어온 어떤 부속물로 여겨졌다. 그 결과 기술은 종종 사회관계와 무관한 요소로 간주되는 경향이 있으며, 그 기술이 '적용된' 별개의 분야들 내에서만 내재적인 것으로 간주된다. 전산화된 감시가 확산되고 미셸 푸코의 탁월한 '권력-지식' 연구가 등장하고 나서야 비로소, 서로 다른 분야들 간의 공통성을 포착할 수 있는, '감시 연구'라고 부를 만한 하위 분야가 자리 잡을 수 있었다.[10]

네 갈래의 이론적 흐름이 지닌 특징을 간략히 살펴보면 다음과 같다. 국민국가에 중점을 둔 접근은 지정학적·군사적 갈등 속에서 감시가 필요하다는 정치적 불가피성에 초점을 맞춘다. 이론적으로 이는 모스카Gaetano Mosca, 파레토Vilfredo Pareto, 소렐Georges Sorel, 미헬스Robert Michels의 연구에 바탕을 두며, 국가 안에서 이루어진 내적 통제에 초점을 맞춘다. 비록 시스템을 완벽하게 하려는 동기로 인해 국가 간에 갈등을 빚기도 하지만 말이다. 크리스토퍼 단데커Christopher Dandeker는 근대 감시의 군사적 기원이 과소평가돼 왔다고 주장했는데, 이는 정확한 이야기다.[11] 외부적으로 근대화 이후 오늘에 이르기까지 군사력은 점점 더 관료화되고 있으며, 이는 국내 치안 활동의 관료화와 나란히 진행되고 있다. 단데커가 보기에, 대외적인 군사적 관료화의 결과 국내 상황이 안정되며,[12] 이 둘은 모두 감시의 꾸준한 증가를 필요로 한다. 단적인 예로, 전문적이고 관료적인 군사력은 자본주의경제의 조세 시스템에 의존해서만 존재할 수 있다.

국가 감시의 극단적인 사례는, 국가보안위원회KGB(소비에트 연방), 슈타지Stasi(동독)처럼 강압적이고 무시무시하기로 악명 높은 비밀경찰을 운영했던 1989년 이전의 동유럽 사회에서 확실하게 찾아볼 수 있다. 하지만 조지 오웰은 『1984』에서 국가 감시와 관련해 가장 오랫동안 지속될, 가장 강력한 메타포를 만들어 냈다. 텔레스크린으로 불운한 윈스턴 스미스를 장엄하게 내려다보는 빅 브라더의 자비로운 얼굴, 그리고 진실부Ministry of Truth의 관료적 '거짓말'doublespeak이 바로 그것이다. 이를 공산주의에 대한 비판으로 이해할 수도 있겠지만, 사실상 그것은 모든 근대국가에 잠재해 있는 감시 체제에 대한 경고였다. 빅 브라더는 자본주의적인 맥락에서도 나타날 수 있다. 근대국가와 전체주의에 대한 기든스의 사회학적 경고 역시 동일한 이론적 토대에서 나온다.

[관료제와의 관계에 주목하는] 감시 이론의 두 번째 갈래는 그 주요 이론가가 막스 베버이지만 첫 번째 갈래와 밀접한 관계가 있다. 하지만 이 이론의 가장 대표적인 문학가는 조지 오웰이 아니라 프란츠 카프카Franz Kafka이다. 『심판』이 그렇듯이 정치적 통제에 관한 카프카의 소설들은 불확실한 어떤 존재에 의해 서서히 스며드는 끔찍한 공포를 묘사한다.¹³ 정보를 원하는 사람은 누구인가, 그들이 이미 알고 있는 것은 무엇인가, 그것은 정확한가, 그리고 그 비밀을 누설할 경우 어떤 일이 벌어지게 될까? 카프카의 소설이야말로 관료 조직 자체에 대한 베버의 냉정한 서술보다 관료 체제의 지배를 받는 사람들의 경험을 더 잘 표현한다.

(결국에는 똑같이 오싹해지는) 베버의 '철창 감옥'iron cage 개념은 국가들 간 투쟁이나 탐욕스러운 계급적 이해관계가 아니라 합리화의 산물로서 감시를 그리고 있다. 불합리성irrationality은 관료적 방법에 의해 성공적으로 제거되고, 합리적이고 예측 가능한 행정이 산출될 것이다. 감시 기능은 우선적으로 권력을 생산·재생산하는 지식과 각 개인에 대한 정보를 저장해 둔 음울한 자료들인 기록철files에 기초하고 있다. 베버에게 관료화된 감시는, 팽창하는 모든 근대국가가 부딪치게 되는 대규모의, 다루기 어려운 업무를 처리하는 데 있어 효율성을 확보할 수 있는 수단이다.

이런 베버주의적 접근법은 관료주의라는 맥락에서 전산화에 관한 몇몇 고전적인 설명들에 영감을 주었다. 그중에서도 제임스 룰의 선구적 연구인 『사적 삶, 공적 감시』Private Lives, Public Surveillance가 주목할 만하다.¹⁴ 룰은 종이 서류에서 컴퓨터 파일로 전환되는 과정을 강조했으며, 정부 감시의 요소들이 상업적 맥락에서 재등장한다는 것 또한 보여 주었다. 1960년대 말에 집필된 그의 책은 국가 영역에서 이뤄지는 관료주의적 과정들의 전산화뿐만 아니라, 급성장하는 신용카드 회사들의 활동에서도 유사한 과정을 발견할 수 있다는 사실을 다루고 있다. 룰은 거대한 관료적 기관들이 어떻게 새로운 영역으로 꾸준히 침투해 들어가는지, 이상적이고 전형적이며 총체적인 감시 상황을 비판적으로 평가하고자 했다. 이런 베버적 접근은 데이비드 번햄의 연구인 『컴퓨터 국가의 출현』The Rise of the Computer State[15]에서도 볼 수 있는데, 이 책은 컴퓨터 데이터베이스의 사용을 통한 국가 권력의 집중화를 특히 우려한다. 그 밖에도 기술 논리의 동기, 즉 근대적 감시에 대한 연구의 세 번째 갈래에 관해서도 많은 부분을 할애하고 있다.

자크 엘륄Jacques Ellul의 경우 그가 사회학에 미친 기여는 여러 가지 이유에서 주류로 보기 어렵지만,[16] 그의 연구는 특히 근대성의 기술 논리에 대한 통찰을 보여 준다. 기술이라는 용어를 가공물과 과정 모두를 가리키는 것으로 사용한 다른 많은 학자들과 달리 엘륄의 연구는 좀 더 광범한 의미로 '기술'la technique이라는 개념을 사용했다. 엘륄이 말하는 '기술'은 기계를 사회 안에 통합시키는 것, 기계가 필요로 하는 사회적 세계를 구성하는 것이다. 그것은 목적 지향이라기보다는 수단 지향으로, 최상의 작동 방법을 집요하게 추구하며, 그런 과정에서 인간을 끊임없이 좀먹는 것처럼 보인다. 그것은 자가 증식하고, 비가역적이고 모든 것을 망라하는 경향이 있으며, 기하학적으로 발전한다. 엘륄은 치안 유지 활동을 일례로 들고 있다. 치안 유지 활동이 기술적으로 강화됨에 따라, 잠재적 범죄자들을 더 효과적으로 파악하기 위해 점차 모든 시민을 감독하려는 경향이 있다. 다시 말해 사람들의 눈에 띄지 않는 치안 기술의 완성은 모든 사람을 세심한 감시 아래 두는 것이다.[17]

20세기 후반에 이르자 치안 유지 활동에 관한 많은 사회학적 연구들이 엘륄에게 경의를 표하기 시작했다. 이에 관한 적절한 사례로, 미국의 비밀 치안 유지 활동에 관한 게리 T. 마르크스의 유명한 연구가 있으며, 에릭슨과 해거티가 쓴 『위험 사회의 치안 유지』*Policing the Risk Society*가 있다.[18] 엘륄의 명료한 아이디어들 가운데 일부는 감시 연구 분야의 다른 연구자들에게도 영향을 미쳤다. 예를 들어 랭던 위너Langdon Winner는 '기능 확장'● 이라는 개념을 사용해, 디지털화된 신원 확인 번호 같은 감시 기술이 일단 자리 잡으면 이는 다른 목적들로 확장하는 경향이 있다고 주장한다.[19] 오스카 갠디는 "여기에 지능과 욕구, 혹은 어떤 통합적인 실재integrative reality를 부여하는 것"에 대해 경고하면서도, 개인의 기록을 유지·관리하는 시스템의 확장과 정밀 마케팅을 엘륄이 말한 '자기-완결적 시스템'의 연장선상에서 이해한다.[20]

엘륄의 작업은 '기술'의 권력을 경험적으로 상세하게 논증하기보다는 하나의 경향을 보여 주고 있지만, 적어도 치안의 첨단 기술화에 관한 한 그의 두려움은 분명 타당하다. 오늘날 첨단 기술 방식들로 인해 관료들은 법적 근거뿐만 아니라 보험회사의 규범에 따라서 움직이는 정보 중개인이 돼버렸다.[21] 소비자 집단을 여러 범주로 나누고 사회적으로 분류하는 전략 아래 등장한 데이터베이스 마케팅으로 인해, 우리 각자는 전자 상거래가 지닌 함의를 생각하게 된다.

어떤 이들은 엘륄 식의 접근 방식이 가진 난점이, 저항의 정치 또는 기든

● 기능 확장(function creep) : 기술이나 시스템의 사용 확대가 애초의 목적을 뛰어넘어 프라이버시를 침해할 가능성이 있는 상황으로 발전하는 것을 뜻한다.

스가 '통제의 변증법'이라 부르는 것에 대해 상대적으로 관심이 부족하며,[22] 명백한 결정론을 따른다는 것이라고 주장한다. 엘륄이 자신의 연구 전반에 걸쳐 결정론을 강하게 주장했기 때문에 나는 이를 '명백한' 결정론이라 부른다. 하지만 내가 보기에 그는 기술의 부정적인 표현만 보려는 본질주의적 해석을 하고 있는 것은 아니다. 비록 그의 저작들 중 일부가 이런 결론에 이르고 있다 해도 말이다.[23] 또한 제2차 세계대전 기간에 레지스탕스 활동을 한 것으로 높이 평가받는 사람이 기술에 대해 정치적 물음을 던지지 않는다면 이 역시 놀라운 일일 것이다.

현대 감시 이론의 네 번째 갈래인 정치경제적 접근법은 새로운 기술을 서로 대립하는 이해관계들의 전장에 단단히 자리매김한다. 따라서 적어도 원칙적으로는 감시의 논쟁 가능성을 좀 더 강조하게 된다. 실제로 몇몇 정치경제적 접근법은 자본주의 기업들과 전 지구적 자본주의 체제의 위력을 강조하고 있어서, 감시의 확대를 추동하는 힘은 몇몇 엘륄 식의 설명에서와 마찬가지로 거의 극복할 수 없는 것처럼 보일 정도다. 여기에서 감시는 다른 계급의 이해관계에 맞서 특정 계급과 그 계급의 이해관계를 재생산하기 위한 전략적 수단으로 간주된다. 특히 이 같은 전략은 자본주의적 생산관계에서 일반적인데, 초기 산업화 시기에는 노동자들을 한 공장에 모아 둠으로써 소유주나 관리자들의 눈에 좀 더 잘 띄게 해 중앙의 조정과 통제를 쉽게 했던 것이다.

마르크스주의적 관점에서의 감시 연구 또한 해리 브레이버만Harry Braverman을 비롯한 다양한 저자들에 의해 이뤄졌는데,[24] 이로써 작업장 권력의 본질에 대한 기나긴 논쟁이 촉발되었다.[25] 1970년대와 1980년대에 이르러 이 논쟁은 소비자 자본주의 국면의 정치경제를 아우를 만큼 성공적으로 확장되었다. 예를 들어 프랭크 웹스터Frank Webster와 케빈 로빈스Kevin Robins는 작업장에서 이뤄지는 테일러주의적 감시뿐만 아니라, 소비자의 행동에 대한 데이터를 수집·처리함으로써 소비 행위를 관리하고자 하는 사회적 테일러주의 혹은 '슬로어니즘'Sloanism적 감시 양상에 대해서도 분석한다.[26] 그들은 전자적 판옵티콘이 작동하고 있다고 말한다.

개인 정보의 정치경제에 대한 또 다른 주요 연구로는 갠디의 『감시 분류 기술』The Panoptic Sort을 들 수 있다. 그의 연구는 베버식 접근법에 상당 부분 의존하면서도(마케팅의 합리화), 중심 메타포와 분석 도구로서 푸코의 판옵티콘 개념을 사용한다.[27] 갠디의 접근법은 유용하다. 그는 소비자 감시란 판옵티콘의 원칙에 따라 작동한다고 보는데, 여기서는 개인 정보를 이용해 사람들을 소비 유형들로 분류한다. "전자 기술은 서로 다른 집단에 서로 다른 경제적 가치를 부여하기 위해, 그리고 불평등의 생산을 전산화하기 위해 사용된다. 이 차별적 기술은 …… 가치가 높은 대상들, 다시 말해 구매력이 높은 사람들을 선별해 내는 동시에 그렇지 않은 사람들은 버린다."[28]

이들 감시 이론의 네 가지 갈래는 감시가 근대성과 관련해서 왜 그렇게 중요한지를 설명하는 데 도움이 될 만한 의미 있는 성과를 보여 준다. 좀 더 구체적으로 말하자면, 이들은 전산화가 어떻게 감시 기능을 다른 영역으로 확장할 수 있게 했는지는 물론, 특정 감시 기능들을 어떻게 강화하는지도 보여 준다. 국가권력의 정치적 필요는, 감시의 이면에 있는 오랜 역사적 힘을 불러낸다. 국가 권력의 정치적 필요를 강조하는 시각이, 국가 간 군사 경쟁이나 경제성장에 관해서는 설명력에 한계가 있지만 말이다. 감시와 관료제의 결합은 근대성에 깊이 뿌리 내리고 있는 것으로, 합리화를 지속적이고 간단없이 추구한다. 예측과 예측 가능성에 대한 탐구는 전산화가 시작되면서 강화된다. 하지만 이런 관점이 다른 관점들과 연계되지 않는다면 논의는 일차원적으로 흐르기 쉬우며, 기술 발전이 본질적으로 합리화의 과정이라고 이해될 공산이 있다.[29]

결정론은 기술 논리의 산물로서 감시의 강화와 결부될 가능성이 높긴 하지만, 그럼에도 [기술 논리를 추종하는] 세 번째 입장에는 분명한 장점들이 있다. 특히 이 관점은 문화적 염원, 즉 완벽한 지식이라는 꿈이 기술을 통해 실현될 수 있으며, 감시가 대표적인 사례임을 강조한다. 효율성이라는 관료주의적 목표로부터 다른 목표들을 분리하고 나면, 감시가 어떻게 자가 증식하고 스스로를 정당화하는 것으로 인식되는지를 쉽게 알 수 있다. 기술의 도움으로 완벽한 지각을 얻고 싶다는 확고한 충동은 오늘날 문화에 깊숙이 자리한 욕망을 대변한다. 이는 엘륄 식 논거의 일부이기도 한 심리적이고 종교적인 차원을 보여 준다.

아무리 새로운 기술이 등장한다 해도 그것은 결코 우리의 요구를 완벽히 충족시킬 수는 없다. 동료 한 명은 폐쇄 회로 텔레비전 감시를 예로 들면서 이렇게 얘기한 적이 있다. "카메라 한 대를 갖게 되면 곧 옆 모퉁이 주변을 보고 싶어질 거야. …… 그러고 나면 어두운 곳에서도 잘 보고 싶어지겠지. 그러면 적외선 카메라를 추가하게 돼. 그러고 나면 더 세부적인 부분까지 보고 싶어질 테고, 강력한 줌 기능이 있는 렌즈를 덧붙이게 되지. 그다음에는 아마 저 사람들이 무슨 얘기를 하는지도 들을 수 있으면 좋겠다고 생각하게 되고, 카메라에 강력한 지향성 마이크를 추가하게 될 거야……"[30] 엘륄은 이런 기술·문화적 요구의 이면에 초월적인 기준들에 의지하지 않고 인간의 능력만으로 사회문제를 해결할 수 있다는 서구의 오도된 믿음이 깔려 있다고 주장한다. 이 믿음은 거의 종교에 가깝다. 그러므로 인간의 유한

함·유약함·의존성을 솔직하게 인정하는 것이야말로 이런 근대주의적 오만에 대한 엘륄 식 해법이다.

정치경제적 접근법이 이 같은 기술 논리에 회의적인 시선을 보내는 것은 놀라운 일이 아니다. 그들은 감시를 실행·처리하는 데서 국가와 경제의 역할을 매우 강조한다. 하지만 내 생각에, 이는 기술 논리적 입장과 모순된다기보다는 오히려 그 논리를 보완한다. 이 마지막 접근법은 우리가 (특히 감시와 관련된) 어떤 기술에든지 노출될 경우 주체의 지배적이거나 종속적인 위치들이 드러나리라는 점을 시의적절하게 보여 준다. 이런 시각이, 관료주의적 필요성을, 혹은 감시 상황에서 의식적인 행위자conscious agent의 역할을 얼마나 인정하는지는 이론가에 따라 다르다. 앞서 언급한 웹스터와 로빈스, 그리고 갠디는 둘 모두를 인정한다.

여기서 살펴본 현대 감시 이론의 네 갈래는, 전산화가 어떻게 우리에게 익숙한 절차들을 향상시키고 확장시키는지를 보여 준다. 이 과정에서 종종 중앙 집중화된 통제와 개인 삶의 침해 가능성이라는 새로운 두려움이 촉발되기도 한다. 이들 이론에서는 종종 기술을 사회적 삶과 분리된 외재적인 범주로, 사회적 삶에 나쁜 영향을 미치는 것으로 보는 경향이 있다. 이런 접근법이 21세기에 적절한 것일까? 기술은 이미 일상생활의 중요한 매개 수단이 되었고(우리는 휴대폰의 방해를 받거나 도로 모퉁이마다 놓인 현금인출기와 마주칠 수밖에 없다), 그 결과 사회적 관계의 점점 더 많은 부분이 기술에 의해 구성되고 있는데 말이다. 바로 이런 성찰은, 감시를 슈퍼 판옵티콘이나 시뮬레이션과 같은 용어로 재고해 보려는 노력을 불러일으켰다.

슈퍼 판옵티콘과 하이퍼 감시

감시의 디지털화에 대한 몇몇 급진적이고 새로운 관점들에 영감을 불어 넣었던 푸코가 컴퓨터에 대해 언급한 바가 없다는 사실은 역설적이다. 이들 접근법을 한데 묶어 탈근대적 시각이라 간주할 수 있을 것이다. 하지만 푸코 식 역설의 기원을 추적하기는 그다지 어렵지 않다. 푸코는 근대사회 통제의 한 전형으로서 판옵티콘이라는 개념을 대중화했다. [벤담이라는] 한 괴짜 사회 개혁가가 만들어 낸, 한때 감옥 건축에 대한 혁신적이고 영향력 있는 접근법으로 여겨졌던 것을 푸코는 근대 규율discipline의 모범적 본보기로 재조명했다.

18세기 말에 제러미 벤담이 설계한 판옵티콘 감옥에는, 수감자들이 간수가 누구인지 볼 수 없도록 감시탑의 내부를 가리는 정교한 블라인드 장치가 있었다. 역광으로 죄수들을 비추고, 죄수들의 모든 행동뿐만 아니라 유형까지도 분명하게 바로 파악할 수 있도록 분리된 감방들을 반원형으로 배치했다. 이런 발상은 규율 시스템을 자동화하고 죄수들의 자기 감시를 유도해, 실제로는 감시자를 거의 불필요하게 만드는 것이었다. 수많은 논평자들은 이제 소프트웨어 아키텍처*를 통해 전자 기술이 이런 판옵티콘의 완성을 가능하게 할 것이라는 사실에 관심을 기울여 왔다.

푸코의 통찰력 있는 분석이 판옵티콘과 전자 감시의 결합을 촉발시켰음

---

* 소프트웨어 아키텍처 : 소프트웨어의 구성 요소들 사이에서 유기적 관계를 표현하고 소프트웨어의 설계와 업그레이드를 통제하는 지침과 원칙을 말한다.

에도, 역설적이게도 푸코 식과는 전혀 다른 버전의 판옵티콘이 가장 먼저 출현했다.[31] 판옵티콘 테제는 굳이 담론 이론을 끌어오지 않아도 사회적 통제와 규율에 관한 기존의 분석에 들어맞는 것으로 보였다. 푸코의 분석에서 독특한 담론적 요소들을 골라내는 일은 마크 포스터가 맡았는데, 그는 "데이터베이스는 언어의 배열configuration"이라고 정의한다.[32] 이렇게 해서 포스터는 마르크스와 베버로부터 비롯된, 그가 행동 중심action-oriented의 감시 이론들이라고 부른 것과는 다른 방향으로 주의를 돌린다. 포스터에게서 데이터베이스가 상징과 표상을 다룬다는 인식은, 이들에게 포스트구조주의적 분석의 문을 열어 주는 것이다.[33] 이는 의심할 여지없이 이론을 좀 더 탈근대적인 틀에 위치시킨다.

포스터는 담론을 상세하게 설명하면서 이를 데이터베이스와 연계시킨다. 먼저 주체는 그 자체로 구성되거나, 언어를 통해 문화적 중요성을 부여받는다. 개인의 의식이 특권적 위상을 갖는 현대적인 맥락에서, 이는 주체가 자유/결정론과 같은 이항 대립 속에 고정되는 경향이 있음을 의미한다. 일상생활에서 주체는 호명interpellation이나 '호출'hailing을 통해 끊임없이 재구성된다. 따라서 우리는 일상적인 상호작용의 한 부분으로 주체에게 지정된 위치(학생, 피고용인, 택시 운전사, 회장)를 별다른 생각 없이 받아들인다. 여전히 언어의 단계에 있는, 이런 호명은 결코 완성된 것이거나 최종적인 것이 아니다. 심지어 정체성이 확고해 보이는 상황에서조차 이것은 재구성되고 도전과 저항을 받을 가능성에 열려 있다. 이와 같은 주체의 문화적 구성은 "담론이 어떻게 권력의 형태로 구성되었으며, 권력이 어떻게 부분적으로 언어를 통해 작동하는 것으로 이해되는지"를 보여 준다.[34]

포스터가 관찰한 것처럼, 푸코는 처벌과 섹슈얼리티에 관한 자신의 유명한 계보학적 논증에서조차 담론 권력 이론을 끝까지 고수하지는 않는다. 담론은 '지배 구조와의 관계 속에 주체를 위치 짓고 이 구조가 주체에 작용하도록 함으로써' 그 권력을 드러낸다.[35] 판옵티콘의 권력은 그저 늘 감시의 눈빛을 번뜩이는(아마도 그러리라 예상되는) 간수에게 있는 것이 아니다. 오히려 시스템의 실행과 총체적 담론을 주체에 새겨 넣듯이, 다시 말해 주체를 범죄자로 지명하고 그/그녀를 정상화해서 사회로 복귀시키는, 벤담 식으로 말하면 도덕적 교화moral reform를 이루는 방식 속에서 판옵티콘의 권력은 분명하게 나타난다.[36] 포스터는 컴퓨터 데이터베이스가, 다시 한 번 주체의 구조를 재구성함으로써 '슈퍼 판옵티콘'으로 작동하기 위해 판옵티콘의 원리를 교도소 밖으로, 주류 사회로 옮겨 놨다고 본다.[37]

포스터에 따르면, 데이터베이스는 기존의 비전자적 글쓰기writing에 비해 (권위의 원천인) '글쓴이'author와 글쓰기를 분리함으로써 글쓰기를 확장시킨다. 데이터베이스는 또한 글쓰기에 (공간적으로 이동 가능한) 새로운 이동성과 (시간적으로 보존 가능한) 지속성을 추가한다. 데이터베이스의 '텍스트'는 어느 누구의 것도, 그렇다고 모두의 것도 아니다. 그것의 소유주는 도서관·기업·병원 같은 기관들이며, 데이터베이스의 텍스트는 이 기관들의 권력을 증폭시킨다. 사람들은 이를 알고 있으며, 때때로 여론 조사원pollster에게 이런 두려움을 드러내기도 하고, 회원 가입이나 보증서 작성에 필요한 정보 제공 요청을 거부하기도 한다. 그러나 동시에, 저항의 순간에서조차 권력은 쉽게 확대된다. 이는 주체들이, 휴대폰으로 통화를 한다거나, 자동화된 은행 현금 이체 서비스를 이용한다거나, 인터넷 예약 등을 함으로써 스스로 감시에 끊임없이 참여하고 있기 때문이다. 따라서 포스터는 다음과 같은 결론을 내린다. "개개인들은 자신의 판옵티콘 통제 회로에 스스로를 연결함으로써, 의식을 자기 해석의 기초로 간주하는 베버와 같은 사회적 행위 이론들은 물론이고, 피부 보호막 뒤편에 있는 은밀하고 주관적인subjective 마음에 의미를 부여하는 자유주의자들을 비웃는다."38

개인 데이터베이스는 사회보장 번호와 같은 신원 확인을 위한 상징들을, 청구된 보조금이나 세금 납부 기록 같은 것들과 연계시킨다. 기업에 대해서는, 구매나 거래 기록을 통해 [기업이 지켜야 할] 법규의 준수 여부나 구매 습관에 관한 그림을 그려낼 수 있다. 포스터는 이런 것들을 푸코가 말한 '분화의 그물들'grids of specification의 사례로 간주할 수 있다고 주장한다. 주체는, 기록이 자동적으로 확인되거나 다른 것과 대조될 때마다 그것과 관련된 개인에게 조회하는 일 없이, 원격 조정 컴퓨터로 작동하는 데이터베이스 안에서 증식되고 분산된다. 이처럼 언어로서의 데이터베이스는 특정 행위를 수행한다. 컴퓨터는 '검색 가능한 정체성을 생산하는 기계'가 된다.39 따라서 전자적 호명은 주체가 어떻게 재구성되는지를 넌지시 암시하면서 글쓰기를 또 다른 영역으로 가져간다.* 동시에 이는 전체적인 과정 안에서 정체성의 변경 가능성뿐만 아니라 데이터베이스에 내재하는 지배의 가능성까지 드러낸다.

판옵티콘은 자신들의 내적 삶을 개선하고자 열망하는 주체를 만들어 낸다. 이와 반대로 슈퍼 판옵티콘은 정체성이 분산된 개인들, 다시 말해 자신들의 정체성이 컴퓨터에 의해 해석되는 것을 깨닫지 못하는 대상object을 만

---

* 언어로서의 데이터베이스가 작동함으로 인해 주체가 증식·분산되는 효과가 발생하는 것을 의미한다.

들어 낸다. 우리는 여기서 다시, 육체의 소멸과 마주한다. 근대적 감시는 개체화individuation와 관계가 있는데, 개체화는 인식 가능한 개별 주체를 다른 주체와 신중하게 구별하는 것을 말한다.[40] 그러나 탈근대적 감시는 좀 더 나아가 정체성의 증식multiplication으로 이어진다. 증식된 정체성들은 데이터가 구성하는 개인들로부터 분리된 것이지만 아직까지는 다시 연결될 수 있다. 이렇게 구성된 정체성들은 보드리야르가 '하이퍼리얼리티'●라 부른 것으로 다양하게 모사된다. 개인들은 새로운 형태의 현존을 갖게 되는 것이다. 포스터가 이야기했듯이, 이것이 바로 데이터베이스에 접근할 수 있는 모든 기관과 개인들을 규정하는 주체의 위치다.[41] 이런 시뮬레이션의 시작과 끝은 무엇인가? 이에 대한 한 가지 대답을 찾기 위해, 우리는 두 번째 갈래의 이론으로 돌아가야 한다.

윌리엄 보가드William Bogard는 시뮬레이션 감시 세계의 이론적 출발점으로 푸코보다는 보드리야르를 활용한다. 보가드는 감시에 대한 현대의 설명에서 결정적으로 누락된 부분이 바로 시뮬레이션이라고 본다. 다시 한 번 핵심 열쇠는 전자 기술이다. 가상이 실제 과정을 대신하고, 대상과 사건의 전자적 신호와 이미지가 실재를 대신한다.[42] 전쟁 게임 기술이나 스텔스 병기 등 군사 분야에서 시작된 시뮬레이션이 생태 환경 시뮬레이션이나 기업

● 하이퍼리얼리티(hyperreality) : 지시 대상도 사실성도 없는 이미지들이 실제보다 더 실제처럼 보이게 되는 현실을 의미한다. '과잉 현실', 또는 '파생 실재'로 번역되기도 한다. 하이퍼리얼(hyperreal)은 원천이나 실재 없이 실재적인 것의 모형들에 의해 만들어진 것을 가리킨다.

의 시장 시뮬레이션 등을 거쳐 감시 분야로 확산되어 왔다. 푸코와는 대조적으로, 보드리야르의 연구는 대부분 정보·통신 기술의 발달과 확산에 정확하게 발 딛고 있다.

보드리야르는 '전산화된 이미지가 프로그램의 기능인 것과 마찬가지로', 시뮬레이션은 코드와 모델을 사용한 '실재the real의 재생산'이라고 본다.[43] 시뮬레이션은 현실의 부재를 숨기는 동시에 '실재 효과'reality effect를 얻고자 한다. 현실은 이미지가 가리키는 것일 뿐(그래서 하이퍼리얼리티)이다. 이때 '하이퍼리얼'hyperreal은 '실재'에 우선하며 그것을 존재하도록 만드는 코드('신호화의 테크놀로지')이다. (다른 이들은 정보사회라 부르는) 보드리야르의 '텔레마틱 사회'telematic society에서 시뮬레이션은 '지배를 위한 책략'이다.[44] 이렇게 해서 코드는 지배와 통제의 양식으로 떠오르게 된다.

자신의 도해scheme에서, 보드리야르는 기독교의 성찬식에서 빵이 '예수의 몸'을 의미하듯이, 과거에는 이미지가 현실을 표현했다고 주장한다. 이후에 '거짓 외관'이 나타났고, 칼 마르크스는 이를 자본주의 질서의 환상과 물신이라고 공격했다. 정보화 시대는 세 번째 단계로 안내하는데, 여기에서 재현의 근대적 양식은 깨지고 이미지는 부재한 현실을 숨기기 위해서 제시된다. 여기에 실재는 없다. 보드리야르는 네 번째 시기, 즉 사회적 관계 자체가 하이퍼리얼이 되는 시기에 대해 깊이 생각해 볼 것을 촉구한다. 그가 논쟁적으로 제기한 바에 따르면, 이는 '사회적인 것의 종말'을 의미한다. 반면에 보가드는 이를 감시에 대해 깊이 생각하기 위한 출발점으로 봤다.

보가드의 설명에 의하면, '하이퍼 감시'hypersurveillant 통제는 감시를 강화하는 동시에 이를 최극단까지 밀고 나가려 한다. 컴퓨터 연산의 빠른 속도 덕분에 감시는 자신을 추월하고, 자신보다 앞서 작동할 수 있게 된다. 즉 행동이나 사건이 실제로 발생하기 전에 이미 사전 노출pre-exposure과 사전 기록pre-recording을 행사하는 기술이 되는 것이다. 지하철역에서 자살 시도를 예측하는 크로마티카 시스템이 좋은 사례다.[45] 보가드에게 판옵티콘은 단순히 디지털화된 것이 아니라 담론의 한 형태로 이해될 수 있다. 따라서 이것은 '노출과 기록의 전략'으로 간주되며, 감시가 스크린 뒤의 현실 세계가 아니라 스크린 위에 펼쳐지는 가상현실을 바라보는 모순적인 영역으로 이어진다. 포스터의 연구와 마찬가지로, 보가드의 텍스트에는 근대 이론의 설명에 대한 불편함이 드러난다. 보가드 역시 '마르크스와 베버를 넘어서기'를 갈망한다.[46]

여기서는 속도가 핵심이다. 감시 시뮬레이션의 이면에는 먼저 보고 미리 보기 위한 경주에서 이겨야 한다는 발상이 깔려 있다. 폴 비릴리오는 이를 '질주학'dromology이라고 부른다.[47] 이것은 관심을 현상으로 돌리고, 불확실성을 만들어 냄으로써 통제 기능을 수행한다. 이런 모습은 실제 판옵티콘에서 이미 등장했는데, 그 의도는 불확실성을 창출하려는 것이다.[48] 그러나 판옵티콘은 아직 발생하지 않은, '보게 될 수도 있는' 무언가에 관한 불확실성이 아니라, 관찰자가 지금 볼 수 있는 어떤 것에 대한 불확실성을 만들어 낸다. 이에 비해, 정보들을 조합하거나 예외적인 경우를 대비하기 위해 여러 정보 출처를 조직하는 컴퓨터 프로파일은 행동을 예측하려 든다. 그 결과 컴퓨터 프로파일은 정보화된 선입견을 만들어 내고,[49] 구입할 법한 상품을 미리 알려 주거나(전자 상거래의 경우 이는 특정 인물들에 대한 표적 광고로 이어질 것이다), 치안 컴퓨터 시스템의 경우에는 잠재적 범죄를 미리 경고하는 데 사용된다.

하지만 보가드는 정보화된 선입견이 단순히 권력의 차이를 정당화하기 위해 쓰이는 '거짓 이미지'만은 아니라고 말한다. 현실은 이미지를 닮기 때문에, 자기 지시적 예언에 더 가깝다는 것이다. 적어도 현대적 의미에서는, 신원을 확인할 때 [그 사람이 누구인지를 확인하는] 신원 확인보다 [그 사람이 어떤 자격이 있는지를 확인하는] 인증이 먼저 이뤄질 수 있다. 정확한 비밀번호나 암호가 있어야만 정상적인 삶을 계속 영위할 수 있으며, 만약 없다면 수상한 사람 또는 단순한 마케팅 표적으로 취급된다. 보가드의 이런 지적은 타당한가? 다음에 좀 더 이야기하겠지만, 지금은 일단 중요한 측면에서 그의 견해에는 경험적 내용이 부족하다는 점만 짚고 넘어가자. 반드시 틀린 것은 아니지만, 그는 감시라는 맥락에서 '현실이 어떻게 이미지를 닮게 되는가'라는 문제를 충분히 다루지 않았다. 이 과정에 관한 비판적 이해는 감시 연구에 중요한 기여를 하게 될 것이다.[50]

시뮬레이션 감시 기술에는 몇 가지 중요한 특징들이 있다. 이들은 경험적 사건들을 증명하고 기록하기보다는 '사실일 법한 것'을 시뮬레이션하며, 결국 주체의 불확실성을 강화한다. 이것은 특정 행동을 방해하고 예방하거나, 특정 행동을 유도하고 가능하게 하는 것을 목표로 한다. 일상생활이 전자 기술에 의해 중재되고, 스크린상의 사건들이 실제 경험을 대체할수록, 이런 기술이 작동하고 있다는 사실을 인식하기는 어려워진다. 푸코에게 규율이란 도덕적 행동 기준이나 제도적 필요에 맞춰 사람들을 정상화normalize하는 것이었다. 보가드에게, '텔레마틱' 사회의 개인들은 데이터의 흐름으로 관리되는 코드들에 따라 '극정상화'supernormalize된다. 또한 시뮬레이션 감시는 투명한 표면들, 멸균 지역, 이미지의 멈춤과 흐름의 관계 속에서 이해될 수도 있고 기술적 가상으로 이해될 수도 있다.

보가드는 "감시는 겉으로 드러난 세계의 이면을 보기 위해 표면 아래로 향하려고 하는 반면, 시뮬레이션은 표면을 훑어보는 역설"에 관해 논평한다. '보이는 것이 전부'라는 관점에서 보면, 인식은 실재와 환상 사이의 차이를 제거하기 위해 투명해진다. 다시 말해 현대사회의 감시가 깨끗하고 정화된 질서의 창조를 목표로 했다면, 시뮬레이션은 여기서 한발 나아가 완벽한 멸균을 열망한다. 보가드는 이것을 생체 의학적 감시, 그리고 그것이 수반하는 죽음의 순간이나 신체의 경계에 관한 불확실성과 연관시킨다.

또한 보가드는 감시가 기록의 수단이며, 따라서 그 자체로 이미 시뮬레이션의 징후를 보인다는 점을 관찰함으로써, 감시가 시뮬레이션으로 전환되는 것을 강조한다. (사건·단어·거래를) 기록할 때 사본이 만들어지면 (감시의) 흐름이 중단되지만, 그 결과 (사본에 의한) 새로운 흐름이 시작되기 때문이다. 이것이 바로 보가드의 다른 관찰들이 수렴하는 지점이며, 시뮬레이션이 완전한 통제와 관계되는 지점이고, 가상이 실제 이미지를 소멸시키는 지점이다.[51] 시뮬레이션은 감시의 한계를 넘어, 통제된 공간과 시간이 만들어지는 가상현실에 이르고자 한다. 환경은 완벽하게 통제될 수 있다. 정말이지, 더 이상 통제는 필요하지 않다. 환경이 바로 통제이니 말이다.

보가드의 시각은 끊임없이 우리를 하이퍼리얼의 영역으로 이끈다. 그렇게 함으로써 사회적 세계를, 내가 이 책에서 피하려 했던 방식으로 평면화시키는 경향이 있다. 그러나 이는 시뮬레이션 감시가 점점 큰 규모로 일어나지 않는다거나, 데이터 조각들을 기반으로 컴퓨터가 생성한 정체성들이 (이 정체성들은 주체성과 사회정의에 영향을 미친다) 감시 데이터베이스 안에서 실제로 유통되지 않는다는 것은 아니다. 오히려 문제는 모든 것이 한눈에 보이는 가상의 세계 속에서 감시를 추구함으로써 육체를 지닌 개인들의 실제 세계 그 자체가 사라진 것처럼 보인다는 점이다. 따라서 우리에게는 장

난스럽고 피해망상적인 동시에 정치적으로 무력한 전망이 남겨져 있다.

새로운 감시와 이론화

여기서 논의할 두 종류의 감시 이론은 완전히 다르게 보이는 설명들을 제시한다. 두 이론이 '마르크스와 베버 넘어서기'를 권고하고 있다는 점에 주의를 기울인다면 더 그렇다. 하지만 이 두 이론은 20세기 말부터 전자 감시가 강화되었음을 설명하고자 한다는 점에서 공통점이 있다. 또한 이들은 푸코의 연구, 특히 판옵티콘 연구가 이런 설명에 적합하다는 것을 인정한다. 나는 오늘날 감시 현실에 적합한 이론을 찾기 위해 마르크스와 베버, 그리고 여타 이론가들을 '넘어서는' 일이 필요하지만, '넘어선다는 것'이 이들 분석 양식을 완전히 포기한다는 뜻은 아니라고 주장할 것이다. 실제로 서로 다른 이론 양식들 간에는 중요한 연속성이 존재하며, 새로운 이론의 양상들은 기존 이론에 미묘한 차이를 덧붙일 수 있다. 이는 서로에게 도움이 되며, 적합한 감시 이론을 탐구하는 데도 유리하다.

고전적 성향의 이론들은 공통적으로, 20세기에 발전한 감시 과정의 사회적인(특히 제도적인) 뿌리를 탐색한다. 따라서 국가들 간의 군사 경쟁, 관료제로 표현되는 합리화, 그리고 자본주의의 계급적 명령을 현대적 감시에 필수적인 동학의 기원과 제공자로서 다양하게 조명한다. 각각의 이론은 감시가 제도와 기관의 권력을 확대시키는 것으로 이해될 수 있는 측면들을 강조한다. 제도와 기관은 개인들을 위치 짓고, 기록·관찰·감시·분류·처리하며, 상대적으로 불리한 위치에 놓인 개인들에게 적합한 권력을 행사한다. 각각의 이론은 또한 작업장이나 사무실, 도시계획이나 치안 활동 같은 서로 다른 영역에 적용될 수 있는 좋은 사례를 가지고 있다.

좀 더 전통적인 접근법들의 단점, 특히 신기술이 감시에 미치는 영향에 대한 이해와 관련된 단점들은 이렇게 요약할 수 있다. 특정 제도 영역에 대한 연구가 지닌 강점은, 종종 수렴 효과를 가진 신기술과 관련해서는 약점이 된다고 말이다.[52] 예를 들어 전자 기술이 채택되면 감독supervision과 감시 monitoring의 관리 기능은 모호해진다.[53] 마찬가지로, 제도 영역들 간의 공통성을 찾고자 하는 감시에 초점을 맞추면, 마케팅과 치안 등의 분야에서 볼 수 있다시피, 서로 다른 데이터베이스를 사용한 컴퓨터 매칭의 활용과 같은 특징들에 주목해야 한다. 그러나 전통적인 설명들에서 이런 두 가지 이야기를 동시에 다루기는 어렵다.

전통적인 접근법들이 지닌 단점은 또 다른 논점을 제시한다. 예전의 설명들에서 기술은 종종 일상생활을 조정하는 하나의 양식이라기보다는 '외재적'인 요소로 비춰졌다. 이럴 때 기술은 유연하고 신축적이며, 구성적이고 논쟁적인 특징을 지닌 것이라기보다는, 합리화나 효율성 창출 같은 어떤 본질적인 특징들을 드러내는 것처럼 보일 수 있다. 결국 정책에 대한 이론의 적실성과 관련해서, (고전적인 사회/개인 이원론의 측면에서 이해 가능한) 불리한 위치에 놓인 개인들에 대한 유별난 관심은 때때로 인구 전체가 겪는 체계적인 불이익의 문제를 놓치게 한다(물론 마르크스적인 접근법에서는 그렇지 않지만 말이다). 따라서 감시/프라이버시라는 이원론적 관계에서 프라이버시는 보완적 항목(즉 정책적 해결책)으로 간주된다.

새로운 이론들은 커뮤니케이션·정보 기술이 만들어 낸 차이에 분명하게 초점을 맞춘다. 포스터의 연구는 감시 이론을, 컴퓨터 데이터베이스의 언어, 다시 말해 담론 권력이라는 측면에서 재조정하려고 한다. 데이터베이스가 무엇을 **하는지**, 그 독특한 언어가 어떤 기능을 어떻게 **수행하는지**를 보여 줌으로써, 포스터는 감시 연구에 슈퍼 판옵티콘이라는 아이디어를 중심으로 하는 참신한 길을 열었다. 포스터는 데이터 주체가 데이터베이스의 '분화의 그물들' 안에서 놓이는 방식이 분화의 그물들 속에 내포된 지배뿐만 아니라 그것에 저항하는 것에 관해서도 많은 것을 드러내 준다고 주장한다. 마찬가지로, 보가드가 논했던 것처럼, 들뢰즈가 말한 '코드의 분리isolation'는 감시 시뮬레이션 내부의 권력 수단을 좀 더 깊이 드러낸다. 다시 말해 이 '체' 모양을 한 코드는 고정된 것이 아니라, 크리스틴 보이어Christine Boyer가 말한 것처럼 변형되고 요동하면서 끊임없이 작동한다.[54] 이는 컴퓨터를 기반으로 하는 기술이 사용됨으로써 감시 영역에서 만들어진 분명한 차이들에 대한 또 다른 통찰이다.

그러나 이런 새로운 이론들 또한 완벽하게 만족스러운 건 아니다. 포스터의 연구는 매우 시사적이기는 하지만 아직 충분히 진행된 것이 아니다. 마르크스와 베버 이론의 흥미로운 측면들을 인정하면서도, 그는 오늘날의 감시 문제를 설명하는 데 그 이론들이 어떻게 도움이 되는지를 설명하기 위해 그 이론들로 돌아가지는 않는다. 포스터는 오히려 그 이론들을 데이터베이스 언어와 담론의 세계에는 부적절한 행동 기반 이론으로 간주해 폐기한다. 그는 (푸코의 『성의 역사』에 나오는 핵심 개념인) '생체 권력'에 관해 간략하게 언급하고 있으며, 그것에 암묵적으로 기대고 있지만, 감시에 관한 설명에 생체 권력 개념을 온전히 통합시키지는 않는다.

포스터의 슈퍼 판옵티콘 개념이 실제로는 '생체 권력' 개념에 의존하고 있다고 주장할 수도 있다. 푸코에게 '생체 권력' 개념의 기원은 따분하게만 들리는 인구 통계학 연구에서 비롯된 것이었다. 그러나 생체 권력으로 인해

'지식-권력'은 인간 삶을 변환하는 동인이 됐다.[55] 이안 해킹Ian Hacking은 인구의 수를 세는 일이 "사람들을 분류하는 새로운 범주를 창출함으로써 인류에 관한 새로운 개념화를 창조하고 그것을 견고하게 만드는" 전복적 효과를 낳았다고 주장한다.[56] 이것을 컴퓨터 언어로 바꿔 보면 그 중요성이 드러난다. 이동성이라는 기조 아래 감시와 시뮬레이션이 대규모로 확산되고 자동화됐다는 데 주목하라. 이를 근대 초기의 상대적으로 정적인, 육체의 수를 세었던 인구조사와 비교해 보면, '도덕과학' 시대에 시작된 것이 오늘날 사회적 삶에 질서를 부여하는 코드에 분명한 영향을 미쳤음을 알 수 있다.

다른 한편, 보가드의 연구는 너무 멀리 나갔다. 보드리야르의 저술에서도 어느 정도 드러나는 문제이지만, 그의 과장된 산문체의 글은 논지를 명료하게 한다기보다는 모호하게 만든다. 패러독스와 모호함에 관한 그의 탐색은 중요하고 통찰력을 지니고 있지만, 그럼에도 매우 완강하고 벗어날 수 없는 전자 자극의 그물망처럼 보인다. 이 그물망의 본질적인 핵심은 탈사회적 영역들로부터 제멋대로 파생된 시뮬레이션이다. 보가드도 이를 알고 있는 듯한데, 그는 저항의 한 양식으로 '사이보그적 권태'cyborgian boredom를 언급하며 이야기를 끝맺는다. 그러나 이는 현실성이 별로 없다. 전자적 권태가 데이터 보호와 프라이버시 보호법이라는 자유주의적 해결책에 대한 하나의 대안으로 빠르게 자리 잡을 수 있을지는 회의적이다.

보가드가 그의 스승인 보드리야르와 똑같은 실수를 저질렀다는 사실은 불행하긴 해도 놀랄 만한 일은 아니다. 그의 작업에 생명을 불어넣었던 메타포가 사라지면서 보가드는 이 메타포가 그 자체 외에 다른 어떤 실재와 연관되는 것도 부정하는 듯하다.[57] 그 결과 디지털 코드만이 남는다. 하지만 보드리야르조차 "디지털적인 삶의 조건digitality이 오늘날 시뮬레이션의 형

이상학적 원리이며 …… DNA는 그 예언자"라는 점에 주목한다. '시뮬라크라*의 기원'genesis of simulacra은 유전자 코드에서 그 원형archtype을 찾을 수 있다.[58] 앞서 살펴본 것처럼, 컴퓨터를 이용해 DNA를 코드화하고 분류하는 일은 신비로운 특징을 지님과 동시에 실제 존재하는 개인과 특정 사회집단들에 대해 명확한 효과를 미친다. 다시 말해 피상적인 선입견과 자기 지시성에 빠지기 쉽다. 시뮬라크라는 실제로 '실재'에 도전한다. 그러나 그 범주들을 가치에 기반을 둔 것들로 바꾸어 내기 위해 범주들의 불안정성을 인정하는 사회학을 추구하는 것은 하나의 대안적 대응이 될 수 있다.

근대 이론과 탈근대 이론이 서로에게 유용할 수 있다는 나의 제안을 입증하기 위해 두 가지 사례를 들고자 한다. 하나는 판옵티콘을 치안 활동과의 관계 속에서, 다른 하나는 시뮬레이션을 도시 관리와의 관계 속에서 재고찰하는 일이다. 각각의 경우, 전자 기술의 독특한 효과들은 푸코와 보드리야르의 성찰을 통해 논의될 것이다. 하지만 그 효과들은 살아 있는 개인들의 삶의 기회, 그리고 물질적인 지형도의 실제 모습과 결합될 것이다.

1997년에 출간된 에릭슨과 해거티의 『위험 사회의 치안 유지』는 종종 대립하는 것으로 여겨지는 (미셸 푸코와 울리히 벡의) 관점들을 화해시킨다. 이들은 감시를 위험에 대한 대응이라는 측면에서 이해한다. 푸코가 말하는 권력의 미시적 작동은 일상적인 치안 활동에서 확인할 수 있는데, 이런 권

● 시뮬라크라(simulacra) : 보드리야르에 따르면, 시뮬레이션은 원본이 없는 복제를 만드는 작업이며, 그 복제를 '시뮬라크럼'(simulacrum)으로 지칭한다. 시뮬라크라는 시뮬라크럼의 복수형.

력의 미시적 작동은 통치성*을 위험관리와 연계시킨다. 네트워크 사회 안에서, 치안 활동은 매우 중요한 결절점을 형성하는데, 이를 통해 위험 평가와 관련된 데이터들이 유통된다. 수많은 방식으로 유발되고 보험회사들이 조장하는 점증하는 불안은, 위협을 억제하고 위험을 사회조직으로부터 비껴가게 하려는 노력을 통해 상쇄된다. 교육·사회복지·보건·고용, 그리고 특히 보험 등을 포함한 경찰 외적인 제도들은 경찰이 축적·제공하는 위험 관련 지식을 필요로 한다. 이를 위해 이들은 자신들의 정보 네트워크를, 거리의 순찰차로 대표되는 첨단 기술 이동 사무실과 연계된 지역 치안 활동을 통해 갱신·확대한다.[59]

영국에서 1998년에 제정된 '범죄 및 소요에 관한 법률'British Crime and Disorder Act이 좋은 사례다. 이 법으로 확인할 수 있는 것은 경찰이 보건이나 시정 활동 같은 다른 분야의 정보를 가져간 것뿐만 아니라, 시 정부, 보호관찰 당국, 교육 또는 보건 당국 등이 범죄를 줄이기 위해 필요한 치안 활동 기능을 떠맡았다는 점이다. '청소년 범죄팀'과 같은 새로운 조직도 생겨났다. 이런 조직들은 딱히 주도적인 기관이 없는 협력 기구들이다. 정부 기관들이 데이터를 서로 공유할 수 있게 되면서 치안 활동과 관련된 이런 협력 활동이 강화되고 있다. 하지만 영국의 정보 보호법은 개인 정보를 개별 기관들이 보유하고 처리해야 한다는 입장을 취하고 있다. 이는 앞서 확인한 감시 관행의 변화와 모순되는데, 조만간 논란의 대상이 될 것이다.

* 통치성(governmentality) : 미시적 대상을 국가적으로 관리하는 방식, 다시 말해 국가권력이 개별화된 주체들, 그리고 그들을 생산하는 권력을 포섭하는 메커니즘을 의미한다.

『위험 사회의 치안 유지』에는 판옵티콘에 관한 이야기가 거의 나오지 않는다. 이 책에서는 치안 활동을 설명하는 데서, 푸코의 『성의 역사』의 핵심 개념인 '생체 권력'을 판옵티콘 개념보다 더 중요하게 다룬다. 하지만 생체 권력에 관한 에릭슨과 해거티의 주장은 여전히 포스터의 슈퍼 판옵티콘에 관한 산만한 설명과 긴밀하게 연관돼 있다. 생체 권력은 국가와 시민사회 사이의 사회적 공간에서 국민을 구성하고, 이들을 규범norm에 적응시킨다. 에릭슨과 해거티는 현재의 치안 활동에서 '규범'은 위험 평가와 통계적 개연성, 그리고 관찰 가능한(혹은 모의 실험된) 행위와 관계가 있다고 주장한다. 슈퍼 판옵티콘을, 개인들을 여러 범주로 분화된 그물들 속에 위치 짓는 담론의 한 형태로 정확하게 인식한다면, 위험 평가와 통계적 개연성, 관찰 가능한 행위들은 똑같은 현상은 아니더라도 매우 비슷한 사례들로 보인다. 실제로 포스터는 슈퍼 판옵티콘을 강조하면서도 슈퍼 판옵티콘과 생체 권력의 연관을 인정한다. 그는 이렇게 지적한다. "이미 우리 사회에 널리 퍼져 있는 데이터베이스의 중요한 정치적 효과는 권력의 '통치적' 형태를 촉진시키는 것이다. 이는 모든 수준에서, 강압적 기관들이 사람들에 대한 지식을 활용할 수 있게 만드는 것이다."[60]

그러나 포스터와 달리, 에릭슨과 해거티는 행위자를 다시 자신들의 설명 속으로 엮어 넣는다. 그들은 일렉트로닉 페르소나electronic persona가 주체에 영향을 미치지만 주체와의 협력 속에서 작용한다고 주장한다. 에릭슨과 해거티는 생체 권력적 수단들을 통해 자신들에게 부과된 범주화를 개인들이 수용할 것이라고 주장한다. 두 사람에 따르면 생체 권력적 수단들은 사람들에게 범주별로 규약을 제시하는데, 정도의 차이는 있지만 사람들은 이 규약을 따른다. 피에르 부르디외Pierre Bourdieu를 연상시키는 이런 주장을 뒷받침

할 만한 근거들은 많이 제시되지 않았지만, 그럼에도 위험 사회와 감시라는 주제는 여러 측면에서 여전히 타당하다. 경찰의 순찰 업무를 통해 생산되는 두툼한 조서들 같은 경우 특히 그렇다. 따라서 통치성이 일종의 위험관리이며, 원격으로 주민들을 통치하기 위해 점점 더 도덕을 초월하는amoral 정치적 셈법에 따라 작동하게 된다는 주장은 신빙성이 높다. 이 이론에서 감시는 위험관리의 불가피성에서 비롯되며, 위험관리가 생성해 내는 규범 논리에 종속된다.

스티븐 그레이엄과 사이먼 마빈Simon Marvin은 『텔레커뮤니케이션과 도시: 전자 공간, 도시 공간』Telecommunications and the City: Electronic Spaces, Urban Places에서 사업을 어디에서 새로 시작하고 어디에서 끝내야 할지를 결정하는 데 신기술이 어떻게 쓰이고 있는지를 보여 준다. 전자의 경우, 이 책은 소매상들이 단골 고객을 만들기 위해 누구에게 특별한 노력을 기울여야 하는지, 무시해도 될 사람은 어떤 사람들인지를 알려준다.[61] 후자의 경우 그레이엄은 보가드의 '감시 시뮬레이션' 경구를 명시적으로 끌어와, 도시 설계라는 동일한 상황에 적용한다. 그러나 그는 보가드가 "감시 시뮬레이션의 실행이 그것이 토대로 삼는 사회 공간적sociospatial 관계의 생산에서 어떻게 구현되는지를 밝혀내는" 데 실패했다고 비판한다.[62] 그레이엄과 마빈은 감시 시뮬레이션의 중요한 통찰을 일부 받아들이면서, 이를 오늘날 도시에 관한 비판적 설명에 함께 엮어 넣는다. 이런 식으로 이들은 시뮬레이션이 상품과 서비스의 할당, 사회적 통제 방식과 어떻게 연관되는지를 논증한다.

1990년대 들어서면서 북미와 유럽의 소매업자들과 은행들은 점포 개설 위치와 투자 여부를 결정하는 데 인구지리학적 방법들을 점점 더 많이 사용하게 되었다. 인구지리학적 분석표에서는 우편번호를 이용해 잠재적 소비자들을 '낙서투성이 빈민가'나 '수영장과 정원을 갖춘 동네'와 같은 전형적인 집단들로 분류한다. 그 결과 소비와 지출 가능성에 관한 세밀한 지도가 작성된다. 이런 시뮬레이션은 현실을 정확하게 반영한 것으로 취급되고, 이와 같은 외부 세계의 이미지는 컴퓨터 안에서 그려진다. 컴퓨터 속에 입력된 이미지는 현실과 아무런 차이가 없는 것처럼 감시·조종되면서 현실 세계에 대한 구체적인 계획들을 세우는 데 활용된다.

그 결과 차별의 패턴이 강화된다. 감시 시뮬레이션은 빈곤 지역에서 은행과 소매점을 철수시키고 경제 여건이 좋은 곳에 이런 시설들을 집중시키는 경향이 있다. 그레이엄과 마빈은 이 과정을 '체리 따기'라고 부른다. 영국의 주요 은행들은 15년도 안 되는 기간 동안 전체 지점의 25퍼센트를 감축했는데, 어떤 지점을 폐쇄할지를 결정하는 데서 지리 정보 시스템을 사용했다. 또한 민영화된 영국 공기업들에서 진행된 구조 조정이, 돈벌이가 되는 시장만을 염두에 두고 돈이 되지 않는 사회적 책무나 공간적 기여를 줄이는데 감시 시뮬레이션을 이용했다는 사실도 아울러 보여 준다.

우리가 우연히 자리 잡고 살게 된 동네가 어떤 곳이냐에 따라, 앞으로 벌어질 법한 일은 개개인들에 대한 선별과 배제만이 아니다. 감시 시뮬레이션은 또한 삶의 기회와 운에 관한 좀 더 정확한 결정과도 연관되어 있다. 컴퓨터 덕분에 집에서 상품과 서비스를 구매하는 사람들이 많아지면서, 특정 가정의 구매 행태와 소비율을 측정할 수 있는 장치들이 늘어나고 있다.[63] 컴퓨터를 통해 예측된 소비자 이미지는 기업의 목적에 맞게 구성되는데, 씀씀이가 큰 사람들을 조사·탐지할 뿐만 아니라 신용 불량자의 블랙리스트를 작성하는 데도 쓰인다. 이때 이미지를 구성(시뮬레이션)하는 데는 관측 가능한 행위들만 포함되는데, 여기에는 자기 완결적 예언*도 해당될 수 있다. 물론 장애를 입었거나 관계의 붕괴 같은 것들이 빈곤의 원인이 될 수도 있고 제때 수요를 충족시키지 못하는 요인이 될 수도 있지만 시뮬레이션은 이런 요인들을 반영하지 않는다.

이 두 가지 사례에서, 서로 다른 이론적 원천들(이 이론적 원천들을 지지하는 사람들에 따르면 서로 어울리지 않는)에서 비롯된 통찰들이 결합된다. 이들 연구는 각각 푸코와 보드리야르의 발상들을 활용하고 있지만, 마르크스나 베버 같은 훨씬 더 고전적인 원천들에 바탕을 둔 사회적 분석틀 안에서 그것들을 활용한다. 포스트구조주의적 접근법은 마르크스와 베버 같은 고전적 원천들을 넘어설 필요가 있다고 보지만 이런 원천을 대체해야 한다는 것은 아니다. 고전적인 원천들을 적절한 방식으로 활용할 경우, 이들은 오늘날의 감시사회를 둘러싸고 있는 긴급한 이슈들에 대해 보완적인 통찰력을 제공한다. 어떤 이들은, 정보 기술에 의해 '새로운' 감시가 가능해졌다는 게리 T. 마르크스의 주장뿐만 아니라 '새로움'이, 각종 장애물들과 어둠, 거리를 극복하는 기술만큼이나 컴퓨터 데이터베이스에서 나타나는 담론 권력과 연관이 있다는 마크 포스터의 생각에도 동의할 수 있을 것이다. 마찬가지로 오늘날 감시의 핵심 요소가 시뮬레이션이라는 윌리엄 보가드의 의견에 동의하는 사람이, 시뮬레이션이 오늘날 감시의 핵심 요소라 하더라도 이

• 자기 완결적 예언(self-fulfilling prophecy) : 예측이나 기대가 실제 결과에 영향을 미치는 현상을 말한다. 부유층 학생들이 빈곤층 학생들보다 학업 성취가 높을 것이라는 기대 때문에 부유층 학생들이 공부를 잘하게 되거나, 어떤 기업이 도산할 것이라는 소문이 그 기업의 주가 폭락을 가져오는 경우가 대표적인 사례다.

것이 현실의 도시에서 실제로 이뤄지는 포섭과 배제로부터 우리를 벗어나게 하는 것은 아니라고 보는 스티븐 그레이엄의 의견에 공감할 수도 있다.

육체의 귀환

정말 이론다운 이론이라면 오늘날의 세계가 특정한 양상을 띠게 되는 과정들을 해석해 줄 방법을 제공하기 마련이다. 이 경우, 문제의 과정은 감시다. 우리는 역사적인 배경과 개연성이라는 두 가지 측면에서 어떤 일이 왜 특정 방식으로 일어나는지를 설명해 줄 이론을 기대한다. 이론은 어떤 식으로든 증명 가능한 경험적 증거, 사건, 경향들에 의해 제약을 받는다. 하지만 이론은 단순한 증거만을 가지고서는 결코 산출될 수 없다. 이론이란, 설명의 힘을 비유metaphor와 약속commitment 등에 의존하는 설득의 과정, 즉 논증이다. 비유와 약속은 증명할 수는 없지만 전제할 수밖에 없는, 이론의 요소들이다.

오늘날의 감시를 이해하기 위해서는 사회학적 상상력의 고전적 원천에 기대는 것만으로는 부족하다. 마르크스와 베버, 지멜과 같은 학자들은 매혹적이고 본질적인 통찰력을 제공한다. 하지만 정보 네트워크 사회에서 새롭게 등장한 요소들에 관한 실마리를 찾기 위해 그들의 이론을 뒤적거리는 것은 시대착오적이다. 이와 마찬가지로, 나는 새로운 기술을 인정하는 저명한 사회 이론들 중 일부는 감시가 초래한 문제들을 충분히 제대로 다루지 못했음을 지적해 왔다. 그 이유 중 하나는 이 이론들이 고전적 사회학의 유산들, 이 유산들과 실천 사이의 관계, 삶의 물질적 조건, 그리고 정치적 참여의 가능성을 묵살했기 때문이다.

나는 세련된 절충주의가 우리가 추구할 효과적인 방법 중 하나라고 생각한다. 이것은 여러 이론 조각들을 끼워 맞추기 위한 구실이 아니다. 이를 위해서는 '살아 있는 구체적 개인', 전지전능한 인식능력에 대한 문화적 강박, 감시의 정치를 인도할 윤리 등에 관한 좀 더 일관된 관점이 제시되어야 한다. 이런 요소들은 위에서 논의한 이론적 전통에서 소극적으로 다뤄지거나 아예 존재하지 않는 것들이다.

첫째, '살아 있는 구체적 개인'은 감시 이론에서(그리고 다른 이론들에서도) 계속 중심이 되어야 한다. 이것이 일상생활에 입각한 설명을 제공해 주고 고전 이론과 현대 이론을 연결해 주는 방법들을 제시하기 때문이다. 온통 미디어에 둘러싸인 사회적 관계의 세계에서는 육체가 소멸될지 모르지만, 늘 부대끼는 공간의 삶에서 우리 몸은 여전히 우정과 음식, 그리고 의미 있는 활동을 필요로 한다. 감시 데이터로 이루어진 탈육체화된 관계가, 이런 데이터의 원천인 행동이나 사람들의 구체적인 삶과의 접촉을 완전히 상실한 것은 아니다. 오늘날의 감시 조건 아래에서 기회의 불균등한 배분은 점점 더 자동화하기 쉬우며 따라서 실질적으로 강화되기 쉽다. 이 과정은 컴퓨터의 분화의 그물들 속에서 도출된 코드를 사용해 집단이나 개인들을 디지털 방식으로 정형화하는 것에 의존한다.

정체성의 분산과 증식이 지닌 또 다른 측면들은 개인들에게 능력을 부여하는 동시에 제약할 수 있다(이것이 어떤 방식으로 이루어지는지는 아직 충분히 이해되지 않았지만). 이 과정은 순수하거나 자율적인 것이 아니다. 감시 시뮬레이션은 단순히 컴퓨터 게임의 다소 변덕스러운 논리에 따라 작동하거나 정치경제적 공백 상태에서 발생하는 것이 아니다. 감시 시뮬레이션은 여전히 국가와 거대 기업들, 그리고 관료 조직들의 지시와 절차에 따라 작동된다. 개인 정보는 이런 부문들 안에서 그리고 각 부문들 간의 명확한 구분 없이 유통된다. 구체적인 개인들과 특정 집단들 각각은 특권을 누리거나 불이익을 받고, 네트워크에 접속되거나 차단당하며 뭔가를 할 수 있거나 제약된다. 이는 감시에 의한 전자적 분류와 관계가 있다.

둘째, 전지전능한 인식능력에 대한 문화적 강박이 좀 더 탐구되어야 한다. 이와 관련해 적절한 감시 이론을 개발할 수 있을 것이다. 새로운 감시 기술이 지닌 엄청난 기술적 능력과 위험관리의 등장 자체가 모든 것을 다 설명해 주거나, 모든 것을 시야에 포착할 수 있게 하는 것은 아니다. 엘륄은 인공물과 기술적 전문 지식, 정보 처리 과정들에 구현돼 있는 탈선한 지식의 위험성을 폭로한다. 심지어 그는 전자적으로 가능해지고 시뮬레이션 된 단계에서 감시의 측면들이 나타날 것임을 예견한다. 이것은 보가드가 감시 시뮬레이션에서 발견한 바로 그 양상으로, 컴퓨터로 인해 발전된 형태의 이른바 '완벽한 지식에 대한 꿈'이다. 엘륄이 우상숭배라고 맹렬히 비난한 것을 보가드는 사회과학 소설fiction의 자리에 올려놓는다. 보가드는 이것을 "볼 수 있는 것이라면 무엇이든 보고, 기록할 수 있는 것이라면 무엇이든 기록하는 것, 그리고 가능하다면 언제 어디에서나, 심지어 사건 자체가 발생하기도 전에 이런 작업을 완수하는 환상적인 꿈"이라고 말한다.[64]

감시 이론은 시뮬레이션이 갖는 이런 함의를 언제까지 무시할 수 있을까? 국가·자본주의·관료제가 조장하는 감시의 추동력에다, 전지전능한 인지능력에 대한 암묵적인 몰입의 요구를 추가하는 것은 전적으로 타당해 보인다. 이는 판옵티콘을 구상한 벤담의 오만에서 이미 발견할 수 있으며, 지금도 여러 사회적 변환 및 경제적 구조 조정 과정에서 끊임없이 요동치고 있다. 이를 진지하게 고려한다면 이론의 예언적인 힘(우리는 감시가 외부적인 요구뿐만 아니라 그 자체의 기술적 논리에 따라 확대될 것임을 예측할 수 있다)과 날카로운 비판력도 커질 것이다. 좀 더 상세한 데이터를 싹쓸이할 저인망에 대한 열망은 "신이 되고 싶다."는 갈망만큼이나 오래되고 불길한 것이다.[65]

셋째, 이론은 감시의 정치와 결합해야 한다. 오늘날 감시는 정보 인프라를 기반으로 하는 모든 사회에서 강력한 권력 수단이다. 따라서 이를 이해하고 그 부정적인 측면에 대항하기 위해서는 새로운 정치 참여가 필요하다. 감시는 일정한 형태의 사회적 관현악을 생산하도록 하는데, 그 악보는 오랫동안 지배적이었던 구성으로부터 만들어지고, 그 멜로디는 이를 알고 있는 음악가들이 참여해 만들어 낸다. 이 악보는 컴퓨터를 통해 부호화되고 분류되지만 즉흥연주도 허용되기 때문에 이 음악은 '클래식' 음악보다는 예측 가능성이 떨어진다.

악보 자체는 마디 중간중간에 음악가의 개성이 흘러들어 감에 따라, 또는 실제로 음악가들이 지배적인 선율을 자신만의 리듬과 선율로 바꾸면서 달라질 수 있다. 신시사이저가 도입되면서 컴퓨터의 힘은 음악의 범위를 확장시켰지만, 이와 동시에 새로운 한계도 부여했다. 이것은 정적이거나 엄격한 '음악' 생산은 아니지만 개개인의 위치를 결정하며, 온전한 사회적·정치적 참여로부터 개인들을 배제하기도 하고 참여시키기도 한다. 이때 참여와 배제의 기준은 전적으로 개인들이 선택한 것이 아니며, 추상적이고 자기 참조적인 데이터가 구현된 코드화된 악보를 결코 넘어서지 않는다.

그러므로 정치적 참여는 감시 상황과 과정에 이미 연관되어 있는 사람들에 의해 이뤄질 수밖에 없다. 그것은 감시 자체에 대한 반대가 아니라, 사회 정의와 개인의 존엄성에 대한 잠재적 위협과 현재 이뤄지고 있는 감시에 대한 원칙 있는 자각을 요구한다. 다음 장에서 나는 저항의 양식과 그것의 상대적 효과라는 측면에서 감시의 정치에 대해 살펴볼 것이다. 감시라는 함정을 통과해 이론과 정치 모두를 안내하는 윤리는 다시금 '살아 있는 구체적 개인'을 바탕으로 하게 될 것이다.

사람은 본질적으로 사회적이며, 따라서 커뮤니케이션은 반드시 필요하다. 여기에는 두 가지가 함의가 있다. 하나는, 소통 윤리에서 대면 접촉이라는 개념에 특권적 지위를 부여해야 한다는 것이다. 뚜렷한 이유가 있는 경우를 제외하면, 신뢰 관계에서 자발적으로 자신을 드러내는 것은 비난받을 일이 아니다. 둘째, 타자the Other에 대한 관심은 [인간을 다른 생물과 구별하는] 인간다움의 원초적인 요구라는 것이다. 전자적으로 확장된 이방인들의 사회가 기존의 고전적인 인종적 혹은 계급적 정형화에 더해 '낯섦'strangeness이라는 범주를 창출할 때, 타자에 대한 관심이라는 요구는 내버릴 것이 아니라 강조할 필요가 있다. 이런 특성은 또한 개인적인 것을 정치적인 것과 떨어질 수 없는 관계로 만든다.

8
감시의 정치

지나치게 수줍음이 많지 않다면, 자신이 수상자 후보로 올랐다는데 상을 받고 싶지 않은 사람은 아마 없을 것이다. 하지만 그런 경우가 있을 수도 있다. 만약 지금 당신이 프라이버시를 침해한 공로로 주어지는 올해의 '빅 브라더' 상 수상자에 선정되었다면 수많은 텔레비전 카메라와 기자들을 불러 모으고 싶겠는가? 국제 프라이버시 협회Privacy International는 1998년과 1999년에 각각 런던과 워싱턴에서 열린 시상식에서 으뜸상 수상자에게 사람 얼굴에 장화 한 짝을 갖다 댄 모양의 작은 청동상을 수여했다. 마이크로소프트와 연방예금보험공사가 '오웰' 상 수상자들 가운데 포함되었다. 아직까지 그 전망이 그리 밝지는 않지만 감시의 정치는 분명 점점 두드러지게 나타나고 있다.

감시 기술은 전자 기술에 힘입어 급속하게 확산·증식·복제 중이다. 눈에 잘 띄지는 않지만, 보안 카메라와 바코드, 개인 식별 번호personal identification number, PIN와 암호들은 일상생활의 일부가 돼있다. 이들 대부분은 예전보다 훨씬 감지하기 힘들고, 조심스럽고, 일상적이고 당연한 것처럼 삶 속에 자리하고 있다. 물론 감시하고 관찰하는 데 사용되는 도구들이 점점 눈에 덜 띄고 은밀해졌다고 해서, 감시가 확대되고 있다는 것을 사람들이 알아차리지 못하는 건 아니다. 무엇보다 보안 카메라는 주로 우리가 볼 수 있는 곳에 달려 있으며, 보안 카메라가 지켜보고 있다는 사실을 경고하는 표지판들도 있다. 생체 인식이나 DNA, 약물 테스트 같은 경우, 육체는 감시를 대부분 감지한다.

1970년대 초 프란시스 포드 코폴라Francis Ford Coppola 감독이 연출한 영화 〈도청〉The Conversation(1974)은 전화 도청의 윤리적 딜레마를 탐구했다. 그러나 당시에 전화 도청은 '특수한 사례'였고, 이는 지금도 마찬가지다. 이 영화에서 감시 전문가는 자신의 직업에 회의를 품기 시작하지만, 아이러니하게도 그 자신이 피해자가 되는 상황에 처한다. 영화는 그가 숨겨진 도청 장치를 찾기 위해 자신의 아파트 내부를 샅샅이 파헤치는 것으로 끝을 맺는다. 그로부터 겨우 20년이 흐른 뒤 토니 스콧Tony Scott의 〈에너미 오브 스테이트〉Enemy of the State(1997)는 우연히 "있어서는 안 될 시간에, 있어서는 안 될 곳에 있었던" 무고한 한 인간을 희생자로 그렸다. 그는 국가안보국의 부패한 관리에게 쫓기게 되는데, 그 관리는 GPS와 폐쇄 회로 텔레비전 장치를 갖추고 전력을 다해 추적을 벌인다. 영화 줄거리의 또 다른 한 축은 그 국가안보국 관리가 통신보호법Telecommunication Privacy Bill을 가능한 한 무력화하고자 한다는 것, 그럼으로써 안보의 정치, 시민적 자유를 중심 테마로 이끌어 낸다는 것이다. 감시의 정치는 1970년대에 그렸던 모습보다 1990년대에 훨씬 더 일반화되었다.

그러므로 감시는 단순히 우리 등 뒤에서 벌어지고 있는 어떤 것이 아니다. 평범한 사람들도 자신의 일상생활이 어떤 식으로든 감시받고 있다는 것을 알고는 있다. 그렇지 않다면 왜 십대 청소년들이 카메라 앞에서 장난을

치고 깐죽거리면서 카메라 시스템의 감시 활동에 적대감을 드러내고,[1] 노동자들이 구내식당 벽에 설치된 감시 카메라를 뜯어내겠는가?[2] 이처럼 개인적인 사례와 특별한 경우 이외에도 수많은 미디어와 시민운동 역시 이런 사실에 대해, 때로는 한 걸음 더 나아가 우리의 존재가 감시되고 있다는 사실을 경고한다. 하지만 앞서 소개한 영화나 소비자 단체, 인터넷 캠페인, 국제 감시 기구들은 감시가 진행 중이라는 것을 우리가 알게 되고, 따라서 윤리적 평가와 정치적 대응의 영역에 관심을 갖게 하는 경로들 가운데 일부일 뿐이다.

대부분의 감시는 그것이 정당하든 부당하든 기꺼이, 그리고 만족스럽게 받아들여진다. 하지만 어떤 감시는 위협감을 불러일으킨다. 오늘날 감시에 대해 나타날 수 있는 반응의 전체적인 스펙트럼은, 감시가 현재 진행되고 있는 맥락의 범위를 반영한다. 일반적으로 정부 부처가 시행하는 일상적인 행정 감시는 당연하게 여겨지는 반면, 이런 시스템 내에서 발생하는 실수나 남용은 두려움을 불러일으킨다. 후자의 경우 자율성이나 자유를 위협하는 것으로 여겨지기 때문이다. 이에 대한 방어적 대응에는 '프라이버시를 지키는 것', 간섭받지 않을 자유를 확보하는 것, 보복에 대한 두려움 없는 최대한의 참여를 가능하게 하려는 시도들이 있다.

직장에서 합법적인 감시와 비합법적인 감시 사이의 경계가 희미해지고 있다는 사실도 분명하다. 직장에서 감시 카메라를 사용하는 것이 적절한지, 업무 시간에 어떤 종류의 이메일이나 인터넷 사용이 적절한지를 둘러싼 논쟁에서 '사적인 것'의 범주는 점점 논란이 되고 있다. 후자의 사례는 또한 이런 질문들이 제기되는 조직의 범위가 늘고 있음을 암시한다. 생산 현장뿐만 아니라 전문 직종의 사무실에 이르기까지, 모든 종류의 직장 내부에서 전자 통신에 대한 의존도가 높아진다는 것은 필연적으로 감시라는 이슈가 발생한다는 것을 의미한다. 이런 경우 감시는 협상의 대상이 되고, 또 필요한 경우 저항의 대상으로 취급된다. 하지만 이때 저항은 종종 권리의 침해에 대한 불평 정도에서 그치는 경향이 있다.

상업적 감시가 빠르게 늘어나면서 감시와 저항이 부닥치는 영역이 확대되고 있다. 그 결과 스팸 메일에 대한 거부반응에서 나타나듯이 '혼자 있고 싶은' 욕망이나 개인 정보의 흐름을 스스로 통제하고 싶다는 욕망도 감시에 대한 저항에 포함될 수 있다. 그 결과 감시에 대한 대응 중 일부는 정치적 자유나 노동자의 권리를 언급하는 반면, 또 다른 일부는 우리의 자의식에 관심을 기울이거나 상업적 감시가 그려낸 소비자의 희화화된 모습을 어떻게 통제할 것인지에 주목할 수도 있다. 대개 소비자는 수동적인 상황에 놓이게 되는 듯하다. 이 점에 대해서는 연구가 필요한데, 예를 들어 해당 기업으로부터 홍보성 정보를 받고 싶지 않을 경우 많은 사람들이 등록 양식에 엉터리 정보를 적는 사례 등도 살펴볼 필요가 있다. 하지만 소비자 감시에 관해 대중의 의식이 높아진다 하더라도 의식의 발전이 소비자 감시가 발전하는 속도보다 훨씬 느리다는 것은 의심의 여지가 없다.

감시에 대한 반응은 상당 부분 프라이버시 보호라는 관점에서 이뤄진다. 이는 오늘날 정치에서 권리에 대한 관심이 높아지고 있다는 점을 감안하면 충분히 이해할 만한데, 대다수의 감시 행위가 침투성을 띤다는 점에서 적절한 것이기도 하다. 이는 또한 전자 상거래 방식을 용이하도록 만들기 위한 정치적 압력의 관점에서 이해할 수 있다. 클린턴 전 대통령은 2000년 연두교서에서 인터넷을 사용하는 모든 미국인에게 프라이버시를 보장해 주겠다고 약속했다. 그는 특히 금융 프라이버시를 보호하기 위해 고심했는데,

금융 프라이버시는 전자 상거래를 추진하고 그것에 관여하고 있는 사람들에게 가장 중요한 관심사다.[3] 하지만 프라이버시의 정치 역시 몇몇 중요한 측면에서 핵심을 놓치고 있다.

정형화된 이미지의 디지털화, [상업적] 유혹과 [위험관리를 위한] 의심의 범주화를 통한 불평등의 자동화는 근본적으로 좀 더 사회적인 성격의 대응을 필요로 하는데, 이는 정의라는 개념과 관련된다. 그러나 프라이버시의 정치조차 종종 인간의 존엄성이라는 개인적인 문제는 물론 사회적인 문제들에 대한 통찰을 놓치곤 한다. 인간 존엄성의 문제는 신뢰를 바탕으로 한 관계에서조차 우리 자신을 타인에게 드러내는 능력이 발휘되지 못할 때 제기된다. 그러므로 앞으로 프라이버시를 자주 언급하더라도 나는 그것이 좀 더 폭넓은 이슈와 맺는 관계를 강조하고 싶다.

또한 이 장에서는 전산화가 널리 확산된 1960년대 이후, 감시에 대한 다양한 대응을 살펴볼 것이다. 이런 대응은 대중적·정책적·정치적 수준에서 크게 늘고 있다. 이들 가운데 대다수는 긍정적으로 평가받고 있지만 프라이버시의 사회적 차원에 대해, 그리고 사회적 조율을 목표로 하는 감시가 지닌 심층적인 함의를 이해하는 데는 한계를 드러낸다. 그렇긴 하지만 상당수 대응들은 감시 이슈에 대한 인식을 좀 더 광범위하고 국제적인 규모에서 제기하는 사회운동들(나의 두 번째 관심사이기도 하다)과 결합해 왔다.

이것은 다시, 이런 종류의 대응들이 왜 지금 시기에 나타났는지, 그리고 변화하고 있는 정치적 맥락에서 그것이 의미하는 바는 무엇인지와 같은 문제를 제기한다. 예를 들어 이런 대응들은 울리히 벡이 말하는 위험 사회의 '하위 정치'sub-politics에 해당하는 사례들인가, 아니면 알베르토 멜루치Alberto Melucci가 말하는 정보사회에서의 '저항의 코드'에 속하는 사례들인가? 끝으로, 앞서 거론된 대응들이 얼마나 영향을 미치는지에 대한 일정한 판단이 필요하다. 특히 왜 저항은 일어나기 어렵거나 실패하는 경우가 많은지에 대한 물음을 던져야 한다. 현 추세가 계속된다면, 감시의 부정적인 측면들을 완화하거나 제거할 가능성은 있는가?

규제적인 대응들

1960년대 이래 개인 정보가 전산화(정보의 수집·저장·처리·전파)되면서 정보 인프라를 기반으로 하는 모든 국가에서 정책적 대응이 마련되었는데, 특히 유럽 국가들이 이에 앞장섰다.[4] 비록 정치 이슈화된 적은 거의 없지만, 통상 프라이버시라는 이름으로 통하는 것들이 조용히 하나의 정책 영역으로 자리 잡게 되었다. 이 이슈들에 대한 접근 방식은 국가들마다 크게 달랐지만, 지난 20세기 말 전반적인 합의가 이루어졌다. 영국은 데이터 보호 위원회를, 스웨덴은 데이터 수집자에 대한 허가제를, 독일은 옴부즈맨 제도를, 캐나다는 프라이버시 위원회를, 미국은 법원을 통해 정보의 공정 이용 원칙에 대한 일반적인 합의를 발전시켰다.

이들 원칙은 개인 정보를 어떻게 다루어야 하는지를 명확히 밝히고 있다. 정보 처리에 관여하는 사람들은 자신들에게 위임된 정보에 대해 책임을 져야 한다. 또한 정보 수집의 목적을 분명히 해야 하며, 정보의 원 소유자들로 하여금 그들의 정보가 수집되고 있다는 사실을 알리고 동의를 얻어야 한다. 개인 정보 수집은 이 원칙에 따라 명시된 용도에 한해서만 이루어져야 하며, 동의 없이 다른 이들에게 공개해서는 안 된다. 필요 이상으로 오랫동안 정보를 보존해서는 안 되며, 정보를 계속 보유할 경우에는 정확하고 완전한 최신 정보만 보유해야 한다. 보안장치가 제공되어야 하며, 정보관리 정책도 공개해야 하고, 데이터의 주인들은 자신의 개인 정보에 접근하고 수정할 권리를 보장받아야 한다. 이런 일반적 원칙들은 입법, 자발적인 규범, 국제 협약이나 기준 등으로 실현되어 왔으며, 이에 관련된 기관과 전문가·활동가·압력단체·변호사·기업인·학자 들에게는 그 자체가 중요한 성취다.

이들 원칙을 주창하는 사람들은 그 원칙들을 법률로 제정하는 것이 중요한 진전이라고 생각하는 동시에, 실질적인 변화를 이루자면 이를 더 광범위하게 전파해야 한다는 입장을 매우 분명하게 밝혀 왔다. 그 결과 몇몇 국가들에서는 자발적인 규약과 가이드라인의 내용에 정보의 공정 이용 원칙을 채택해 왔다. 한 예로, 캐나다에서는 상품 직거래 협회Direct Marketing Association가 이 원칙을 준수할 것을 장려하고 있다. 퀘벡 이외의 지역에서, 상업적 데이터베이스를 포괄하는 관련 법률이 채택되기 전부터 이 단체는 이런 방침을 세웠다. 더욱이 1995년에는 캐나다 표준 협회Canadian Standards Association가 전국 프라이버시 표준을 발표했다. 이 분야에서는 최초의 일이었다.[5] 현재 캐나다에서는 대다수 은행들과 기타 개인 정보 취급 기관들이 프라이버시 정책을 공표하고 있으며, 모든 신규 고객에게 이를 알리고 있다.

미국에서도 유사 사례들을 찾아볼 수 있다. 아메리칸 익스프레스American Express는 고객들에게 자신들이 영업을 위해 개인 정보 목록을 추적·비교한다는 사실을 공지하기로 뉴욕 주 지방 검사와 합의했다. 이런 행동 규범과 가이드라인 공표를, 1980년대 이래 많은 기업이 따랐던 '친환경' 표시와 유사한 훌륭한 홍보 방식이라고 여기는 이들도 있다. 그러나 이유야 어찌 됐든 이처럼 개인 정보가 공정하고 적절하게 처리된다는 느낌을 제공함에 따라 결과적으로 고객 만족도는 더 오르게 됐다.[6]

다른 한편, 기업이 왜 개인 정보를 수집하고 처리하는지를 감안해 볼 때 이런 정도로는 불충분하다며 이의를 제기하는 사람들이 있다. 기업은 자신이 고객을 염려하고 돌보고 있다는 인상을 주려고 한다. 하지만 그와는 별개로 기업들은 여전히 끝없이 개인 정보를 얻고자 갈망한다. 개인 정보 분석이야말로 오늘날 마케팅의 가장 중요한 수단이다. 그 결과 개인 정보는 대규모로 상품화되어 왔으며, 개인 정보의 거래는 많은 경우 통제를 벗어난 것처럼 보인다. 특히 의료보험과 신용 대출, 고용과 주택 신청 등을 위해 개인 데이터베이스에 대한 의존이 점점 늘고 있다는 데 주목할 필요가 있다.

미국에서는 현재 많은 소비자 단체와 개인들이 케네스 로던Kenneth Laudon이 '개인 정보의 상업적 이용에 대한 재산권'이라고 부르는 개념을 장려하고 있다.[7] 이 경우, 개인 정보는 그 개인의 허락을 받아야만 사용할 수 있으며, 데이터 주체가 알지 못한 상태에서 공개될 수 없다. 그뿐만 아니라 채무 불이행에 관련된 정보는 결코 공개될 수 없다. 제임스 룰과 로렌스 헌터Lawrence Hunter는 개인 정보의 교환이나 판매에 대해 사용료를 부과해야 하며, 나아가 '데이터 권리 기구'가 이런 과정을 감독해야 한다고 주장한다.[8] 아직까지 이런 제안들이 실행된 적은 없지만 적어도 미국에서는 이에 대한 관심이 점점 많아지고 있다.

다른 곳에서 내가 주장했던 것처럼, 주된 어려움은, 상업적 문제에 대한 상업적 해결책은, 개인 정보가 인간의 존엄성과 사회정의와 맺는 좀 더 심오한 관계에 대한 인식을 높이는 데 전혀 도움이 되지 않는다는 것이다.[9] 시장을 통한 해결책은, 특히 가치가 높은 데이터를 보유한 사람들에게는 제한적이나마 매력적이지만, 오늘날 감시에서 가장 중요한 불평등의 자동화를 줄이는 데는 별 도움이 되지 않는다. 그러므로 어떤 경우든 '개인 정보의 상업적 이용에 대한 재산권'이, 거리에 설치된 카메라의 디지털화된 이미지와 같은 다른 영역들로 확장되기란 거의 불가능하다.

아미타이 에치오니Amitai Etzioni 같은 현대 공동체주의자들은 또한 그 같은 해법들이 함축하고 있는 개인주의를 공격해 왔다. 에치오니는 프라이버시에 제한을 두어야 한다고 주장하면서 자발적 '공공성'publicness을 제안하는데, 그는 이것이 '정부의 통제와 간섭에 대한 필요를 줄일 것'이라고 믿는다.[10] 이방인들의 사회에서 잃어버린 신뢰와 호혜성을 (국가도 시장도 아닌) 시민사회의 '제3의 영역'에서 회복할 수도 있을 것이다. 이런 관점에는 그 자체로 뭔가 매력이 있다. 상호 배려는 분명 어디에서든 장려할 만하다. 하지만 에치오니의 해법은 전체 그림의 일부일 뿐이며, 오늘날 감시에 대한 다른 쟁점들 또한 진지하게 다루어야 한다. 이 쟁점들은, 한편으로는 국가가 아닌 다른 기관들이 대규모로 개입되어 있다는 것과 연관이 있고, 다른 한편으로는 선제적이고 예측적인 감시와 연관이 있다.[11]

1980년대부터 네트워크화된 세계가 빠르게 등장하면서, 공정한 정보 원칙들과 이를 기반으로 하는 데이터 보호 양식들에 대해 많은 도전이 제기되었다. 이 원칙은 유동적이기보다는 상대적으로 고정된 상황에서, 데이터가 빠져나갈 구멍이 많은 도관導管보다는 별개의 영역에서, 그리고 한 종류의 데이터만을 발견할 수 있는 상황에서 더 잘 작동할 법한 것들이다. 그렇다면 여기에 다른 차원의 데이터, 즉 생체 인식 정보와 DNA 검사 정보, 화상, 그리고 디지털 이미지 등이 포함된다면 어떻게 될까?

이에 대해 최소한의 해결책이나마 찾고자 컴퓨터 과학자들과 소비자 단체들은 다양한 연대 기구를 만들어 첨단 방식의 암호화를 통해 데이터 보호를 기술적으로 강화하는 혁신을 꾀해 왔다. 오늘날 인터넷 사용자들은 누구나 이런 기술들에 친숙하다. 사이트에 접속할 때마다, 혹은 특정 금융 거래를 할 때마다 인터넷 사용자들은 보안 관련 사항을 고지받는다. 다시 말해 새로운 양식의 기술적 보호를 탐구하도록 자극한 것은 무엇보다 전자 상거래의 성장이었다.

프라이버시 강화 기술은 1990년대에 크게 발전했다. 개인 정보에 대한 소유권 개념과 마찬가지로, 이런 기술들은 데이터 주체가 자신과 관련된 데이터 흐름에 대한 통제력을 회복할 수 있도록 설계됐다. 프라이버시 강화 기술에 대한 옹호자로 유명한 데이비드 차움David Chaum은 전자 상거래에서 익명으로 신원을 확인하는 '은닉 서명'blind signature을 고안해 냈다. 차움은 공개 키와 개인 키a public and a private key를 사용해 전자 상거래에서 고객의 정체성을 분리하는 것이야말로 시장에서 '오웰 식' 상황을 피하는 길이라고 주장한다.[12]

더 나아가 차움은 암호화된 생체 인식, 특히 지문을 사용하자고 주장한다. 여기서 지문은 데이터 주체의 지문을 말한다. 이 시나리오에 따르면, 지문은 유일한 식별자가 아니라 적격성을 인증하는 데 사용된다. 이 같은 방법으로 고객은 자신의 익명성을 유지할 수 있고, 조직들은 고객의 신원을 확인할 수 있다. 그러나 아직도 해결되지 않은 난관이 남아 있는데, 대부분의 조직들은 고객과 소비자들의 신원과 신용도를 알고 싶어 할 뿐만 아니라 소비를 관리하기 위해 이들의 개인 정보를 활용하고 싶어 안달이 나있다는 것이다.

프라이버시 문제에 관한 법적·자발적·기술적, 그리고 시장 친화적 해법들은 감시에 대해 가장 잘 알려진 대응들이다. 각각은 열렬한 옹호자들이 있고, 여기에서 거론된 구상들은 대부분 오늘날의 감시가 초래할 최악의 영향들을 완화시킨다는 장점이 있다. 그러나 '프라이버시 정책'과 데이터 보호 자체가 정치적으로 광범위하게 의제가 되지 않았다고 해서, 이들 이면의 이슈들이 정치적 계기를 갖지 않는 것은 아니다. 그리고 여기에서 언급한 네 가지 유형의 대응에 관련된 사람들 가운데 그들의 '처방'이 프라이버시 문제의 확실한 해결책으로 자리 잡았다고 생각하는 이들은 거의 없다. 의학적으로 비유하자면, 이렇게 제시된 처방들은 모두 해당 유기체가 새로운 기생충, 새로운 박테리아에 면역성이 있는 동안에만 효과가 있을 것이다. 후자는 끊임없이 변종을 만들어 낸다. 따라서 감시와 관련해 부정적인 측면이 드러난 새로운 기술적 발전에 맞서려는 다양한 운동들은 긴장의 끈을 놓지 말아야 한다.

대응의 조직화

감시의 급속한 확장에 대한 대응을 관찰하는 또 다른 방법은, 개인 정보를 처리하는 과정에서 발생할 수 있는 오남용이나 과도함에 대처하기 위해 등장한 대중적 비정부 기구들과 운동을 살펴보는 것이다. 대응을 조직하는 데는 다양한 전략과 전술들이 사용되며 조직 유형도 다양하다. 성과의 수준도 다르다. 1960년대 이후에 이뤄진 정치적·기술적 변화를 배경으로 이들의 활동 지도를 그릴 수 있다. 예를 들어 1980년대에 눈에 띄는 운동들은 대체로 일국적 차원의 운동을 기반으로 (때로는 호주 카드Australia Card[13]처럼 구체적으로 밝혀진 특정 위협에 대한 저항의 형태로) 했다. 반면에 1990년대의 운동은 전사 공간으로 이동했는데, 이는 종종 국경 너머까지 영향을 미친다. 더욱이, 1990년대에는 저항의 초점이 정부의 데이터 처리에서 기업들로까지 확대되었다.

컴퓨터 데이터베이스가 처음 등장한 1960년대 이후 싹튼 최초의 운동은 때때로 나치나 국가사회주의의 감시에 대한 기억이 아직 강하게 남아 있는 분위기에서 진행됐다. 이런 환경에서 이 운동들은 법적인 변화를 이끌어 낼 수 있는 분위기를 조성하는 데 어느 정도 성과를 거뒀다. 그런 점에서 한때 나치의 점령을 경험했던 네덜란드에서, 1970년대에 전국 인구 총조사에 대한 저항이 너무나 커 전면적인 정보 수집이 불가능했던 것은 우연이 아니다. 또한 캐나다 최초의 연방 프라이버시 감독관 잉게 한슨Inge Hansen은 스칸디나비아 출신으로, 이 같은 출신 배경이 감시 문제에 대한 그녀의 시각에 영향을 미쳤다는 것은 놀라운 일이 아니다. 그녀는 캐나다의 수많은 유럽 출신 이민자들과 난민들이 겪었던 전쟁 경험이 (특히 정부 부서의 개인 정보 수집과 관련된) 국가의 간섭이나 통제의 조짐에 신중하게 반응하도록 만들었다고 지적했다.[14]

1970년대와 1980년대에는 많은 국가에서 정부로부터 독립적인 프라이버시와 데이터 보호 기구들이 등장했다. 사이먼 데이비스Simon Davies는 이런 기구들의 사례로 오스트리아의 아르게다텐Argedaten, 호주의 프라이버시 재단, 캐나다의 프라이버시 네트워크, 미국의 전자 프라이버시 정보 센터, 헝가리의 인포필리아Infofilia, 뉴질랜드의 프라이버시 재단, 네덜란드의 개인 정보 처리 감시 재단, 미국의 프라이버시 위원회 등을 들고 있다.[15] 이런 기구들이 등장하게 된 이유는 매우 다양한데, 캐나다의 프라이버시 네트워크처럼 프라이버시 법이 지닌 한계에 불만을 갖고 발족한 경우부터, ID 카드 도입에 반대하는 호주 프라이버시 재단, 키위 카드Kiwi Card에 반대하는 뉴질랜드 프라이버시 재단, 전자 신분증 도입 안에 반대하는 한국의 투쟁처럼 특정한 상징적 도전이 닥쳤을 때 함께 연합해서 이에 저항하는 경우도 있다. 소비자 운동처럼 특정 관심사를 공유하는 사람들이나 의료 기록 보안 문제를 우려하는 사람들뿐만 아니라 시민적 자유주의자, 컴퓨터 전문가, 사회과학자, 언론인들을 포함해, 다양한 이익들의 연합을 대표하는 집단들이 이런 기구들을 이끈다.

하지만 1990년대에 들어서면서 프라이버시와 데이터 보호 문제에 관심을 갖는 사회운동은 회원들 및 활동을 점점 더 전자적인 영역으로 이동시켰다. 이와 함께 다양한 종류의 컴퓨터 전문가들이 의견 그룹들에서 점점 눈에 띄기 시작했으며, 인터넷이 의견 교환과 동원의 매체로 자리 잡았다. 그 결과 가장 유명한 사건들 가운데 몇몇은 전자 시스템의 설계자이면서 동시에 사용자인 사람들이 각자가 지닌 자원들을 네트워킹하면서 제기되었다. 세 가지 주요 사례만 들자면 1993년 로터스 사의 가정용 소프트웨어인 마켓플레이스Marketplace에 대한 저항에서부터 1996년 렉시스-넥시스Lexis-Nexis 사의 피-트랙P-TRAK, 그리고 1999년 고유 식별 장치를 갖춘 펜티엄 III 칩에 대한 저항이 있었는데, 이들 대부분은 인터넷에서 이루어졌다. 처음 두 사례는 미국 가정들에 관한 엄청난 양의 개인 정보를 제3자가 데이터베이스에서 직접 수집할 수 있었던 경우였고, 세 번째 사례는 컴퓨터 사용자가 누구인지 쉽게 확인할 수 있도록 개인 컴퓨터에 대한 추적 능력을 강화한 경우였다.

이와 함께 1990년대에 들어서는 정치 활동의 매체로 인터넷을 사용하는 사례가 급격하게 증가했다. 인터넷 사용자들의 관심사 역시 넓어졌는데, 감시 문제에 초점을 맞췄던 초기 프라이버시 그룹들이 이제는 인터넷을 자유로운 공간으로 지키고자 하는 데까지 관심을 갖게 되었다. 이런 변화는 인터넷을 기반으로 하는 저항운동의 힘을 강화하는 동시에 전자 매체의 감시 역량에 대해 간간히 불거지던 우려를 잠재우는 두 가지 효과를 가져왔다. 1996년 캐나다 몬트리올에서 설립된 '글로벌 인터넷 자유 캠페인'[16]도 그런 집단 중 하나다. 글로벌 인터넷 자유 캠페인은 공통의 이해관계를 가진 이들의 연대 기구로서 인터넷상에서 정부 규제로부터 자유로운 온라인 접근권과 보안을 주장한다. 온라인 접근권과 보안이라는 이슈는 암호화를 둘러싼 논쟁에 초점을 맞추고 있다. 이 논쟁은 정부가 과연 보안을 유지하고 범죄를 통제한다는 이유로 매일매일 전자 커뮤니케이션을 가로챌 권리가 있는가 하는 좀 더 커다란 질문으로 이어진다.

이 이슈는 지금도 많은 문제들이 얽혀 있으며 앞으로도 계속 활발한 정치 활동이 펼쳐지는 장場이 될 것이다. 1993년에 미국 정부는 컴퓨터를 기반으로 하는 커뮤니케이션의 보안과 프라이버시 보호를 위해 암호를 널리 사용하도록 허용하는 동시에, [공공의 목적을 위해] 필요할 경우 정부 기관에 암호 해독 키를 제공하는 '암호 키 위탁'key escrow 계획을 발표했다. 이 계획은 엄청난 저항을 불러일으켰는데 특히 전자 프라이버시 정보 센터와 '사회적 책임을 위한 컴퓨터 전문가들의 모임'이 이른바 '클리퍼 칩' 사용에 반대하는 전자 탄원서를 돌리기도 했다. 업계 역시 이에 대해 요란스럽게 반대하고 나섰다. 칩이 포함된 모든 상품에 비용이 추가될 것이고, 미국 정부만이 칩을 이용할 수 있게 되면 칩이 장착된 상품을 다른 나라에 수출하기 어려워질 것이라는 비판과 우려 탓이었다.[17] 앞으로도 계속될 이 중대한 전쟁에서 인터넷 옹호 그룹들은 중요한 행위자로 나서게 될 것이다.

감시 문제에 대항하는 것을 목표로 하는 사회운동은 지난 30여 년간 계속해서 확산되어 왔다. 더불어 이런 운동의 목적과 목표, 방식과 회원 구성

역시 중대한 변화를 겪었다. 그러므로 현재의 핵심 그룹들이 계속 유지될지, 그리고 프라이버시와 데이터 보호 문제에 대한 일부 대중의 무관심을 프라이버시 인터내셔널 같은 국제단체들이 넘어설 수 있을지 등은 아직 지켜봐야 할 것 같다. 1990년 프라이버시 인터내셔널의 설립에는 사이먼 데이비스라는 저널리스트의 역할이 컸는데, 그는 1980년대 중반에 벌어진 호주의 ID 카드 반대 운동 기간 동안 감시 문제에 관심을 갖고 참여하게 되었다. 프라이버시 인터내셔널이 미디어에 자신들의 활동을 알리기 위해 사용하는 '그린피스' 식 전술 중에는, 공정한 정보 관행을 위반한 가장 악명 높은 기구들을 매년 선정해 시상하는 '빅 브라더' 상이 있다.

풀뿌리 운동 차원에서는 프라이버시 또는 데이터 보호를 위한 공식적인 압력단체들과는 거의 상관없는 다양한 종류의 집단들이 특정 이슈와 관련해 감시 관행에 도전하기도 한다. 이는 감시가 일상생활에 점점 더 깊이 침투하고 있으며, 감시 환경이 끊임없이 확장되고 있는 상황을 반영한다. 소비자 집단들과 인권 단체들이 때때로 교육 단체, 의료 단체 또는 그 밖의 다른 전문적인 이슈를 다루는 단체들과 함께 이 문제에 뛰어들게 되는 것은 그 때문이다. 예컨대 빈곤 퇴치 활동가들은 토론토에 위험지구를 선정하는 문제와 관련해 경찰과 싸워 왔으며,[18] 지역단체들은 영국 브래드퍼드와 맨체스터에서 폐쇄 회로 텔레비전 시스템을 구축하는 데 저항했다.[19] 이윤을 목적으로 한 개인 정보 이용 문제 등과 관련해 광고주들의 허세에 도전하는 데 많은 역할을 해온 애드버스터Adbusters와 같은 '컬처 재머'*의 활동 또한 대중적으로 긍정적인 반향을 얻고 있다.[20]

저항 속의 맥락, 맥락 속의 저항

오늘날 감시의 부정적인 측면들에 대한 저항은 현재의 정치적 변화를 논하는 수많은 이론가들의 연구를 입증해 주는 것처럼 보인다. 여러 가지 이유로 오늘날 사회운동은 모든 민주주의 사회의 정치 생활에서 점점 더 중요해지고 있다. 이런 현상은 관료화된 거대 정당들에 대한 실망, 좀 더 지역적인 이해관계를 갖는 사람들로 투쟁의 초점을 좁히는 정체성의 정치, 그리고 지구화된 세계에서 감시 관련 이슈들에 대해 전통적인 방식보다는 훨씬 더 신속한 대응이 필요하다는 인식 등과 관련이 있을 것이다. 사회운동은 감시에 대한 저항을 둘러싼 논의를, 좀 더 외연이 넓어진 현대 정치의 사회학과 연계하는 하나의 수단이 되고 있는데, 수단으로서 이들 운동이 갖는 세 가지 특징, 즉 코드, 전술, 하위 정치를 각각 살펴보도록 하자.

들뢰즈(Deleuze 1992)는 오늘날 사회가 규율보다는 통제와 더 밀접한 관계를 갖게 될 것으로 내다봤다. 권력을 둘러싼 경쟁은, 육체를 제약하는 장애물들이 상징하는 물리적 공간보다는 감시의 흐름과 이 흐름을 구성하는 코드들 속에서 벌어진다. 물리적 공간상의 제약이 어느 정도인가와 관련한 문제들이 과거지사가 됐다는 데 반론이 있을 수도 있겠지만, 요점은 분명하다. 이제 가장 중요한 것은 코드다. 다양한 목적으로 사람들을 분류하고 범주화해서 이들을 추적하고 표적으로 삼는 것은 바로 이 코드들 덕에 가능한

• 컬처 재머(culture jammer) : 문화 훼방꾼, 상업주의에 반대하는 대중 운동가를 일컫는 말.

것이다. 여기서 일정 정도 증명된 것처럼, 이 코드들에 저항할 수 있는 것은 비슷한 유동성을 특징으로 하는 사회운동들일지도 모른다. 감시의 세부적인 사항들에 대해서는 언급하지 않았지만, 알베르토 멜루치는 『저항의 코드: 정보화 시대의 집단행동』*Challenging Codes: Collective Action in the Information Age* 이라는 책에서 적절한 사례를 제시한다.[21]

멜루치는 운동을 일종의 '징후'sign로 본다. 사회운동은 정세가 명확해지기 전에 미리 위기와 위험을 인지해, 그 위기와 위험에 적절한 명칭을 부여하고 그것을 공적인 이슈로 제기하는 데 도움을 준다. 사회운동은 또한 충분한 효과를 거두기 위해 네트워크를 형성하는데, 이 네트워크는 유연한 문화적 의미를 갖는다. 이런 네트워크들은 점점 더 전 지구적인 수준에서 움직이고 있다. 그 이유는 한편으로는 당면한 위기들이 전 지구적인 것으로 파악되기 때문이며, 다른 한편으로는 "정보의 흐름이 우리가 우리 자신을 재생산하는 문화적 과정에서 중심적인 위치를 차지하게 되었기 때문"이다. 멜루치는 권력이 "정보의 흐름을 조직하는 언어와 코드를 통해 작동한다." 고 말한다.[22] 그가 보기에, 사회운동들은 자신들에게 맞는 제도를 고안할 수도 있겠지만, 이들은 도구적 합리성을 초월해 작동하기도 한다. 사회운동들은 일상의 관심사들을 회복시킨다. 결국 나이·성별·문화·출생·죽음에 관한 문제들은 생생한 체험의 재료이다.

멜루치는 '신원 확인과 동의를 요구하는 기구들'이 개인들의 일상에 점점 더 큰 통제력을 행사할 것을 우려한다. 그것은 신원 확인과 동의가 "생물학적·정서적·상징적 차원에서, 그리고 시간·공간·타자와의 관계 속에서 자신에 대해 내린 정의"를 포함하고 있기 때문이다.[23] 멜루치는 감시 혹은 그것에 대한 저항을 명확하게 논하지는 않지만, 그의 전반적인 분석이 어디까지 적용될 수 있는지를 살펴보면 놀라울 정도다. 그는 마르크스와 푸코의 시각이 총체적인 통제의 상황을 가정함으로써 현실을 오도할 가능성이 있으며, 그가 논의하고 있는 상징적인 차원에서 양자 모두 모순이 있다고 지적한다. 정보가 중심이 되고 상징들이 정보의 장을 구성하게 될 때, 정보에 대한 다중적 해석의 길이 열린다. 그러므로 문제가 되는 상황을 완전히 통제하기란 불가능하다. 따라서 그는 갈등이 표출될 수 있는 공적 공간이라는 충분히 개방적인 장을 구축하는 것이 중요하다고 주장한다. 이것이 바로 사회운동의 과제인 것이다.

정치활동을 '게임'이라 논평했던 미셸 드 세르토Michel de Certeau는 이와 관련해 민주적 개입을 위한 공적 공간의 개방을 이야기한다.[24] 게임에는 선수들의 움직임을 결정하지는 않지만 행동의 범위를 규정하는 규칙들이 있다. 앤드루 핀버그Andrew Feenberg는 이를 테크놀로지에 적용해, 기술 코드는 가장 일반적인 게임의 규칙인데, 이는 우세한 선수에게 유리하도록 편향돼 있다고 주장한다.[25] 사회조직들에서 구체적으로 볼 수 있는 (현재의 맥락에서 감시 능력으로 표현되는) 제도화된 통제를 드 세르토는 '전략'이라고 규정한다. 여기서 권력이 축적되고 유지되는 것은 이 같은 전략을 통해서이다. 이 전략들에 의해 영향을 받는 아웃사이더들은 피할 수 없는 전략에 맞서 싸우기 위해 어떤 '전술'을 동원한다. 이들이 거대한 조직의 전략적 활동에 직접 접근하는 것은 불가능할지도 모른다. 하지만 교묘한 일탈 행동이나 불복종, 공공연한 저항과 같은 전술들을 통해 전략의 중요성을 바꾸어 놓을 수도 있다. 다른 특징들에도 주목해야겠지만, 이런 종류의 분석은 위에서 언급한 상황을 배경으로 한다. 컴퓨터 전문가들은 특히 저항에 참여할 때는 '아웃사이더'로서, 하지만 동시에 그들의 행동이 코드의 형성에 영향을 미친다는 점에서는 '인사이더'로서 모호한 역할을 한다.

　　감시 '게임'에서 권력 집단들이 구사하는 전략은 대부분 제도 정치의 영역에서 이뤄진다. 이 속에서 유의미한 영향을 미칠 가능성은 희박하다. 그러나 울리히 벡이 주장한 것처럼, 오늘날의 위험 사회에서 사회적 행동의 새로운 길이 '하위 정치' 수준에서 나타나기 시작했다.[26] 감시에 맞서 도전하는 대부분의 사회운동은 확실히 하위 정치의 사례라 할 수 있다. 실제로 감시에 대한 저항의 경우 데이터 보호와 프라이버시 같은 쟁점들이 정치적 '급소'가 될 가능성은 (부분적으로는 앞으로 서술할 내용 때문이겠지만) 거의 없어 보인다. 클리퍼 칩이나 그 후속물들이 중심부 수준에서 계속 정치적으로 중요한 역할을 한다 해도, 이에 반대하는 주장의 지적 자원들은 제도 정치 영역의 안쪽뿐만 아니라 바깥에서도 등장할 수 있다. 또한 이는 위험 사회라는 조건에서 '정치의 재발견'이 이뤄지는 상황과 일맥상통한다.

저항이 제한적인 이유

　　감시의 정치는 일종의 희망 사항처럼 들린다. 왜냐하면 지난 20여 년 동안 감시의 거대한 성장에 대한 비판은 보잘것없었고 임기응변식이었기 때문이다. 물론 자발적인 저항을 하찮게 여겨서는 안 된다. 실제로 저항이 일어나는 곳에는 실생활의 건강함이 넘쳐 난다. 십대들이 감시 카메라를 향해 고함을 질러 대는 행동이나 카메라의 사각지대를 이용해 상사의 눈을 피하는 노동자들의 행동은 결코 하찮은 반응이 아니다.

　　오하이오 주의 수급자 등록 정보 강화 시스템CRIS-E이라는 최첨단 컴퓨터 시스템에 대한 싱글 맘들의 반응은 또 다른 사례가 될 수 있다. 한 여성은 이렇게 말했다. "생활보호를 받으면 언제나 감옥에 있는 것 같아요. 누군가가 마치 교도관처럼 나를 지켜보고 있죠." 하지만 모두가 이 시스템에 순응하는 것은 아니다. 또 다른 여성은 들킬지 모른다는 것을 알면서도 가족을 위한 은행 계좌를 가지고 있다. 그녀는 이렇게 말한다. "나쁜 일이라는 생각도 들지만, 문제가 아주 많은걸요." 다른 사람들은 규제를 피하기 위해 현금으로 거래하기도 한다. 이처럼 저항이 조직적이지는 않지만 일정한 이득과 자율성의 영역을 창출하는 가운데, 정체성을 공유하기 위한 자양분을 생성시키고 감시 자체를 무력화한다.[27]

데이터 보호와 프라이버시 보호라는 법적 테두리 안에서 얻은 성과를 과소평가하고 싶지는 않지만, 여기에는 중대한 한계가 있다는 것을 인정해야 한다. 감시사회의 분류 코드에 저항하는 사회운동의 하위 정치 전술을 고찰하는 것 또한 이론적으로는 훌륭해 보일지 몰라도 지금으로서는 그렇게 큰 희망의 근거가 되지 못한다. 이런 활동의 실제 성과는 세계를 떠들썩하게 할 만큼 그리 대단한 것이 아니며, 이 분야에서의 사회운동은 심각한 어려움에 직면해 있다.

왜 그런 걸까? 지금쯤 독자들은 이 책이 자본주의와 관료제의 악의적인 판옵티콘적 권력을 말하는 피해망상적 이론들에 관해서는 거의 다루지 않았다는 사실을 분명하게 알게 되었을 것이다. 그러나 나는 감시의 의도되지 않은 결과들, 특히 감시가 위험관리를 위한 분류와 연관될 때 초래할 수 있는 중대한 위험들에 주목하려 했다. 감시 권력은 종종 어떤 집단에 다른 집단들보다 더 체계적인 불이익을 주는 식으로 행사되지만, 이는 다른 목적을 이루기 위한 정책의 부작용일 수 있다. 저항의 길목에 가로놓인 가장 큰 장애물은, 감시의 혜택이 많은 사람들에게 매력적이라는 것과, 그것이 잘 홍보되고 있다는 다소 평범한 사실이다. 감시는 언제나 두 얼굴을 하고 있는데, 감시의 부정적이고 반사회적인 측면을 사람들에게 납득시키기 힘든 이유 가운데 하나는, 사람들은 이런 측면을 단순히 감시의 또 다른 '얼굴', 다시 말해 속도·안전·보안을 누리는 대신에 치러야 할 대가쯤으로 여긴다는 것이다. 당연히 감시로 혜택을 입는 정부 기관이나 기업은 자신들의 주장을 펴기 좋은 위치에 있다.

이런 거대 조직들이 유리한 위치를 점하게 된 데는 여러 가지 이유가 있다. 물론 그 하나는 순전히 이 조직들의 조직적·기술적 힘 덕분이다. 이들은 프라이버시 보호법이 군건하게 자리 잡고 있는 상황에서조차, 부정적인 측면이 잠재돼 있는 데이터 수집과 처리를 마음대로 할 수 있는 수단을 갖고 있다. 그러나 이들이 강력한 위상을 확보하게 된 또 다른 이유는 바로 기술적으로 발전된 대다수 현대사회를 뒤덮고 있는 헤게모니의 힘이다. 이것은 지배 집단이 제시하는 사회적 삶의 일반적 방향에 대해 대부분의 사람들이 보내는 동의를 말한다.[28] 이런 동의에는 두 가지 종류가 있다. 한편으로는, 대부분의 삶의 영역에서 어느 정도의 감시는 필요하다는 것에 대한 동의가 있고, 다른 한편으로는 필요할 경우 프라이버시에 대한 권리가, 감시를 문제 삼기에 적합한 언어를 포함하고 있다는 보편적 가정이다.

어느 정도의 감시가 필요하다는 합의는 많은 상황에서 쉽게 찾아볼 수 있다. 시민들은 정확한 납세 기록이나 실업 급여 등록 등을 통해 혜택을 누리고 싶어 한다. 노동자들의 월급이나 승진은, 상여금이나 성과를 평가하기 위한 일정한 양식의 감시를 통해 결정되기 때문에, 노동자들은 감독이 아예 없기보다는 어느 정도 있어야 자신들의 조건이 좀 더 좋아지리라 생각할 것이다. 도심의 밤거리를 걷는 시민들은 감시 카메라와 경보 장치가 제대로 작동되고 있다는 사실을 알면 안심할 것이고, 심지어 병원에 누워 있는 신생아의 어머니들은 아기가 납치되지 않도록 보호하는 전자 감시 시스템을 만족스러워 할 것이다.[29] 이는 감시 권력의 긍정적이고 생산적인 측면인데, 이를 과소평가하거나 경시해서는 안 된다. 새로운 기술이 어떤 피해나 남용을 예방하고 보호할 수 있다면, 이를 통해 확보될 사회질서를 추구하기도 더 쉬울 것이다.

'프라이버시 권리'라는 언어는 헤게모니라는 동전의 또 다른 측면이다. 프라이버시에 대한 권리가 얼마나 잘 체계화되어 있고, 법적 또는 자발적 규범으로 얼마나 잘 새겨져 있든지 간에, 여기에는 여전히 한계가 있다. 프라이버시에 관한 논의를 통해 얻을 수 있는 이득으로는 공통된 용어, 전문가 집단의 도움, 갈등의 장 형성을 들 수 있다. 그러나 이것은 여전히 헤게모니 시스템의 한 부분일 뿐이다. 이 헤게모니 시스템은 법과 제도라는 지배적인 자유주의 문화에 대한 동의에 기초하고 있다. 그러므로 이런 한계를 초월해서, 감시 스위치에 대한 접근권을 가진 사람들의 세계관과 권력 기반 자체를 문제 삼는 데까지 나아가지는 못할 것이다. 존 길리엄John Gilliom은 이와 관련해 "국가의 공식적인 법적 용어로 (도전이) 이뤄지게 된다면" 그 도전이 과연 얼마나 의미가 있을 수 있을지 의문을 제기한다.[30]

길리엄은 직장에서 이뤄지는 약물검사에 대해 연구했는데, 이는 감시가 예상되는 동시에 용인되는 영역이다. 하지만 지금까지 살펴본 바와 같이, 약물검사는 전통적인 형식의 감시를 넘어서는 몇 가지 질문을 던진다. 약물검사에는 체액 검사가 포함되는데, 이는 노동자들의 직장 밖 생활과 관계가 있다. 여기서 길리엄은, 프라이버시 권리('이건 나의 프라이버시 권리를 침해하는 일이야')라는 추상적인 문제 제기가 노동자들이 실제로 느끼는 감정('나는 당신들이 내 생활을 분석하도록 병에 오줌 누는 일 따위는 절대로 안 할 거야)을 가려 버릴 수도 있다고 말한다.[31] 그러나 그가 인터뷰한 노동자들 가운데, 감시라는 좀 더 폭넓은 흐름 속에서 약물검사가 어떤 역할을 하는지를 인식하고, 권력이라는 좀 더 광범위한 문제의 측면에서 이를 바라보는 사람들은 매우 적었다.[32]

또 다른 이슈로는 새로운 기술을 어떻게 해석할지가 있는데, 이 역시 두 가지 측면을 지니고 있다. 먼저 신기술은 그 잠재적인 위험 요소 때문에 특정 분야에서 훨씬 더 심각한 문제가 될 수 있다. 예를 들어 정보 기술은 생명 기술보다 투명하며 본질적으로 덜 위험한 것처럼 간주되는 경향이 있다. 다른 한편으로 신기술은 고정된 특징을 갖는다거나, 반대로 다른 목적을 위해 전용될 수도 있는 유연한 인공물로 간주될 수 있다. 이 역시 감시의 정치에서 중요한 문제다.

도로시 넬킨Dorothy Nelkin은 감시의 부정적인 면에 맞서 저항 문화를 형성하는 데 상대적으로 실패한 문제에 대해 몇 가지 요점을 설득력 있게 지적한다. 이를 위해 그녀는 생명 기술에 대한 저항의 운명과 정보 기술에 대한 저항의 운명을 비교했다.[33] 그녀는 커뮤니케이션 기술과 정보 기술의 부정적인 측면들을 우리 시대의 '커서'cursor라고 부른다. 그 이유는 무엇보다도 그것의 감시 효과 때문이며, 단순화 효과, 지능형 무기의 생산, 교육기관에서 신중한 교육과정의 설계를 대체할 수 있는 능력 때문이다. 그렇다면 이런 특징들에 대한 저항은 어디 있는가? 그녀는 이런 상황을, '통제를 벗어난 기술'인 원자력보다도 더 논란의 초점이 되어 버린 생명공학 논쟁에 비유한다. 더 높은 생산성, 식물의 면역력 향상, 신약과 치료법 개발 등의 혜택에도 불구하고 생명공학 분야는 대규모 저항운동으로 늘 시끄럽다. 동물 실험에서부터 성장 호르몬 문제, 배아 복제와 유전자조작 식품 생산에 이르기까지 생명공학은 종종 혹독한 비판의 대상이 되고 있다. 생명공학 반대 진영에는 농업 부문의 압력단체와 동물 보호 운동가들로부터, '자연의' 섭리를 어기는 것에 반대하는 종교 단체 또는 생물학적 위험을 경고하는 환경론자들에 이르기까지 많은 사람들이 포진해 있다.

넬킨에 따르면, 문화적으로 미국에서는 프라이버시가, 투쟁할 만한 가치가 있는 이슈로 여겨지지 않는다. (그리고 프라이버시의 사회적인 차원은 개인주의적인 문화 속에서 간과된다.) 정보 기술과 관련된 사회적 통제라는 쟁점은 그다지 중요하지 않은 것, 혹은 일시적이고 수정 가능한 탈선으로 간주되는 경향이 있다. 기업 효율성은 궁극적인 가치라도 되는 양 높이 평가되는 반면, 여타 문제들은 무시해도 상관없다는 식이다. 민주적 가치에 대한 위협이라는 문제 제기는 막연하고 핵심에서 벗어난 것처럼 받아들여진다.

그러나 생명공학 기술과 관련된 저항 역시, 인근의 유해 시설로 말미암아 이해관계가 직접 침해당하는 경우처럼 이미 존재하고 있는 이해관계나, 잘 조직된 동물 보호 운동 등을 기반으로 존재해 왔다. 넬킨이 지적하듯이, "(도시에 의해) 포위당한 농부들처럼 의지할 곳 없는 동물들이나 상처받기 쉬운 태아들은 사회운동의 피뢰침 역할을 한다." 건강과 완벽한 육체에 집착하는 현대사회에서, 눈에 보이지 않는 건강상의 위험 역시 사회운동에 잠재적 지지의 자원이 된다. 생명공학 기술에 반대하는 사람들은 반대편에 있는 사람들에게 '당신들이 자연에 함부로 손을 대거나 생명의 존엄성을 모독하고 있다.'라고 주장할 수 있는 비장의 카드를 쥐고 있는 것처럼 보인다.

넬킨의 분석은 유용하지만, 상황이 변하고 있는 듯하다. 정보 기술이 지닌 감시의 문제를 비판적으로 묘사하는 영화가 늘어나고 있음에도, 반드시 정보 기술이 문화적으로 수용될 수 없게 되는 것은 아니다. 오히려 생명공학 기술은 정보 기술과 연계함으로써 더욱 강력해질 수 있다. 그리고 생체 인식 기술 역시 또 다른 형태의 감시로 확장된다는 문제가 있다. 아이러니하게도 질병의 환경적 요인이나 관련 요인들을 구분하는 데 많은 도움을 주는 역학 같은 기술적 상호 의존의 영역들 또한 강력한 감시의 측면을 지니고 있다.[34]

기술을 둘러싼 논쟁에 '윤리적·종교적 의제'를 결합시키는 적절한 방법들도 있다. 생명공학 기술의 '육체적 간섭'이 정보 기술의 '정신적 간섭'보다 더 많은 분노를 유발해 왔음은 분명하지만, 둘 중 어느 쪽이든 그에 대한 비판이 단지 종교적인 비판이라는 이유로 무시될 수는 없다. 특히 종교가 항상 도덕성의 원천으로 추구되어 왔다는 점에서는 더욱 그렇다. 결국 미국에서 "특정 기술에 대해 저항을 야기할 만한 이슈란, 그것이 건강에 미칠지도 모르는 위험, 조직된 이해관계에 미치는 영향, 그리고 특히 도덕적·종교적 의제에 미치는 영향과 밀접한 관계가 있다."는 넬킨의 주장은 타당하다.

기술의 해석과 관련된 또 다른 요인들로는 기술들이 얼마나 유연하게 혹은 경직되어 보이는가 하는 점이다. 앞서 살펴본 것처럼, 생체 인식 기술은 어떤 상황에서는 '프라이버시의 적'으로 여겨질 수 있지만 다른 상황에서는 '프라이버시의 친구'로 간주될 수 있다. 이르마 반 더 플뢰그는 기술의 정치는 기술이 공중의 의식 속에서 해석되거나 구성되는 방식과 밀접한 관계가 있다고 주장한다.[35] 그녀는 사람들이 생체 인식 기술을 '형성 중인' 것으로, 그래서 유연한 것이라고 생각할 때, 그것이 어떻게 적절한 목표에 맞춰 조형되고 필요에 따라 억제될 수 있는 것으로 간주되는지를 보여 준다. 다른 한편 생체 인식 기술이 특정한 성격을 가진 안정된 대상으로 간주된다면,

미래의 잠재적 사용자가 어떤 행동을 하고 생체 인식 기술이 미래에 어떻게 응용될지와는 관계없이 생체 인식 기술에는 고정된 의미와 중요성이 부여된다.

역설적인 것은, 생체 인식 기술에 대한 후자의 해석이 대중에게 생체 인식 기술의 부정적인 잠재력을 경고하는 하나의 수단으로 사용되는 반면, 전자는, 예를 들어 암호화 장치의 경우처럼, 기술의 사용을 정당화하는 데 사용될 수 있다는 점이다. 반 더 플뢰그의 주장처럼 생체 인식 기술에 고정된 의미를 부여하는 해석은 생체 인식 기술에 대한 날카롭고 비판적인 평가를 가능하게 해준다. 그러나 생체 인식 기술을 유연하게 해석할 경우 이런 비판적 평가는 불가능한데, 그런 해석에는 행위자와 속성, 책임이 분산돼 있어 이해가 어렵기 때문이다.[36]

생체 인식 기술에 고정된 의미를 부여하는 해석은 날카로운 비평을 통해 생체 인식 기술에 대한 반대를 유발할 수 있다. 하지만 문제를 바로잡을 건설적인 제안을 제시할 경우 이런 반대는 누그러질 수 있다. 그러므로 생체 인식 기술에 대한 고정적인 해석은 생체 인식 기술이 좀 더 적절한 목표에 맞게 조형될 경우 건설적인 제안을 내놓는 데 협력할 수도 있는 강력한 행위자들을 소외시킬 수 있다. 하지만 역으로 생체 인식 기술에 대한 유연한 해석을 통해 강력한 행위자들을 끌어들이는 데 성공한다면, 생체 인식 기술이 지닌 부작용은 물론 생체 인식 기술을 '프라이버시의 친구'로 만드는 데 따르는 엄청난 어려움들을 과소평가할 가능성이 있다. 생체 인식 기술은 사람들을 정형화하고 차별하는 경향을 지니고 있는데, 이런 경향을 줄이는 것은 무척 힘든 일이다.

감시의 부정적인 측면에 저항하고, 감시를 통제하기 위한 시도는 끊임없이 이뤄지고 있다. 반면에 강력한 기관들이 거대한 규모의 감시 시스템 구축을 장려하고 그 비용을 대고 있기 때문에, 이 문제의 중요성을 알아차리는 데는 무수히 많은 어려움이 있다. 그런 까닭에 감시의 부정적인 측면에 대한 저항이 단편적이고 고르지 못한 것도 놀라운 일은 아니다. 하지만 상황이 비관적인 것만은 아니다. 공정한 정보 관행에 대한 요구는 점점 더 대중의 관심을 얻고 있으며, 법률 제정과 자발적인 행동 규범에도 반영되고 있다. 이는 감시 문제에 관심을 갖는 문화를 형성하는 데 중요한 역할을 한다. 어떤 결함이 있든지 간에 '프라이버시'라는 용어는 (빅 브라더에 대한 경고와 함께) 계속해서 사용될 것이다. 이처럼 신기술이 가진 감시의 측면에 대해 민주적인 논쟁의 공간을 열고자 하는 사람들이라면 모두, 프라이버시라는 용어의 적절한 사용을 받아들여야 할 것이다. 잠재적인 저항 집단이 이해할 수 있는 개념과 메타포들이라면 이를 무시하거나 회피하기는 어려울 것이다.

하지만 감시에는 부정적인 측면만 있는 것이 아니다. 기술적인 시스템들에 이의를 제기하고 도전하는 사람이라면 누구나 자신이 선호하는 바람직한 사회 기술적인 제도에 대한 나름의 생각이 있을 것이다. 지구화되고 있는 첨단 기술 사회에서, 감시는 근대성의 광범위한 사회문화적 전환과 깊이 관련되어 있는 만큼 우리는 감시를 이런 틀 안에서 살펴보아야 한다. 이에 관해서는 다음 장에서 살펴볼 것이다.

탈근대라는 조건에서도 커뮤니케이션 기술과 정보 기술에 대한 의존은 여전하다. 커뮤니케이션 기술과 정보 기술은 대중적·정치적 상상 속에서 인류에게 해롭기보다는 유익한 것으로 나타날 것이며, 지구가 멸망하지 않는 한 그 영향력을 계속 확대해 나갈 것이다. 세계경제를 소생시키고 인류의 조건을 개선하기 위해서는 커뮤니케이션 기술과 정보 기술의 도움이 필요하다. 감시라는 역할에서, 이 둘은 완벽한 지식의 제공이라는 잠재력을 입증할 기회와 위험관리의 기회를 제공한다. 그러나 이들은 매우 양가적이어서, 허미니오 마틴스가 경고하듯이 "기술적 가능성의 독재에 저항하기 위해서는 고차원의 도덕적 상상력과 정치적 용기가 필요할 것이다."[37]

9
감시의 미래

이 장의 제목은 여러 의미가 있다. 감시의 미래는 하나만 있는 것이 아니기 때문이다. 설혹 감시의 미래가 하나만 있다 하더라도 나는 그것을 안다고 주장하지 않을 것이다. 이 장에서는 감시를, 21세기에 들어서면서 나타난 전반적인 사회문화적 변화의 맥락에서 논할 것이다. 나는 이런 재구성을 다양한 방식으로 생각하고 있는데, 여기에는 '탈근대성'postmodernity이라는 개념도 포함돼 있다. 오늘날 우리 삶의 조건을 규정하는 다양한 개념이 있지만 그 어느 것도 완전하지는 않다. 그렇기 때문에 하나의 개념을 선택해 사용한다는 것이 망설여지기는 하지만 '탈근대성'이라는 개념이 그중 제일 낫다고 생각한다.[1] 그러나 독자들이 이 책을 내려놓기 전에, 나는 이 용어가 포스트모더니즘과는 무관하며 오히려 당대의 일정한 문화적·사회적 변환을 들여다보는 하나의 사회학적 방식이라는 점을 밝히고 싶다. 이런 맥락에서 우리는 감시가 어디로 나아가는지 최소한 사회학적으로 감지할 수 있을 것이다.

여기에서 나는 감시가 어디로 향하고 있는지에 관해서뿐만 아니라 어디로 향해야만 하는지에 대해서도 감히 의견을 밝히려고 한다. 물론 내가 그렇게 용감하게 말하기 어려운 수많은 이유들을 알고 있기 때문에 주저되는 것도 사실이다. 하지만 내가 지금껏 주장해 온 것처럼, 감시는 윤리적·도덕적 비판을 받을 여지가 있으며 다양한 맥락에서 정치적으로 이의를 제기할 필요가 있다. 무엇보다도 이것은 내가 특별히 관심을 갖는 두 가지 주제, 곧 권력과 사람에 관한 문제이다. 그래서 나는 이 장의 후반부에서 우리가 처음에 살펴봤던 주요 주제들로 다시 돌아가, 감시 논쟁에서 어떤 도덕적·정치적인 측면들을 강조해야 할지를 넌지시 밝힐 것이다. 내가 할 수 있는 일이란 감시에 관련된 사람들, 즉 관심 있는 시민, 소프트웨어 개발자, 정책 결정자, 정치 활동가, 컴퓨터 전문가 등에게 일종의 증인 역할을 하는 것뿐이다. 우리 가운데 감시의 영향권에서 자유롭다고 주장할 수 있는 사람은 아무도 없다. 왜냐하면 감시사회에서는 우리의 모든 일상생활이 관찰되고 있기 때문이다.

근대적 감시와 탈근대적 감시

오늘날 감시는 일상생활에 너무나 깊숙이 침투해 있는 나머지 때로는 그것이 무엇인지, 한 세대도 지나지 않아 그것이 얼마나 변했는지를 정확히 설명하기가 어려울 정도다. 우리는 아무렇지도 않게 공항에서 여권을 꺼내 스캐너에 통과시키고, 번화가에 설치된 현금 지급기에 개인 식별 칩이 내장된 현금 인출 카드를 집어넣는다. 가전제품을 구입할 때는 보증 서류를 작성하거나, 온라인 거래 시 비밀 개인 정보를 입력한다. 도심이나 고속도로에서는 운전 중에 자동화된 통행료 부과 감지기를 통과하고, 휴대폰을 사용하며, 바코드가 부착된 카드 키로 사무실과 연구실을 드나든다. 만약 물건을 살 때마다 현금을 지불해야 하거나, 건물 출입 혹은 국경 통과 자격을 승인받기 위해 매번 관리들과 인터뷰를 해야 한다면, 얼마나 불편하고 비효율적이겠는가! 그러므로 감시가 제공하는 혜택은 인정하지 않을 수 없다. 그럼에도 우리는 감시와 조우할 때마다 개인 정보의 흔적을 남기는데, 이는 우리의 행동과 삶의 기회에 영향을 미치는 방식으로 추적되고 가공된다. 이처럼 감시는 언제나 야누스의 얼굴을 하고 있다.

몇몇 감시 양식은 오랫동안 현대적 삶의 일부가 되어 왔다. 의료 기록, 선거인명부, 주택 등록, 세금 고유 번호, 고용 번호 등은 적어도 도시 산업 사회에서는 일상생활의 일부이다. 실제로 감시는 우리가 어떤 혜택이나 특전을 받기에 적합하다거나 자격이 있다는 것을 입증해 줌으로써 근대적 삶을 순조롭게 만들어 준다. 물론 이 과정에서 정보를 처리하는 시스템에 권력이 부여된다. 근대성은 부분적으로 감시 양식과 기술에 의해 구성되며, 이와 같은 사회적 특징들 중 일부는 탈근대에도 사라지지 않고 있다는 점을 분명히 해야 한다. 탈근대성은 근대의 조건들을 대체하기도 하지만 그 위에 중첩되기도 하는데, 이 둘을 연결하는 것이 전산화이다.

감시의 전산화는 처음에는 단순히 관료적 행정 처리를 더 쉽게 만들어 줌으로써, 근대성의 고전적 특징인 정부와 작업장 단위의 감시를 강화했다. 베버의 '철창 감옥'이 '전자적 철창 감옥'으로 한 단계 발전했다고 할 수 있다. 또는 프레더릭 테일러Frederick Taylor가 말한 세부적인 작업-직무 감시 시스템이 과학적 관리에서 기술적 관리로 전환되었다고 할 수도 있다. 하지만 정부 부처들 내에 개인 데이터베이스가 급격하게 늘어남에 따라 중앙 집중화된 통제라는 개념 자체는 많은 부문에서 설득력이 다소 떨어지게 되었다. 그리고 자본주의 기업들이 (적어도 노동자를 조직하는 것에 대해서만큼) 소비 관리에 관심을 기울이게 됨에 따라 감시는 사회구조 안에서 자신의 양식을 더욱 확산시키면서 수많은 다른 영역들로 퍼져 나갔다.

지금까지 탈근대성에 관한 사회학적 논쟁은 새로운 기술의 사회적 측면이나 소비주의의 등장을 고찰하는 데 쏠려 있었지만, 이런 두 분석 틀을 결합해서 탈근대성 자체를, 새롭게 부상 중인 사회적 형성물로 간주하는 것도 좋은 접근법일 수 있다.[2] 감시 기술은 실제로 탈근대성의 과정들과 관련돼 있기 때문에 그 맥락에서 이해해야 한다. 소비주의를 연구하는 사람들은 그동안 소비자 관리를 위해 감시가 이용된 정도를 과소평가하는 경향이 있었다. 다른 한편 신기술을 연구하는 사람들은 신기술이 소비 자본주의의 필요에 의해 추동되었다는 점에 주목하지 못했다.

이런 관점에서 볼 때 감시 시스템의 문제는 탈근대성 논쟁의 중심이다. 그것은 탈근대성을 구성하는 데 있어 감시의 역할이라는 문제뿐만 아니라, 감시라는 의제를 윤리적·정치적으로 어떻게 포착할 수 있는지의 중요한 문제를 드러낸다. 프라이버시 담론은 감시의 어두운 면을 다루기 위한 법적·정치적 노력에서 결정적인 역할을 했지만, 감시가 좀 더 거대한 사회적 다툼의 현장이라는 점을 드러내는 데는 번번이 실패하고 있다. 만약 앞으로 개진될 주장이 옳다면, 감시 양식과 기술은 사회적 분할을 표시하고 강화하는 핵심 수단이 될 것이며, 그 결과 다양한 수준에서 정치 활동의 적절한 거점이 될 것이다.

이 논쟁의 초기 단계에서, 로저 클라크는 정보 기술의 응용 프로그램ap-plication(어플리케이션)을 통해 사람들의 행동이나 커뮤니케이션을 체계적으로 관찰(감시·모니터링)하는 것을 가리키기 위해 '데이터 감시'라는 유용한 개념을 사용했다.[3] 그는 이런 데이터 감시가 자가 증식하는 경향이 있어 긴급한 정치적·정책적 관심이 필요하다고 결론을 내렸다. 같은 해에 게리 T. 마르크스는 미국 경찰의 위장 잠입 작전에 관한 연구 결과를 발표했는데, 이 연구는 그가 '새로운 감시'라고 이름 붙인 좀 더 폭넓은 사회적 함의에 관해서도 경고를 보냈다.[4] 무엇보다도 그는 컴퓨터를 기반으로 하는 감시가 어떻게 점점 더 효과적이 되고 있는지, 동시에 어떻게 점점 눈에 띄지 않게 되고 있는지를 보여 줬다. 또한 그는 감시가 범주화를 기반으로 한 의심이 중대한 역할을 수행하는 예방적 감시로 방향을 전환하고 있다는 데 주목했다. 이는 컴퓨터가 명단을 대조해 어떤 법을 위반할 가능성이 있는 사람들의 범주를 만들어 내는 것을 말한다. 이때 누군가의 데이터 이미지가 이유 없이 손상될 수 있다.

1980년대와 1990년대에는 전산화된 감시의 또 다른 결과가 분명해졌는데, 이전과 달리 개인 정보가 경계를 뛰어넘어 이동하는 경향이 증가했다는 점이 그것이다. 정부 부처들 간의 자료 대조data matching를 통해 지금까지는 상상도 못했던 방식으로 교차 확인이 가능해졌고, '일상적인' 조건 속에서 개인 정보의 유출이 허용된다는 단서들이 포함됨으로써 데이터 유출에 대한 효과적인 통제가 어렵게 되었다. 예컨대 보건 의료 영역에서와 같이, 좀 더 시장 친화적인 정부 체제에서 서비스가 아웃 소싱되고, 상업 부문과 행정 부문 간에 상호작용이 증가했다는 것은, 개인 정보의 흐름이 특정 조건 아래 범람하고 있음을 의미한다. 데이터베이스가 네트워크화될 때, 오웰이 두려워했던 중앙 집중화된 감시 시스템은 불필요하다. 사람들의 위치나 행동을 추적하는 데는 수많은 식별 장치 가운데 하나만으로도 충분하기 때문이다.

컴퓨터화가 감시 양식에 얼마나 영향을 미쳤는지에 대한 강조에도 불구하고, 문제 제기와 비평의 주요 방식은 근대적 성격을 띤다. 정부 권력에 대해 민주적으로 부여되는 제약을 뛰어넘는 전산화된 통치를 가리키는 데 '오웰적'이라는 형용사가 선호되는 것은 단적인 사례다. 이런 가운데 1986년 국가 차원에서 전자 신분증을 도입하려던 호주의 시도가 좌절되었고, 영국·미국·한국 등 다른 나라에서도 이와 유사한 시도들이 호주의 전철을 밟았다.[5] 좀 더 일상적인 차원에서 보자면 작업장 감시용 '텔레스크린'을 가리키던 '빅 브라더'를, 1980년대에는 상점과 거리에 설치된 비디오 감시 시스템에서 발견할 수 있었다.

1990년대까지 (『1984』에서 묘사한 것처럼) 전산화된 감시의 가장 큰 위험은 국가 권력에 있으며, 그다음 위험의 근원은 자본주의 기업으로 여겨졌다. 그러나 이 시기는 또한 레이건과 대처의 정치가 강력한 힘을 발휘하던 때였다. 국가 기능의 상당 부분과 많은 공공 부문이 민간 대기업에 매각되었다. 이와 같은 대규모 규제 완화는, 이를테면 한때 누구나 다니던 큰 길이 사설 쇼핑몰로 바뀌었음을 의미했다. 이 공간들에서는 이제 과거와는 다른 방식으로 감시와 경비가 이뤄진다. 또한 이런 변화는, 예전에는 국가나 주정부가 제공했던 서비스를 상업적 이해관계자가 담당하게 됨에 따라 개인 정보가 다른 부문으로 옮겨 가게 되었음을 의미한다. 이와 함께 데이터베이스 마케팅으로 말미암아 개인 정보 거래가 급속하게 증가했다. 탈근대의 조건들이 형성되고 있었던 것이다.

이에 비해 감시 권력에 대한 저항과 억제 전략은 주로 근대적인 방식으로 이뤄졌다. 사람들은 점점 더 위협적이 된 감시의 양상이나 방식들을, (유럽의 경우) 데이터 보호에 관한 입법이나 (북미의 경우) 프라이버시 관련 입법을 통해 효과적으로 견제할 수 있으리라 생각했다.[6] 감시 권력에 대한 저항과 억제 전략은 개인 정보 처리의 전산화에 대한 직접적인 저항에서 시작되었지만, 전산화가 근대적 감시에 부가한 독특한 성격을 인식하는 데는 시간이 걸렸다. 예를 들어 퀘벡을 제외한 지역의 캐나다인들이 민간 기업들의 개인 정보 수집으로 인해 제기된 '프라이버시' 문제를 심각하게 받아들이기 시작한 것은 1990년대 말에 이르러서였다. 오웰조차 이런 문제들은 예상하지 못했다!

오늘날 사회적·정치적 삶에서 주목할 만한 또 다른 특징은 위험에 대한 인식이 높아졌다는 점이다. 이는 최소한 두 가지 방식으로 감시와 관계가 있다. 한편으로는 점점 더 많은 조직들이 미래로 관심을 돌리고, 틈새시장을 확보하고 범죄를 예방하는 일 등에 관심을 갖게 되면서, 위험관리의 언어가 꾸준히 최고의 지위를 차지하고 있다. 그 결과 감시는 점점 더 위험관리에 도움이 되는 지식을 획득할 수 있는 수단으로 간주되는데, 이런 흐름을 주도하는 것은 보험회사들의 전략과 모델들이다.[7] 다른 한편 감시는 점차 그 자체가 위험을 보여 주는 어떤 것, 위험 사회의 한 측면으로 간주되고 있다.[8]

이와 동시에 보험의 대상이 될 수 있거나 안전하게 관리할 수 있는 위험의 범위가 끊임없이 확장되는 것처럼 보인다. 오늘날 전 세계적으로 부유한 사회들에서는 대부분 쇼핑몰·거리·경기장 등에서 도난과 기물 파손, 폭력을 감시하기 위해 감시 카메라를 사용한다. 지문이나 망막 스캔과 같은 생체 인식 기술이 신원을 확인하는 데 활용되고 있으며, 질병이나 장애 발생 가능성이 있는 사람들을 노동인구에서 제외하기 위해 유전자 검사가 도입된다. 이처럼 위험은 수많은 기술적 방법을 통해 관리되는데, 이들 기술 각각은 위험 관련 지식을 수집·교환하는 최신의 감시 기술을 나타낸다. 그러나 이와 관련해 특히 눈에 띄는 점은 각 기술이 보편적인 감시의 잠재력을 실현하기 위해 정보 인프라에 의존하고 있다는 사실이다.

신원 확인과 데이터 감시를 넘어서는 기술적 감시의 경우, 기록을 수집·분석하고 비교하는 수단을 제공하는 것은 여전히 정보 기술이다. 포착된 이미지로 사람들을 자동 식별하는 비디오 감시는 디지털 방식에 의존할 수밖에 없다. 이와 마찬가지로 생체 인식 기술을 이용한 감시와 유전자 감시의 데이터 처리 능력도 정보 기술에 의존하고 있다. 캐나다의 서스캐처원Sas-katchewan 주와 미국 몬태나Montana 주 간의 국경을 넘는 여행객들을 음성 인식을 통해 구분할 수 있게 된 것은 컴퓨터의 힘이다. 불법 약물 복용이나 임신 초기 상태임을 나타내는 증상을 감지해, 직원을 선발하거나 보험 신청자를 확인하는 데 도움을 주는 것도 컴퓨터의 힘이다.

정보 기술은 감시의 또 다른 변화의 중심에 있다. 오늘날 감시는 국가의 행정력이 미치는 범위를 넘어 기업, 특히 소비 자본주의 영역으로까지 확장되고 있을 뿐만 아니라, 지리적으로도 확장되며 가상공간에까지 이르고 있다. 과거 제한된 영토 안에서만 영향을 미쳤던 감시는 이제 꾸준히 지구화와 전산화를 경험하고 있다. 감시의 영향력이 막강하지만 대개 이를 거의 감지할 수 없는 전자 상거래의 증가는 '사이버 감시'를 불러왔다. 거대 인터넷 기업 중 하나인 더블클릭*은 6천4백 개의 웹 로케이션에서 서핑 정보를 수집하며, 경쟁 기업인 인게이지Engage는 3천만 명 이상의 개인들에 관한 서

---

* 2007년 구글에 인수되었다.

핑 프로필을 데이터베이스에 상세하게 기록해 왔다.[9]

1990년대에 이르자 감시는 좀 더 집약적인 동시에 더욱 확장된 양상을 보였다. 생체 인식 기술과 유전자 방식 덕분에, 감시는 이제 의사소통 주체를 우회해, 육체에서 직접 획득된 신원 정보와 진단 정보를 얻고자 한다. 그뿐만 아니라 전자적으로 향상된 카메라가 사용됨에 따라, 시각적 응시optical gaze가 감시의 방법으로 다시 등장하고 있다(한때 시각적 응시는 권력 유지를 위해 '누군가가 지켜보고 있다'는 메타포에 의존했다). 그렇다면 이런 변화들에서 새로운 것은 무엇인가? 어떤 지점에서, 양적인 변화는 사회구조와 사회적 경험상의 질적인 변화로 이어지게 될까?

21세기에 들어선 지금, 근대성을 형성하는 데 기여했던 것들은 근대성 그 자체가 그런 것처럼 여전히 존재하고 있다. 사람들은, 자신들의 일상생활에 영향을 미치거나, 특정 방향으로 안내하고 심지어 조작하는 데 관심 있는 기구나 조직의 감시를 받고 있다는 사실을 알고 있다. 그러나 정보 기술이 폭넓게 사용되면서 이런 감시는 과거보다 덜 직접적으로 이루어진다. 영향력의 범위 안에 개인을 붙잡아 두거나 통제를 유지하는 데 '공현존'은 점차 불필요해졌다. 실제로 한 번도 만나 본 적이 없는 사람들 간에 상호작용이 일어나는, 제3 유형의 관계는 물론이고, 인간과 기계라는 제4 유형의 관계도 많다.[10] 게다가 이런 관계는 점점 시민이라는 정체성보다, 소비자라는 정체성을 기반으로 나타나고 있다.[11]

사회 통합의 양식은 신뢰(또는 신뢰의 부재)를 수반하는 대면 접촉 관계로부터, 그리고 이런 관계를 확장시키는 제도들에 기반을 둔 통합으로부터 미묘하지만 확실히 변하고 있다. 오늘날 사회 통합 양식은 점점 더 전자적인 형태를 띠는 동시에 점점 더 추상화되고 육체로부터 유리되고 있다.[12] 신뢰의 증표를 발부한다는 점에서 감시는 육체와 유리된 통합의 한 측면이다. 20세기 후반에 가장 빠르게 성장하고 있는 상업 영역은 가장 발전된 국가 감시 시스템의 능력까지도 추월해 버렸다. 심지어 국가 안에서조차 행정적 감시는 최소한 고전적으로 이해되던 시민권 규범만큼이나 소비 규범에 의해 크게 좌우되기에 이르렀다.[13]

새로운 세기가 시작된 지금, 전자적으로 강화된 감시는 좀 더 전통적인 데이터 감시는 물론이고 생체 인식 기술과 비디오 기술까지 포함하는, 다중심적이고 다각적인 네트워크를 형성했다. 이 기술들은 시·공간을 압축하는 핵심 수단이기도 하다. 이처럼 재편된 관계는 원격성과 빠른 속도를 수반하는 새로운 방식으로 뻗어 나갔지만, 여전히 영향력 및 통제와 같은 특정 목적을 뒷받침한다. 어떤 면에서 이런 영향력과 통제는 이전의, 즉 근대적 환경과 유사하다. 그러나 다른 차원, 특히 소비자 측면에서, 감시의 영향력은 제도화된 훈육에 바탕을 둔 근대성의 고전적인 감시보다 덜 위압적이며 더 포괄적이다.

탈근대적 감시라고 부를 만한 것들은 그것이 의미하는 바에 대한 물음들과 정치적 쟁점을 함께 제기한다. 그러나 아직 이들을 한데 모으는 체계적인 작업은 거의 등장하지 않았다. 탈근대적 감시가 갖는 의미에 대해서는 일부 논의가 이뤄지기도 했지만, 이는 실제 경험적 현실에는 거의 관심을 기울이지 않는 방식으로 이루어졌고, 그 결과 정치적인 문제들을 우리가 살고 있는 세계와 연관시키지 못했다.[14] 이는 다시 좀 더 보편적인 문제, 즉 탈근대에 대한 사회학적 설명들이 (몇몇 예외를 제외하고) 기술 발전 그 자체에 거의 관심이 없다는 사실과 관계가 있다.[15] 그 결과 탈근대성에 관한 연구는 수없이 나왔지만, 탈근대의 한가운데 자리한 기술적 변화에 대해서는 충분한 조명이 이뤄지지 않았다.

오늘날 감시는 너무나 많은 일상생활의 영역에서 작용하기 때문에 벗어나고 싶어도 벗어날 수 없다. 실제로 우리는 미디어에 완전히 둘러싸여 있다.[16] 사회적 만남과 경제적 거래의 대부분은 전자적으로 기록·점검·승인될 수밖에 없다. 슈퍼마켓에서 직불카드로 계산하거나, 바코드가 새겨진 운전 면허증을 제시하라는 요구를 받는 경우에서부터, 휴대폰 통화와 인터넷 검색에 이르기까지, 수많은 일상의 일들이 감시 기제를 작동시킨다. 이때 충분한 자금이 있는지의 여부, 차량 소유자의 신원과 과거 기록, 휴대폰 통화 시점의 위치, 좀 더 정확한 표적 광고에 필요한 사이트 방문 기록 등이 감시의 내용이 될 것이다.

모든 기관이 우리의 일상생활에 주목하고 있다. 중요한 것은 근대적이고 중앙 집중화된 판옵티콘 식 통제가 아니라 다중심적인 감시의 네트워크이며, 그 속에서 개인 정보가 상당히 자유롭게 유통된다. 대부분의 국가에서, 정부 시스템 안에서는 개인 정보의 이동이 신중하게 이루어진다. 여기에서는 정보의 공정 이용 원칙이 다양한 수준에서 실행되고 있다. 이와는 대조적으로, 상업적 목적의 데이터 유통은 제약이 덜하다. 이 분야에서는 다종다양한 출처에서 조금씩 수집된 개인 정보가 데이터베이스 마케팅이라는 거대한 보고 안에서 수집되고 판매·재판매된다. 이런 다중심적인 감시의 흐름을, 종종 정보화 시대와 탈근대성의 징표로 간주되는 금융 자본의 흐름이나 대중매체의 흐름만큼이나 이른바 네트워크 사회의 일부를 이룬다.[17] 지그문트 바우만은 탈근대성의 소비주의적 측면을 강조하는 흥미로운 분석을 보여 줬지만, 소비자의 행동을 관리하는 데 사용되는 감시 기술에 대해서는 놀라울 정도로 언급이 없다.

하나의 기관이 감시의 흐름을 지휘하지 않는다고 해서, 데이터 수집이 무작위로 이뤄지는 건 아니다. 네트워크가 다양한 데이터의 전달자 역할을 함에 따라 제3의 기관을 통해 교차 확인이나 간접적인 검증의 기회가 점점 늘어나고 있다. 이는 예컨대 미래의 고용주가 피고용인의 이력서에는 나타나 있지 않은 특성, 기질, 과거 기록들을 파악한다거나, 국세청이 개인의 신용 등급을 확인하거나, 인터넷 광고업자들이 컴퓨터 사용자들 각각의 화면에 정확한 맞춤형 광고를 내보내기가 더 쉬워졌음을 의미한다. 서로 다른 분야와 제도적 영역 사이의 제방이 이런 감시의 흐름에 의해 침식되어 데이터 주체가 예상하지 못한 교통交通을 낳기도 한다. 사람들의 생활이 더 많은 기관들에 더 많이 노출되면서, 어떤 기관에 특정 용도로 노출된 데이터가 다른 기관에서 다른 용도로 쓰이게 된다. 이런 상황의 사회적·정치적 함의는 엄청나다.

일반적으로 근대적 감시 시스템에서는 기록과 개인 사이에 일종의 대칭 symmetry이 존재하리라고, 다시 말해 행정적인 목적을 위해 한쪽[기록]이 다른 한쪽[개인]을 대표하는 것으로 가정됐다. 그러나 모든 수준에서 감시가 급격히 확산되면서, 기록에 해당되는 고정된 정체성이라는 관념 자체가 의심 받게 되었다. 신원 확인과 분류를 위한 다양한 수단이 전자적 데이터베이스 내에서 유통됨에 따라 데이터 이미지나 디지털 페르소나가, 시내를 활보하는 '살아 있는 구체적 개인'과 어느 정도까지 조응하는지의 문제가 제기되었다.[18] 어떤 의미에서 개인들은 그들에 대한 디지털 분류에 의해 구성되고 있는 셈이다.

권력이라는 측면에서 보자면, 모든 사람이 영향권 아래에 있다. 사회적 스펙트럼의 한끝에는 교도소와 같은 감호 망이 점점 더 넓게 확산되어 왔다. 물론 이 감호 망이 반드시 강압적인 것은 아니더라도 말이다.[19] 이른바 선진국들에서 전반적으로 감호 기관이 놀랄 만큼 수용 규모를 확대하고 있다는 것은 사실이다. 그러나 감시 시스템은 사회 전체에 걸쳐 또 다른, 덜 노골적인 분리와 배제의 수단들을 확산시킨다. 오늘날 감시는 일탈자들을 포용하는 동시에 배제한다.[20] 예를 들어 비디오 감시는 일부 십대들의 쇼핑몰 출입을 막거나 특정 거리에서 이들을 추방하는 효과가 있다. 이는 십대들이 가게에서 물건을 훔치는 일이 줄어든다는 의미일 수도 있지만, 다른 한편으로는 사람들의 눈에 띄지 않는 위험한 일에 연루될 수 있다는 뜻일 수도 있다. 다른 한편, 범죄자들에 대한 전자 감시 시스템은 그들을 '공동체 안에' 머물게 하는 데 도움이 된다.[21] 사회적 스펙트럼의 또 다른 끝에서는 자격증 혹은 신뢰성의 또 다른 징표에 대한 요구가 점점 더 커지고 있는데, 이는 정부 권력과는 성격이 크게 다른, 자유로운 선별 권력screening power의 범위가 성장해 왔음을 의미한다.

판옵티콘에 구현된, 전능한 인식에 대한 맹목적인 꿈은 오늘날의 감시에도 존재한다. 이는 전자 눈의 위협적인 반짝임이다. 하지만 그것은 이제 완전한 지식이라는 좀 더 야심적인 목표와 연관돼 있는데, 이때 시뮬레이션은 과거 기록에 대한 지식을 꾸준히 대체한다. 이는 모든 것을 알고자 할 뿐만 아니라, 사전에 알고자 하는 무한 감시다. 시뮬레이션은 "모든 이미지를 관찰할 수 있으며 모든 사건을 프로그램화할 수 있고, 따라서 어느 정도 예측할 수 있다."는 매혹적인 주장을 내민다.[22] 이런 꿈은 감시가 끊임없이 발전하고 확장하는 데 반드시 필요한 중요한 추진력을 제공한다. 그것은 감시 전략의 기술적인 정교화뿐만 아니라, 전산화된 코드를 통한 새로운 형태의 사회적 서열화를 의미한다.

슈퍼 판옵티콘과 시뮬레이션 감시에 관한 설명으로부터 우리는 많은 것을 배울 수 있을 것이다. 그러나 두 가지 중요한 단서가 뒤따라야 한다. 하나는 전자적으로 가능한 감시의 오래된 방식들이 지속·확장되고 있다는 점이다. 시뮬레이션에 관한 사회과학적 소설들 때문에 오래된 감시 방식들의 중요성을 무시해서는 안 된다. 다른 하나는 감시 시뮬레이션은 그것이 이뤄지는 곳에서조차 독립적으로 작동하지 않는다는 점이다. 개인들이 디지털 이미지로 구성될 수 있다거나, 감시 시스템이 자기 지시적 시뮬레이션에 도취된 듯하다고 해서 디지털 페르소나가 무작위로 구성된다거나, 한 집단을 다른 집단으로부터 가려내고 구별하는 범주들에서 모든 준거가 사라지고 있는 것은 아니다. 통제와 영향력의 양식은 삶의 기회와 사회적 서열화라는 좀 더 심오한 결정 요인들과 연결돼 있다. 그런 감시 양식에서 기술의 잠재력은 사회적 압력과 만난다. "오늘날의 삶을 조직하는 숨겨진 메커니즘을 찾기 위해 현재라는 가시적 형태"를 파고들려는 노력은 여전히 의미가 있다.[23]

첨단 기술 감시 시스템이 아무리 자기 지시적이라고 하더라도 저절로 작동될 수는 없다. 다시 말해 첨단 기술 감시 시스템은 통제와 영향력의 측면에서 특정 이해관계를 가진 사람들이 구축하는 것이다. 앞서 언급했던 것처럼, 전자 기술을 통해 감시가 확장될 수 있었던 배경에는 다양한 종류의 위험관리가 놓여 있다. 상업 영역과 정부 영역 모두에서 우리는 종종 이른바 '시장가치'가 그 이면에 있음을 발견한다. 예컨대 경찰은 기관들, 그중에서도 특히 보험사의 요구를 만족시키기 위해 사용되는 지식(개인 정보)의 중개인 역할을 수행한다. 따라서 이런 기관들에 유용한 특정 범주에 따라 개인들을 구성함으로써, 범죄행위를 제거하거나 적어도 최소화하는 데 사용되는 데이터베이스가 만들어진다.[24] 오늘날 경찰은 사건이 이미 발생한 뒤에

범죄자를 체포하기보다는 범죄행위를 예상하고, 위험 계산법으로 범죄 가능성을 분류해 이를 억제하거나 발생하지 않게 하는 데 더 큰 관심이 있다.

여기서는 행위자들의 이해관계가 좀 더 효과적으로 드러나는 특수한 조건 속에 자리한 코드에 의한 통제 과정과 자기 지시적인 과정이 뚜렷하게 드러난다. 경찰 업무라는 환경에서, 감시를 강화한다는 것은 정보 수집과 처리 시스템의 확립을 의미하는데, 이런 시스템은 과거 경찰 업무의 원리나 목표와 점점 더 무관해지고 있다. 즉 최소한 일상적인 경찰 업무에서 도덕적 비행이나 범법자를 찾아내 법의 심판을 받게 하는 일은 대부분 전체 그림에서 주변적인 위치로 내몰리고 있는 것처럼 보인다.

감시 기술의 적용 자체가 이런 변화를 가져오는 것은 아니다. 앞서 비판적 연구에서 주목했던, 효율성을 향한 끝없는 돌진, 그리고 속도와 시뮬레이션에 대한 탐구는 하나의 태도, 강박이자 어쩌면 맹목적인 숭배에 가깝다.[25] 이런 태도가 기술 의존적 감시 양식에 깊이 배어 있다 보니 감시 시스템이 도덕을 초월하고 자기 지시적인 효과를 만들어 낸다고 해도 문제시되지 않는다는 것이다.

감시를 실현하고 지원하기 위해 데이터베이스를 이용하는 전자적인 감시는 탈근대라는 새로운 특정 환경과 밀접한 관계가 있다. 이는 권력의 새로운 통로 및 새로운 통제 양식을 암시한다. 정보 기술에 대한 의존은 탈근대성의 기본적인 특징 가운데 하나인데, 이는 생체 권력과 주민들에 대한 개인적이고 일상적인 지식을 엄청나게 업그레이드한다. 그 결과 처음에는 복지국가에서 실행되었던 통치성이 점차 다른 기관들에 의해 행사되고 있다. 치안 활동의 경우처럼, 한때 사법부에만 책임을 지던 기관들조차 지금은 보험회사와 같은 상업 조직에 대해 비슷한 수준의 책임을 져야 한다. 이렇게 해서 감시는 탈근대성의 두 번째 주요 특징인 소비 자본주의의 기획과 경험들에 직접적으로 연결된다.

새로운 접근법을 향하여

전산화된 감시는 근대성과 탈근대성 양쪽 모두에 걸쳐 있다. 이런 양상은 기술의 발전과 사회과정들 간의 상호작용과 영향을 잘 보여 준다. 근대성의 특징 가운데 하나는 사회를 관리하고 통제하는 데서 관료 기구에 대한 의존이 점점 커진다는 것이다. 이런 시스템이 일단 전산화를 통해 보강되고 나면 일정한 다른 특징들이 나타나며, 이는 좀 더 거대한 기술력을 통해 증폭된다. 예를 들어 여러 데이터베이스들을 자동으로 교차 확인해 주는 시스템은 아주 강력한 수단이다. 이런 능력이 실현되면, 이 같은 특징들이 다른 상황에서도 다시 나타나며, 기술이 개발되는 그 사회적 조건 자체를 점차 바꾸게 된다.

한때 감시는 주민들에 대한 일반적인 지식에 의존했는데, 이 지식은 문서 형태로 축적되고 파일로 분류되었다. 하지만 오늘날 감시는 미래의 상황과 행동을 시뮬레이션 할 수 있게 되었다. 이는 단순히 원자재의 흐름이나 노동자의 생산 활동을 관리하기보다, 시장을 관리하는 좀 더 직접적인 수단을 갖고 있는 새로운 소비 자본주의 기업들에 꼭 들어맞는다. 상업적인 기관들뿐만 아니라 정부 조직들 안에서 정책을 결정하는 데도 시뮬레이션 능력의 강화와 더불어 시장 기준이 점점 더 중요한 요소가 되고 있다. 이와 함께 근대성은 알아차리기 어려울 만큼 미세하게 탈근대성으로 바뀐다.

이쯤에서 이 책의 출발점이었던 핵심 주제들, 즉 조율과 위험, 프라이버시와 권력을 상기해 보자. 이를 통해 우리는 감시가 성장하는 바로 그 환경이 변화하고 있다는 것을 다시금 깨닫게 된다. 이는 감시의 이면에 놓인 근대의 여러 추동력, 그리고 감시에 대한 해법 역시 새로운 관점에서 조명할 수 있음을 의미한다. 오늘날 서구에 살고 있는 우리가 생각하는 위험과 프라이버시는 근대성의 산물이며, 이런 사실은 위험과 프라이버시가 지닌 상당한 호소력뿐만 아니라 많은 한계들 또한 설명한다. 탈근대성이 좀 더 나은 해법을 쥐고 있다고 말한다면 이는 순진한 생각이다. 그러나 나는 탈근대의 조건들이, 우리가 탐구할 만한 가치가 있는 도덕적·정치적 참여를 위해 새로운 기회를 제공해 줄 것이라고 말하고 싶다.

우리는 이 장의 앞부분에서, 새로운 감시 기술에 의해 가능해진 새로운 조율 양식들을 이미 살펴보았다. 이런 조율 양식들은 우리가 맺고 있는 관계와 사회적 통합 속에서 육체가 점점 빠르게 사라지고 있는 현실에 대처하고 있다. 자격과 접근권의 여부를 결정하는 분류 기준은, 공현존을 좀처럼 찾아보기 어려운, 유동적이고 급변하는 사회 속에서 사회적 삶을 조율하는 수단이다. 우리는 항상 행정적·상업적 규칙과 네트워크들이 편리하고 효율적으로 상황을 조율할 것이라고 생각한다. 이와 동시에 우리는 감시가 우리를 보호해 주고 안전을 강화해 주며, 일상의 위험을 최소화할 것이라고 가정한다. 다행히도 이런 가정은 여러 측면에서 사실이다.

하지만 문제는 우리가 위험을 최소화하기 위해 힘들게 발전시킨 바로 그 시스템들이 더 심각한 위험을 만들어 낸다는 점이다. 위험 사회가 위험을 잉태하는 셈이다. 이는 또한 미묘한 도덕적 변화와 깊이 연관되어 있다. 위험 평가라는 목표를 최대한 정확하게 수행하기 위해 감시는 자의식을 지닌 '살아 있는 구체적 개인'의 복잡한 행동을, 기본적인 행동 요소들로 해체한다. 윤리를 초월한 접근이, 미덕이나 가치에 대한 과거의 관념들을 대체하는 것이다.[26] 위험과 관련된 지식이 필요로 하는 것은, 확률에 기초한 공리주의적 계산법과 예상 가능한 행동을 기초로 한 감시 분류뿐이다. 이처럼 운명과 신의 섭리가 하찮게 여겨지는 사회에서, 보험회사들이 가장 눈부신 발전을 거뒀다는 사실은 우연이 아니다.[27] 인류가 자신의 미래를 통제하고 개척할 수 있을 것이라는 생각은 곧 진지한 도덕적 비판의 쇠퇴를 의미한다.

바로 여기에서 프라이버시 문제가 등장한다. 어떤 이들은 프라이버시에 주목함으로써, 감시가 만들어 낸 위험에 대항할 수 있다고 주장한다. 개인정보를 제멋대로 처리하지 못하도록 법적으로 제한하면 신성 불가침한 자아sacrosanct self를 보호할 수 있다는 것이다. 이는 데이터 주체들도 종종 알고 있는, 프라이버시 문제에 대한 깔끔한 대응이며 진지하게 다뤄져야 한다. 또한 이는 중요한 면에서, 예컨대 고유한 존엄성을 지닌 소통하는 자아에 대한 신념과 같은 심오한 철학적 신념 등을 상기시킨다. 더욱이 프라이버시 정책의 발전 그 자체는 감시 시스템이 형성되는 데 그다지 기여한 바가 없다.[28] 프라이버시는 의심할 여지없이 효과적인 동원의 슬로건이다. 이런 면에서 프라이버시는 [감시 시스템의 위험에 대항하는 데] 긍정적으로 작용한다.

동시에 프라이버시는 현재의 감시에 도전하는 수단으로서는 크게 미흡하다. 우선 프라이버시는 침입·폭력·혼란에 대한 개인적인 공포에 대해 일관되게, 그러나 역설적으로 대응한다. 우리 각자는 이웃들로부터 떨어져 나옴으로써 사회적 원자로 개체화될 수 있는데, 이때 육체에서 유리된 추상으로서 분류되고 서열화되기 쉽다는 점에서, 프라이버시 차원의 대응은 바로 그런 개체화를 반영하는 것이기도 하다. 둘째, 프라이버시는 종종 인간의 실수와 컴퓨터의 오류를 보완하는 잔여적인 수단으로 여겨진다. 정책이 감시의 '헛돌기'나 데이터 누수를 방지할 때, 시스템 자체는 안전한 것으로 간주된다. 셋째, 프라이버시 정책과 법제화는 감시의 빠른 변화를 다루기 힘들거나 반응이 느린 것으로 악명이 높다. 또한 소비자와 시민들은 데이터 수집을 제한하는 규제라든가 법적으로 호소할 수 있는 방법이 무엇인지에 대해 거의 알지 못한다. 어떤 경우든, 그들을 보호해 줄 수 있는 건 자신들밖에 없다.

프라이버시에 바탕한 접근은 감시를 사회적 문제로 또는 권력과 관련이 있는 것으로 보지 않는 경향이 있다.[29] 거대 정부와 기업이 아무런 처벌도 받지 않고 개인 정보를 추출·처리·교환하고 거래하기까지 할 때, 뭔가 잘못되었다는 것을 본능적으로 느끼는 사람들은 프라이버시에 대한 주장을 환영한다. 이는 삶의 경험에서 우러나온 것이다. 하지만 프라이버시에 대한 요구가 개인적인 문제의식에 그쳐서는 안 된다. 프라이버시 문제는 강력한 사회 세력들과 연관된 공적 이슈라는 사실을 분명히 인식해야 한다. 개인의 기록은 그 사람의 과거와 지금 형성 중인 사회관계의 네트워크를 묶어 내는 수단이 되어야 한다.[30]

오늘날 감시는 단순히 사적 공간을 침범하거나 개인의 프라이버시를 침해하는 것뿐만 아니라, 사람들을 분류하고 등급을 나누는 하나의 수단이다. 다시 말해 탈근대성이라는 환경 속에서 감시는 사회적 분할을 강화하는 수단으로서 그 힘이 점점 더 강력해지고 있다. 슈퍼 판옵티콘에 의한 분류가 누구를 포함하고 누구를 배제할지, 그 자격과 접근권을 결정하기 위해 사람들을 거침없이 선별·감시·서열화하기 때문이다. 근대성에 내재한 사회적 균열은 사라진 것이 아니라 좀 더 부드러워져서 유동적이고 유연해진 것이다. 감시는 삶의 기회와 사회적 운명에 간접적이지만 강력한 영향을 미치는 수단이 되어 왔다. 지금까지 살펴본 것처럼, 프라이버시 정책이 존재할 때조차 감시는 부당하고 반사회적인 특징들을 드러낼 수 있다.

기술의 발전과 사회적 과정들이 상호작용하면서 만들어 낸 결과는, 초기 근대성에서 보였던 엄격한 계급 구분처럼 분명하지는 않다 해도 여전히 공정함, 상호 의존, 적절한 저항과 같은 아날로그적 질문들을 제기한다. 물론 그것을 넘어서는, 아직 완전히 이해되지 못하고 있는 다른 이슈들도 있겠지만 말이다. 프라이버시 개념은, 데이터베이스를 데이터 주체의 위치를 규정하고 제한하며 심지어 구성하기까지 하는 광범위한 그물망으로 바라보는 슈퍼 판옵티콘의 핵심을 놓친다. 슈퍼 판옵티콘에서 유통되는 이런 분산되고 다중적인 정체성을, 근대성의 단일하고 고정적인 자아 개념으로는 충분히 파악할 수 없다. 감시 시뮬레이션의 통제 코드가 사회적 차이와 구분을 재생산하고 강화하는 데 어떤 역할을 하는지에 대한 연구가 필요하다. 왜냐하면 이로 인해 계급·민족·젠더와 같은 익숙한 투쟁이 확장되고 새로운 형태로 변형되기 때문이다.

다시, 몸을 가진 개인들로

전자 기술과 소비문화가 탈근대성의 출현에 기여했다고 해서 새로운 환경이 인간의 존엄성이나 사회정의에 대한 이전의 모든 이해관계를 완전히 대체하는 건 결코 아니다. 일상에서의 행위와 패턴들에 판옵티콘의 범주와 감시 시뮬레이션을 부여하는 것은, 취약 계층에 대한 불이익을 최소화하려는 이론적·정치적 노력에 대한 도전이다. 기술의 발전과 사회과정의 상호작용 및 영향력을 연구한다는 것은 결정의 양상을 발견하는 일인 동시에 그

가능성을 탐구하는 것이기도 하다. 주디 와크만Judy Wajcman이 상기시켜 주듯이, 기술이 (사회적 환경이 기술적으로 형성된 것과 마찬가지로) 사회적으로 형성된 것이 사실이라면, 적절한 목적을 위해 재형성될 수도 있을 것이다.[31] 문제는 어떻게 할 것이냐이다.

나는 하나의 방법으로 '각자의 몸 되찾기're-embodying persons를 제시하고 싶다. 물론 이는 은유적인 표현이다. 이 글을 쓰는 나 자신이 육체와 유리되었다든가, 이 글을 읽는 독자들이 그렇다는 의미는 아니다. 그보다는 우리가 그런 문제를 사회 이론들 내에서 설명해야 하는 것과 마찬가지로, 감시 시스템은 우리가 육체를 지닌 개인이라는 확신을 기반으로 작동되어야 한다는 뜻이다. 다시 말해 각자의 몸 되찾기란 탈근대 정보사회에서 우리가 인간임을 알리는 윤리적인 자세를 의미한다. 적절한 이론을 선택하는 것만큼이나 사회 기술적 발전을 인도하는 데도 이런 입장이 필요하다.

감시는 프라이버시라는 틀로는 결코 포착할 수 없는 권력의 문제를 제기한다고 그렇게 애써 주장해 놓고도 결국은 어느 정도 개인주의적인 처방으로 돌아가고 있는 것인가? 절대로 그렇지 않다. 우선 인간은 본질적으로 사회적 창조물이다. 따라서 근대주의적 개인주의는 내 논의에서 배제된다. 다음으로 '몸을 되찾는 일'의 중요성을 역설하는 것은 개인들을 물질세계의 삶 속에서 다시 이해하는 일이다. 이것은 환원주의가 아니다. 우리에게 빵이 필요하다고 해서, 우리가 빵만으로 살 수 있다는 이야기는 절대 아니기 때문이다. 세 번째로, '살아 있는 구체적 개인'의 윤리는 현실에 바탕을 둔 정치로 이어진다.

감시 문제가 제기될 때, 우리는 어떤 권력과 마주하게 되는 것일까? 서두에서 살펴봤듯이, 감시는 감시 아래 놓인 사람들을 관리하고 그들에게 영향을 미치기 위해 개인 삶의 세부 사항에 초점을 맞춘다. 이는 그들에 대한 배려와 관련될 수도 있지만 많은 경우 통제를 수반할 수 있다. 다시 말해 이는 사람들을 사회적으로 분류하고 서열화하는 권력이다. 우리 모두가 이 과정에 참여하고 있으므로 사회적 관현악이라는 은유가 여기서 나온다. 물론 범주들은 누군가를 포함 혹은 배제시키고, 자격이 있는지 없는지를 말해 주기 때문에 실질적인 힘을 가진다. 보드리야르가 말하는 시뮬라크라에 대한 냉철한 기억으로는 충분하지 않은 이유가 여기에 있다.[32] 특히 당신이 애팔래치아 지역에서 생활보호 제도에 기대어 살고 있는 가난한 싱글 맘이라면 감시는 충분히 실질적인 영향력을 발휘한다.

감시 권력은 그래서 강압이나 폭력과 직접적으로 혹은 반드시 연관된 것은 아니며, 권위에 복종해야 한다는 식의 전통적인 권력도 아니다. 하물며 타자나 사람들에 대한 강한 책임감, 심지어 희생정신에 빛나는 사랑의 권력은 더더욱 아니다. 그것은 분류 권력의 하나로, 결국 가혹한 판옵티콘이 될 수도 있지만 동시에 생산적이 될 수도 있는 사회적 분류에 참여한다. 여러 차례 지적했듯이 감시는 언제나 두 얼굴을 가지고 있다. 그리고 감시가 갖는 사회적 분류의 영향력은 의심에서 매혹까지 전체 영역을 넘나든다. 의심은 두려움을 유발하며, 매혹은 욕망을 유발한다.

감시에 대해 취할 수 있는 태도는 참가자가 되거나 목격자가 되는 것 둘 중 하나다. 앞에서도 말했듯이, 우리 모두는 어떤 방식으로든 감시에 연루돼 있기 때문에 이런 상황과 무관한 척한다는 건 불가능하다. 그렇기 때문에 나는, 감시와 관련된 이슈들 바깥에서 제기되는 단순한 해법들이 아니라 이슈들 내부로부터 해법을 모색하는 접근법을 제안한다. 이런 접근법은 감시와 사회적 분류의 (공리주의적 확률 계산과 같은) 숨겨진 기반들에 저항하는 데 적절한 가치와 가정, 목적들을 구체화할 수 있을 것이다.[33] 물론 이런 접근법이 확실한 무엇을 제안하는 것은 아니며, 무언가를 보장하는 것은 더욱 아니다. 하지만 그것이 이 책에서 서술했던 상황들에 대한 우리의 경험과 설명에 부합한다면 희망이 있다. 물론 윤리적인 개입은 위험을 동반한다. 윤리적 개입은 논쟁적인 주제이며, 여기에는 타협이 필요하다.

'살아 있는 구체적 개인'의 가치를 긍정함으로써, 오늘날 감시 전략들이 어떤 문제가 있는지에 주목할 수 있다. 우선 추상적인 데이터 이미지는 그 사람의 삶의 기회에 부정적인 영향을 미칠 수 있다. 우리의 육체로부터 데이터를 직접 뽑아내게 되면 우리가 자서전에 스스로 기록할 몫은 줄어든다. 데이터에 굶주린 기관들은 확실한 신원 증명을 위해 [칩을 이식한다든지 등] 육체를 개조할 필요가 있다고 주장할지도 모른다. 그뿐만 아니라 사진 속 이미지가 법정에서 우리의 증언과 정의를 이간질할 가능성도 있다. 이런 상황에서 '살아 있는 구체적 개인'에서 비롯된 '소통의 윤리'는 균형을 바로잡기 시작한다. 앞서 주장했지만, 신뢰 관계 내에서 자발적으로 자신을 드러내는 것이 출발점이 되어야 한다. 여타 커뮤니케이션 형식도 이런 관점에서 평가해야 할 것이다. 육체가 사라지고 있는 세계에서는 추상적인 데이터가 특권을 갖는다. 이런 상황을 역전시켜, '살아 있는 구체적 개인들' 간의 대면 관계를 기대하면서 커뮤니케이션을 평가한다면, 사회적인 것이 기술적인 것을 형성하도록 하는(그 반대가 아니라) 긴 여정을 시작할 수 있을 것이다.

또 하나의 핵심 원리는 타자에 대한 관심이다. 이방인들의 사회에서는 부정적인 상황이 감시에 의해 전자적으로 더욱 악화된다. 이런 상황에서는 근본적으로 타자에 대한 관심이 강조되어야 한다. 지금도 이런 관심에 기여하는 감시 시스템이 있기는 하지만, 여전히 통제 지향적인 경향이 압도적이다. 때로는 지역 수준에서 이뤄지는 대면 관계를 통한 관심을 기술적 시스템이 대신할 수 없으며, 폐쇄 회로 장치나 원격 감지 장치보다 이것을 우선순위에 두어야 한다. 타자에 대한 관심이 인간을 인간답게 하는 제1의 필수 요건이라는 점은, 인간이 본질적으로 사회적인 존재라는 사실에서 비롯된다.[34] 이를 감시 상황에 적용한다는 것은 일차적으로 '낯선 이'의 존재를 인정하고 환대하려는 시도다.[35] 이에 반해 최소한의 기준만으로 부적격자를 배제하는 오늘날의 경향은 이와 정반대의 입장에 서있다. 물론 이런 입장을 취하는 것이 비용이 적게 든다.

'살아 있는 구체적 개인'의 윤리를 받아들일 경우, 감시는 그 모습을 뚜렷하게 드러낸다. 그러나 바로 이 윤리는 시민과 소비자, 시스템 설계자 또는 정책 결정자의 관점에서 감시를 다시 생각할 수 있게 하는 방법 또한 제공한다. 오늘날 감시는 통제, 의심, 유혹, 그리고 통계적 표준에 대한 공리주의적 강박에 편향되어 있다. 물론 감시가 폭력의 존재론이 아니라 평화의 존재론에 의해, 통제의 윤리가 아니라 관심의 윤리에 의해, 의심이 아니라 용서에 의해 이뤄진다면 어떻게 될까 하고 묻는다면, 이는 대안이라 하기엔 미약해 보일지도 모른다. 그러나 어떤 의미에서 미약한가? 지배 권력에 필적할 만한 강력한 조치만이 대안이 될 수 있는가? 그렇지 않다면 '미약한' 해결책이라도 시도할 만한 가치가 있을 것이다.

제러미 벤담이 이 모든 논의의 출발점이라고 했을 때,[36] 그가 자신의 육체를 보존하도록 했다는 것은 역설적이다. 그는 런던에 있는 유니버시티 칼리지 벽장에 자신의 박제된 육체를 남겼으며, 지금까지도 그는 거기에 앉아 있다. 이 섬뜩하고도 디즈니 만화 같은 유산이 역설적인 것은, '살아 있는 구체적 개인'에서 벗어나 육체에서 분리된 추상적인 사회관계로 나아가야 한다고 벤담 스스로 강조했기 때문이다. 이것이 바로 벤담이 남긴 실질적인 유산이다. 그 밖에도 우리는 벤담으로부터 공리주의적인 확률 계산법을 물려받았는데, 전자 기계들의 세계에 식물학적 은유가 허용된다면 이 계산법은 오늘날에 이르러서야 만개하기 시작했다. 의미 있는 사회문화적 저항이 부족한 상황에서, 사회적 서열화는 회계감사와 보험 통계의 원리에 의존해 진행된다.

하지만 진짜 아이러니는 벤담이 '불합리'하다는 이유로 그렇게도 배제하려고 애썼던 세계(즉 정신적인 삶과 신학적 사고의 세계)가 실제로는 오늘날 우리에게 유용한 사유의 단초들을 제공하고 있다는 사실이다. 개인 정보 처리에 자발적인 또는 법적인 규제를 부과하려는 노력은 분명 의미 있는 일이다. 기술을 민주적으로 통제하기 위한 투쟁 역시 마찬가지다. 하지만 이 같은 노력이 지닌 중요성과는 별개로 우리는 그것이 감시와 관련된 좀 더 심층적인 쟁점들을 다루기 위한 언어를 거의 제시하지 못했음을 명확히 할 필요가 있다. 이런 의미에서 오늘날 기술의 문화적 문법이야말로, 우리가 탐구하고 토론해야 할 주제다.[37] 그러나 이와 대적할 수단을 우리는 (인간이 생략된 채) 일상생활을 모니터링해야 한다는 강박과 감시의 기술이 아니라, 그 밖에서 찾아야 한다.

그런 수단들은 감시 윤리 내부의 기술 논리와 프라이버시 담론 너머에 존재한다. 감시 윤리는 사회적 정의와 같은 거시적 이슈들은 물론이고, 평범한 사람들에게 실제로 영향을 주는 다른 문제들과도 맞물려 있다. '살아 있는 구체적 개인'은 해법 찾기의 출발점이다. 이런 윤리를 추구하기 위해서는, 너무나 오랫동안 방치되었던 언어의 층들을 다시 한 번 벗겨 낼 필요가 있다. 이에 관해 상세히 설명하려면 책 한 권을 더 써야겠지만, 지금쯤이면 여러분도 그 기본적인 메시지만큼은 분명하게 알고 있을 것이다. 인간이 육체를 지닌 개인들로 인식되는 곳, 추상적인 커뮤니케이션보다 대면 접촉을 우선하며, 자동화된 분류보다 정의正義를, 기술적인 필요보다 공동의 참여를 우선하는 곳에 우리의 희망이 있다.

편집자의 글

　집합적으로, 사회과학은 사회 일반의 작동 원리를 설명하고 사회적 삶의 동학을 좀 더 폭넓게 이해하는 데 이바지하고 있다. 하지만 이 같은 사회과학의 역할이 신뢰를 받지 못하는 경우도 종종 있으며, 많은 저작들이 사회과학의 한계를 지적해 왔다. 동시에 우리는 사회에서 과학이 어떤 역할을 하고 있는지가 재평가되고 있는 시대를 살고 있다. 어떤 사람들은 과학이 공평무사한 지식을 추구하는 것이라고 옹호하며, 또 어떤 사람들은 신화나 민간전승과 다를 것 없는 신념의 제도화된 표현이라고 공격한다. 이런 논쟁들은 문제를 해결하기보다 논란만 키우는 경향이 있다.

　하지만 사회과학이 생동감과 적실성을 가지려면 이런 논쟁들의 변화하는 속성을 반영해야 할 것이다. 이런 과정을 통해 사회과학은 우리의 과거와 현재를 이해하고, 미래를 상상하기 위해 들여다볼 수 있는 거울을 제공한다. 이는 단순히 사람들이 특정 맥락 속에서 특정 행위를 하는 원인을 이해하고, 사회·정치·경제 영역

● 『감시사회로의 유혹』은 Open University Press의 총서인 "Issues in Society"의 일환으로 기획·출간되었다. 원서의 권두에 있던, 총서 책임 편집자 팀 메이(Tim May)의 서문을 이곳에 옮겨 실었다.

에서 존재하는 인과관계를 분석하는 것뿐만 아니라, 각기 다른 문화적 방식으로 사람들이 지니게 되는 희망과 소망, 열망과도 관계가 있다.

민주적 열망을 지녔다고 하는 어떤 사회에서도 이런 희망과 소망에 대해 사회과학자들이 처방을 내릴 수는 없다. 만약 이런 일이 벌어진다면 그것은 사회과학이 인간의 행동을 정확하게 예측할 수 있음을 의미한다. 그러기 위해서는 시간과 공간을 초월해 모든 인간에게 적용될 수 있는 하나의 이론과 방법론이 필요할 것이다. 하지만 자연과학조차 이런 엄격한 기준을 충족시킬 수 없다. 설사 이런 결과를 허용하는 사회적 조건이 가능하다 해도 이는 견딜 수 없는 일이 될 것이다. 왜 그런가? 인간이 자유롭기 위한 필요조건이란, 다르게 행동할 수 있는 능력이며 따라서 사회를 조직하고 더불어 살아가는 다양한 방식을 상상하고 실천할 수 있는 능력이기 때문이다.

그렇다고 해서, 사회에서 사회과학자들이 갖는 지위와 기능에 대한 이데올로기적 공격에서 흔히 가정되듯이, 사회과학자들의 역할이 아무런 가치가 없다는 것은 아니다. 결국 우리가 과거와 현재에 주목하다 보면 불가피하게 미래 역시 조명할 수밖에 없기 때문이다. 다시 말해 회고와 전망은 서로 융합된다. 그러므로 미래를 예측하는 것이 사회과학자들의 소관은 아니더라도, 그들은 자신들이 지닌 이해와 설명력뿐만 아니라 시민의 일원으로서 미래 전망에 관한 공적 논의에 참여할 자격이 있다.

이 새로운 국제적 총서 기획은 이런 정신을 바탕으로 마련되었다. 이 기획은 사회과학을 공부하는 학생들에게 중요한 사회적 쟁점들에 대해 자신들의 생각과 관심 주제를 점검해 볼 수 있는 공론의 장을 마련하기 위한 것이다. 각 책은 다루고 있는 주제에 대한 독창적 기여를 보여 주며, 주제를 조명하고 그것에 문제를 제기하는 방식으로 사회적 쟁점들을 평가하고 있는데, 이 점에서 총서는 방법·구조·

내용 간의 연관성을 갖는다.

이 총서의 책들은 실질적인 관심에서 비롯된 주제들을 다룬다. 이 기획은 지배적인 사회·정치적 문제들을 성찰한다는 점에서 반응적인reactive 시도일 뿐만 아니라, 공적 담론에서 종종 배제되는 사회적 삶의 동학과 사회구조에 대한 지식을 제공하며 이와 관련된 주제를 설명한다는 점에서 적극적인pro-active 시도이다. 따라서 이 총서의 특별함은, 현재 우리 시대의 특징이라고 생각되는 것들에 대해, 그것을 연구하는 적절한 방식뿐만 아니라, 사회의 조직 및 사회적 삶에 그 특징들이 가져오는 결과와의 관계 속에서 질문을 던진다는 점이다.

각각의 연구는 (엄격한 틀이라기보다는) 일반적으로 다음과 같은 세 부분으로 이루어져 있다. 첫째, 쟁점들과 관련된 핵심 가정을 분명하게 함으로써 각 주제에 대해 질문을 제기하고, 역사적 추세가 현재의 사회적 실천에 미치는 결과를 검토하는 부분. 둘째, 관념들ideas과 실천들practices이 어떻게 사회관계의 동학에 직접 영향을 미치는지를 고찰함으로써 이를 생생하게 서술하는 부분. 셋째, 해당 주제에 대한 독창적 기여. 여기에는 논의되고 있는 현상에 대한 연구 방향이라거나 주제 자체에 대한 독창적 분석과 같은, 앞으로 가능할 형식과 내용 등이 포함된다. 물론 이 세 부분은 서로 결합될 수도 있다.

데이비드 라이언의 『감시사회로의 유혹』은 이런 요건을 갖추고 있다. 오늘날 우리가 다양한 형태의 감시에 한층 더 노출되어 있다는 건 분명한 사실이다. 폐쇄회로 텔레비전은 쇼핑센터의 일상적인 풍경이 되었고, 은행뿐만 아니라 작업장에서도 쉽게 찾아볼 수 있다. 폐쇄 회로 텔레비전은 직원과 고객의 안전과 편의를 위해 필요하다고 주장된다. 이런 논리를 반박하거나 폐쇄 회로 텔레비전이 야기하는 문제를 제기하면 '뭔가 떳떳하지 못한 게 아니냐.'라는 비난을 받을 수도 있다.

프라이버시와 관련해 인권이 보호되어야 한다며 감시의 문제를 지적하는 사람은 '바로 그런 감시 수단의 존재가 인권을 보호한다.'는 비판을 받기 쉽다. 이런 중요한 쟁점들과 감시의 확산이라는 현실과 마주하면서도 감시의 작동 방식과 이유, 인간의 행위와 사회에 미치는 영향에 관한 명쾌한 사유는 부족하거나 어떤 경우에는 아예 부재한 것이 현실이다. 이런 변화를 오랫동안 연구해 온 선도적인 이 학자야말로 이런 간극을 누구보다 잘 메울 수 있을 것이다.

이런 변화들이 우리의 일상생활에 영향을 미치는 방식 중의 하나는 사람들이 상호작용을 하는 방식의 변화를 통해서이다. 일상생활의 위대한 관찰자인 어빙 고프먼은 두 사람이 물리적으로 함께 존재하며 상호작용하던 공간들에 대해 이야기했다. 하지만 지금은 이메일과 팩스, 휴대전화가 서로에 대한 그리고 자기 자신에 대한 인식을 변화시켰다. 이런 변화는 다양한 영향을 미친다. 시·공간과 관련된 문제들이 이 과정에서 달라지고 우리의 시야에서 육체가 사라진다. 개인 정보의 전 지구적 유통과 더불어 이는 다시 일상 활동에 대한 새로운 감시의 기회를 만들어 내는데, 이는 인간의 활동을 조정하고 통제하는 데 기여한다. 우리 삶의 공적인 측면과 사적인 측면 사이의 경계가 흐려지면서 개인들에 대한 지식도 달라진다.

지식의 이런 변화는 버트런드 러셀이 사용했던 구분을 활용하거나 추가함으로써 고찰할 수 있다. 여기서 우리는 타인의 육체적 현존을 전제로 한 직접지로부터 신기술에 의해 매개된 간접지로의 이행에 관해 이야기할 수 있다. 일터가 변화하면서 사적인 개인과 공적 조직의 일원 사이의 경계들이 붕괴되기 시작했고, 어떤 경우에는 경계가 아예 사라진다. 지구화 시대에 감시의 이런 양식들은 경계를 넘나들고 비행기 티켓 사용이나 신용카드 구매 기록을 통해 사람들의 움직임을 추적한다. 이런 정보들은 일정한 틀에 따라 분류되며, 소비자의 정보를 축적하고 마케팅에 활용할 수 있도록 하려는 상업적 목적에 이용된다. 이와 비슷하게 '방문자 동향 분석'clickstream monitoring이나 '협업 필터링' 같은 기술을 이용해 인터넷 이용자의 선호를 추적함으로써 마케팅에 필요한 데이터를 얻을 수도 있다.

이런 기술들이 지닌 분류의 힘으로 인해 인권과 관련된 중요한 쟁점들이 제기된다. 데이터를 누가 소유하는가? 국가와 상업적인 목적을 위해 데이터를 사용하는 데 어떤 제약이 존재하는가? 이는 다시 프라이버시의 전망과 한계에 대한 문제들을 제기한다. 데이비드 라이언은 이런 문제들을 실천적인 방식으로 조명하고 감시사회의 성장 속에서 문제를 고찰함으로써 프라이버시의 전망과 한계를 규명한다. 이 과정에서 그는, 이런 논쟁이 자칫 빠지기 쉬운, 서구 중심주의나 개인주의, 성 구분에 기초한 사유로 흐르지 않는다.

쟁점들을 좀 더 온전하게 이해하려면 새로운 기술들이 어떻게 발전해 왔고 발전의 원인과 결과는 무엇인지를 이해해야 한다. 이와 관련해 데이비드 라이언은 매력적이고 명료한 설명을 제공한다. 그는 새로운 기술들을 결정적인 요인으로 보지도 않을뿐더러 사회구조의 단순한 부가물로 보지도 않는다. 새로운 기술들은 상호작용하며 서로 얽혀 직조되는데, 그 방식은 모순되기도 하며, (그 자체로 문제가 있는) 인간 행동에 대한 예측에 따라 달라진다. 또한 새로운 기술들은 의도하지 않았던 결과들을 낳을 수도 있다. 예를 들어 직원들의 질병 감수성을 측정하기 위해 고용주가 유전자 검사라는 방법을 활용한다면, 사람들은 검사받지 않으려 할 수 있다. 그 결과 질병의 예방이나 치료 차원의 효과적인 의료 행위가 심각하게 어려워질 수 있다. 이런 점에서 감시는 양날의 칼이다. 감시는 사람들에게 혜택을 제공할 수도 있지만, 사람들이 원하는 바를 실현하지 못하도록 방해할 수도 있다.

데이비드 라이언은 이런 쟁점들을, 이 책을 떠받치고 있는 자신의 주장과 주제들을 설명하기 위해 다양한 사례들을 들어 논한다. 새로운 기술들이 가져올 수 있는 결과들을 우리가 이제 막 인식하기 시작했다는 점에 대해서는 의문의 여지가 없다. 이런 변화들 속에서 좀 더 활발한 토론이 필요하다. 우리의 삶은 어떤 방향으로 가야 하는가. 생산된 지식은 누가 보유하고 이용할 것인가. 이런 질문들에 대해 이 책은 중요한 기여가 될 것이다.

후주

| 서론 |

1 J. Glave, "Medical records exposed" (1999), http://www.millernash.com,

2 T. Hamilton, "Security breach exposes private Air Miles data," *The Globe and Mail* (Toronto) 22 January (1999).

3 '감시'에 대한 정의는 D. Lyon, *The Electronic Eye: The Rise of Surveillance Society* (Cambridge: Polity Press, 1994), p. ix에서 했던 것을 따른다.

4 이에 대한 예비적인 논의와 관련해서는 A. Giddens, *Runaway World* (London: Profile, 1999), pp. 22-25 참조.

5 R. Ericson and K. Haggerty, *Policing the Risk Society* (Toronto: University of Toronto Press, 1997), pp. 426-427.

6 U. Beck, *Risk Society: Towards a New Modernity* (London: Sage, 1992).

7 은행을 포함한 정보 공유 문제는 현재 미국에서 꼼꼼한 법률적 검토를 받고 있다. 실제로 체이스 맨해튼 은행은 엘리엇 스피처(Eliot Spitzer) 법무장관의 결정으로 다른 기업들에 금융 정보를 제공하지 못하고 있다. *The Age* (Melbourne), 1 February 2000, IT Supplement, p. 9.

8 A. Elger and C. Smith eds., *Global Japanization?: The Transnational Transformation of the Labour Process* (London: Routledge, 1994).

| 1장 |

1 이어지는 논의는 많은 부분 시·공간의 원격화에 대한 앤서니 기든스의 작업과 시·공간의 응축에 관한 데이비드 하비의 작업에 의존하고 있다. 또한 다음 저작들도 큰 도움이 되었다. C. Calhoun, "The Infrastructure of Modernity: indirect relationships, information technology, and social integration," in H. Haferkamp and N. Smelser eds., *Social Change and Modernity* (Berkeley, CA: University of California Press, 1994); P. James, *Nation Formation: Towards a Theory of Abstract Community* (London: Sage, 1996). 또한 이는 가상공간에 대한 좀 더 폭넓은 논쟁과도 연관될 수 있다. 이에 관해선 다음 책을 참

조하라. D. Lyon, "Cyberspace sociality: controversies over computer-mediated communication," in B. Loader ed., *The Governance of Cyberspace* (London: Routledge, 1997).

2 Philip Sampson, "From dust to plastic," *Third Way* January (1994): 17-22.

3 비슷한 이유로 육체는 문화적 우위를 되찾고 있는 중이다. 하지만 이는 이번 연구에서 다룰 주제가 아니다. 이와 관련해서는 *Body and Society* 에 개진된 토론들을 참조하라.

4 '감정 구조'는 레이먼드 윌리엄스(Raymond Williams)의 개념이다. 하지만 여기서 사용된 '감정 구조'는 니겔 스리프트가 사용한 시·공간의 맥락에서 인용한 것이다. N. Thrift, *Spatial Formations* (London: Sage, 1996), p. 258.

5 H. A. Innis, *The Bias of Communication* (Toronto: University of Toronto Press, 1962).

6 Thrift, 앞의 책, pp. 279-284.

7 P. Virilio, *The Vision Machine* (London: British Film Institute, 1994). Thrift, 같은 책, p. 280에서 인용.

8 R. Bray, "Smart cards help track passengers," *Financial Post*, 25 November (1997).

9 C. Calhoun, 앞의 책; D. Lyon, 앞의 책.

10 G. Deleuze, "Postscript on the societies of control," *October* 59 (1992): 3-7.

11 G. Duby, "foreword," in P. Veyne, *A History of Private Life* (London and Cambridge, MA: Harvard University Press, 1987).

12 A. Giddens, *Modernity and Self-Identity* (Cambridge: Polity Press, 1992), p. 152.

13 E. Shils, *Privacy and Power in Center and Periphery: Essays in Macrosociology* (Chicago: University of Chicago Press, 1975).

14 N. Abercrombie, S. Hill and B. Turner, *Sovereign Individuals of Capitalism* (London: Allen & Unwin, 1986), p. 189.

15 B. Russell, *Problems of Philosophy* (Oxford: Oxford University Press, 1912).

16 C. B. Macpherson, *The Political Theory of Possessive Individualism: Hobbes to Locke* (Oxford: Oxford University Press, 1962), p. 3.

17 S. Nock, *The Cost of Privacy* (New York: Aldine de Gruyter, 1993).

18 다른 문제들에 대해 녹이 옳은지 그른지는 접어 두고서라도, 가족의 역할 변화와 젊은 층에서 감시의 역할 변화에 관한 한 그가 펼치는 논지는 명확하지가 않다. 프라이버시에 관해 또 하나 눈여겨볼 점은, 프라이버시가 감시 위험을 인지하면서 생겼다는 것이다. 이와 동시에 감시 그 자체는 위험 사회에 대한 대응이다. 앞의 논점과 관련해서는 C. D. Raab and C. J. Bennett, "The Distribution of privacy risks: who needs protection?," *The Information Society* 14 (1998): 263-274 참조.

19 R. Samafajiva, "Privacy in electronic public space: emerging issues," *Canadian Jour-*

nal of Communication 19(1) (1994): 90.

20 P. Regan, "Genetic testing and workplace surveillance: implications for privacy," in D. Lyon and E. Zureik eds., *Computers, Surveillance, and Privacy* (Minneapolis, MN: University of Minnesota Press, 1996), p. 34; P. Regan, *Legislating Privacy* (Chapel Hill, NC: University of North Carolina Press, 1995), p. 221.

21 P. Agre, "Introduction," in P. Agre and M. Rotenberg eds., *Technology and Privacy: The New Landscape* (Cambridge, MA: MIT Press, 1997), p. 11.

22 S. Brown, "What's the matter, girls? CCTV and the gendering of public safety," in C. Norris, J. Moran and G. Armstrong eds., *Surveillance, Closed Circuit Television and Social Control* (Aldershot: Ashgate, 1998).

23 C. Gotlieb, "Privacy: a concept whose time has come and gone," in Lyon and Zureik, 앞의 책.

24 J. Carey and J. Quirk, "The mythos of the electronic revolution," *The American Scholar* 39(2) (1970): 219-241; 39(3) (1970): 395-424.

25 D. Lyon, *The Silicon Society* (Oxford: Lion, 1986), pp. 27-28.

26 A. Feenberg, *Questioning Technology* (London: Routledge, 1999).

27 N. Thrift, "New urban eras and old technological fears: reconfiguring the goodwill of electronic things," *Urban Studies* 33 (1996): 1471.

28 D. Gelernter, *Mirror Worlds, or the Day Software Puts the Universe in a Shoebox* (Oxford: Oxford University Press, 1991), p. 15.

29 L. Winner, *The Whale and the Reactor* (Chicago: University of Chicago Press, 1986), pp. 22-25.

30 G. T. Marx, *Undercover: Police Surveillance in America* (Berkeley, CA: University of California Press, 1988).

31 인프라에 대한 좀 더 큰 문제들은 다음 장에서 살펴볼 것이다.

32 J. Rule and P. Brantley, "Surveillance in the workplace: a new meaning to personal computing?" (State University of New York at Stony Brook, undated).

33 C. Norris and G. Armstrong, *The Maximum Surveillance Society: The Rise of CCTV* (Oxford: Berg, 1999).

34 P. Agre, "Beyond the mirror world: privacy and the representational practises of computing," in Agre and Rotenberg, 앞의 책, p. 49.

35 이는 '행위자-연결망 이론'(actor-networks theory)에 대한 캘론의 연구를 간접적으로 참조한 것이다. M. Callon, "Techno-economic networks and irrevesibility," in J. Law ed., *A Sociology of Monsters: Essays on Power, Technology and Domination* (London: Rout-

ledge, 1991).

36 A. Feenberg, *Critical Theory of Technology* (New York: Oxford University Press, 1991).

| 2장 |

1 Y. Ito, "How Japan modernized earlier and faster than other non-Western countries," *Journal of Development Communication* 4 (1993): 2; S. Nora and A. Minc, *The Computerisation of Society* (Cambridge MA: MIT Press, 1980).

2 '정보 고속도로'는 앨 고어 전 미국 부통령이 주창했던 아이디어다.

3 컴퓨터가 전파 통신과 기술적으로 수렴하게 된 것은 연금술사들이 부린 마술의 산물이 아니다. 그것은 특정한 군사적 필요와 우선순위 설정, 그리고 정부 정책의 산물이다. D. Lyon, *The Information Society: Issues and Illusions* (Cambridge: Polity Press, 1988); D. Winseck, *Reconvergence: The Political Economy of Telecommunications in Canada* (Cresskill, NJ: Hampton Press, 1988).

4 '지식 기반' 사업과 경제라는 관념은 새로운 기술을 단순히 이용하는 것이 아니라 그것을 창조하는 조직의 지적 자본을 강조한다. 그러므로 기술 발전이나 신기술이 적용된 제품에 보상이 주어진다. 예를 들어 캐나다에서는 정보 기술 분야가 매년 15퍼센트포인트씩 성장하고 있고, 이는 석유와 가스, 광산, 제지 등의 전통적인 산업 분야의 성장률보다 크다. 그뿐만 아니라 전통적 산업들 또한 새로운 기술을 사용한다. 이런 지표를 볼 때 캐나다는 지식 기반 경제로 변모하고 있다. '지식 기반'이라는 발상은 일본에서 발전했는데, 이는 '단순 자료만이 유용한 지식'이라는 관념을 초월한다. 그 결과 암묵적인 지식과 팀워크, 불확실성과 위험 등이 모두 중요하게 평가된다. I. Nonaka and H. Takeuchi, *The Knowledge-Creating Company: How Japanese Companies Creat the Dynamics of Innovation* (Oxford: Oxford University Press, 1995).

5 이 구절은 1999년 11월 네덜란드 트벤테 대학(University of Twente) 워크숍에서 발표했던 '인프라와 근대성'에 관한 미간행 초고에서 인용했다.

6 D. Lyon, *Postmodernity* 2nd edn. (Buckingham: Open University Press, 1999), ch. 1.

7 조지 오웰의 『1984』는 1948년 런던에서 처음 출판되었다.

8 M. Castells, *The Rise of the Network Society* (Oxford: Blackwell, 1996), pp. 403-409.

9 G. T. Marx, "The surveillance society: the threat of 1984-style techniques," *The Futurist* June (1985): 21-26.

10 D. H. Flaherty, *Protecting Privacy in Surveillance Societies* (Chapel Hill, NC: University of North Carolina Press, 1989), p. 1.

11 C. Bennett, *Regulating Privacy: Data Protection and Public Policy in Europe and the United States* (Ithaca, MI: Cornell University Press, 1992).

12 Flaherty, 앞의 책, p. 375.

13 D. Burnham, *The Rise of the Computer State* (New York: Vintage Books, 1983).

14 마누엘 카스텔스는 '감시 국가'라는 용어보다는 '감시사회'라는 용어가 더 낫다는 점을 제대로 지적했다. 하지만 내 생각에, "오늘날 국가는 감시하는 주체라기보다는 감시 대상에 더 가깝다."는 그의 주장은 너무 멀리 나간 것이다. M. Castells, *The Power of Identity* (Oxford: Blackwell, 1997), p. 302.

15 "Big Brother: the all-seeing eye," *The Economist* 11 January (1997): 53.

16 *Wired News* 2 June (1999); *Yomiuri Shinbun* 7 June (1999): 2.

17 S. Strange, *The Retreat of the State: The Diffusion of Power in the World Economy* (Cambridge, NY: Cambridge University Press, 1996), p. 122.

18 같은 책, p. 127.

19 같은 책, p. 133.

20 M. Poster, "Database as discourse," in D. Lyon and E. Zureik eds., *Computers, Surveillance and Privacy* (Minneapolis, MN: University of Minnesota Press, 1996).

21 D. Lyon, *The Electronic Eye: The Rise of Surveillance Society* (Cambridge: Polity Press, 1994), p. 126.

| 3장 |

1 N. Waters, "Street surveillance and privacy," Privacy Issues Forum, Christchurch, New Zealand, 13 June (1996).

2 감시 시스템을 발전시키는 데 대한 저항은 8장에서 좀 더 자세히 살펴볼 것이다.

3 감시에 대한 이런 부문별 접근법에 대해서는 다음 저서에 상세하게 언급돼 있다. D. Lyon, *The Electronic Eye: The Rise of Surveillance Society* (Cambridge: Polity Press, 1994).

4 D. Campbell and S. Connor, *On the Record: Surveillance, Computers, and Privacy: The Inside Story* (London: Michael Joseph, 1986).

5 H. Kunzru, "The police get more byte," *The Daily Telegraph* 14 January (1999): 4-5.

6 S. Cohen, *Visions of Social Control* (London: Blackwell, 1985).

7 R. Ericson and K. Haggerty, *Policing the Risk Society* (Toronto: University of Toronto Press, 1997).

8 F. de Coninck, *Travail Integré, Société Eclaté* (Paris: PUF, 1994).

9 S. Greengard, "Privacy: entitlement or illusion?," *Personnel Journal* May (1996): 75-87. 데이터 마이닝은 소비자 감시에도 쓰인다. 동일한 효과를 보는 건 아니지만, 비슷한 기술들은 서로 다른 분야에 쓰인다.

10 다음 매체에 실린 웨이크필드(Alison Wakefield)의 편지를 참조. *The Times* 30 November (1999).

11 "Rights of Privacy: technology has its eyes on you," *Scientific American* November (1995): 36-37.

12 T. Johnston, "Quit watching me!," *The Globe and Mail* (Toronto), 29 January (1999).

13 C. Norris and M. McCahill, "Watching the workers: crime, CCTV and the workplace," in P. Davies, P. Francis and V. Jupp eds., *Invisible Crimes: Their Victims and their Regulation* (London: MacMilan, 1999), pp. 208-231.

14 K. Wilson, "Who's been reading your e-mail?," *Guardian* 20 April (1998), p. 54.

15 "Alarming threat to workplace privacy," BBC News online, 18 February (1999), http://news.bbc.co.uk/hi/english/uk/newsid_282000/282073.stm.

16 주 14에 인용한 K. Wilson의 논문 참조.

17 Johnston, 앞의 책, p. 2.

18 '슬로어니즘'이라는 용어는 F. Webster and K. Robins, *Information Technology: A Luddite Analysis* (Norwood, NJ: Ablex, 1986); 또한 Lyon, 앞의 책.

19 P. Agre and M. Rotenberg, "Introduction," in P. Agre and M. Rotenberg eds., *Technology and Privacy: The New Landscape* (Cambridge MA: MIT Press, 1997).

20 M. J. Culnan and R. J. Bies, "Managing privacy concerns strategically: the implications of fair information practices for marketing in the twenty-first century," in C. J. Bennett and R. Grant eds., *Visions of Privacy: Policy Choices for a Digital Age* (Toronto: University of Toronto Press, 1999), p. 150.

21 H. Martins, "Technology, modernity, politics," in J. Good and I. Velody eds., *The Politics of Postmodernity* (Cambridge: Cambridge University Press, 1999).

22 R. Laperrière, "The Quebec model of data protection," in Bennett and Grant, 앞의 책, p. 183.

23 M. Venne, "Une agence privé e pour gérer les données du réseau de la santé: les banques de données pourraint être vendues au secteur privé," *Le Devoir* 5 April (1995). Laperrière, 같은 책에서 인용.

24 B. Nicholson, "Alarm at Packer database scheme," *The Age* 1 December (1999): 1-2.

25 U. Beck, *The Reinventon of Politics: Rethinking Modernity in the Global Social Or-*

der (Cambridge: Polity Press, 1997).

26 같은 책, p. 42.

27 Ericson and Haggerty, 앞의 책, pp. 426-452에서 치안 유지와 관련해 이를 잘 설명하고 있다.

| 4장 |

1 '사회과학적 픽션'이라는 용어는 W. Bogard, *The Simulation of Surveillance* (Cambridge: Cambridge University Press, 1996), p. 6과 R. Burrows, "Virtual culture, urban social polarization, and social science fiction," in B. Loader ed., *The Governance of Cyberspace* (London: Routledge, 1997), p. 38에서 나왔다.

2 J. Bleecker, "Urban Crisis: past, present, and virtual," *Socialist Review* 24(1&2) (1994): 189-221.

3 R. Sennett, *Flesh and Stone* (London: Faber & Faber, 1996), p. 113.

4 S. Cohen, *Visions of Social Control* (London: Blackwell, 1985), p. 206.

5 P. Virilio, *The Vision Machine* (London: British Film Institute, 1994), p. 9.

6 G. Simmel, "The metropolis and mental life," in K. H. Wolff ed., *The Sociology of Georg Simmel* (Glencoe, NY: Free Press, 1950).

7 S. Cohen, *Visions of Social Control* (London: Blackwell, 1985).

8 J. Jacobs, *The Death and Life of the Great American Cities* (New York: Vintage, 1961).

9 Cohen, 앞의 책, p. 215.

10 M. Davis, *City of Quartz: Excavating the Future in Los Angeles* (New York: Vintage, 1992).

11 R. Sennett, *The Uses of Disorder: Personal Identity and City Life* (New York: Knopf, 1970).

12 '정보 도시'라는 용어를 끌어온 곳은 M. Castells, *The Informational City: Information Technology, Economic Restructuring and the Urban-Regional Process* (Oxford: Blackwell, 1989).

13 Virilio, 앞의 책, p. 75.

14 S. Graham, "Urban Planning in the Information Society," *Town and Country Planning* November (1997): 298.

15 같은 글; S. Graham and S. Marvin, *Telecommunications and the City: Electronic Spaces, Urban Places* (London: Routledge, 1996), p. 299.

16 J. L. Wilson, *The Official SimCity Planning Commission Handbook* (Berkeley, CA: Osborne McGraw-Hill, 1994).

17 같은 책, p. xxii.

18 T. Friedman, "Making sense of software: computer games and interactive textuality," in S. G. Jones ed., *Cybersociety* (Thousand Oaks, CA: Sage, 1995), p. 81.

19 같은 책, p. 85.

20 A. Bryman, "The Disneyization of society," *The Sociological Review* 47(1) (1999). 흥미롭게도, 싱가포르에서는 '미소' 정책을 추진하고 있다. W. Gibson, "Disneyland with the death penalty," *Wired* 1(4) (1995). 이는 '사회과학적 픽션'의 또 다른 사례다.

21 S. Zukin, *The Culture of Cities* (Oxford: Blackwell, 1995), p. 77.

22 같은 책, p. 52.

23 디즈니랜드와 감시의 연관성은 C. Shearing and P. Stenning, "From the Panopticon to Disneyworld: the development of discipline," in E. Doob and E. L. Greenspan eds., *Perspectives in Criminal Law* (Aurora: Canada Law Books, 1985)에 인용돼 있다.

24 쿠키는 컴퓨터 사용자가 특정 웹사이트를 방문했을 때 사용자의 하드 드라이브로 전송되는 컴퓨터 코드다. 쿠키가 사용자의 컴퓨터 하드 드라이브에 설치될 경우 웹사이트 운영자는 컴퓨터 사용자가 언제 어떻게 자신의 웹사이트에 접속했는지 추적할 수 있다.

25 Castells, 앞의 책.

26 M. Castells, *The Rise of the Network Society* (Oxford: Blackwell, 1996), p. 386.

27 R. Crawford, "Computer assisted crises," in G. Gerbner, H. Mowlana and H. Schiller eds., *Invisible Crises* (Boulder, CO: Westview Press, 1996), p. 57.

28 J. Douglas, "Reaching out with 2-way communications," *EPRI Journal* 15(6) (1990): 4-13. Crawford, 같은 책, p. 79에서 인용.

29 G. W. Hart, "Residential energy monitoring and computerized surveillance via utility power flows," *IEEE Technology and Society Magazine* June (1989): 12-16.

30 N. Ellin ed., *Architecture of Fear* (New York: Princeton Architectural Press, 1997), pp. 44-45.

31 D. Lyon, *The Electronic Eye: The Rise of Surveillance Society* (Cambridge: Polity Press, 1994).

32 Davis, 앞의 책.

33 S. Zukin, *Landscapes of Power: From Detroit to Disney World* (Berkeley, CA: University of California Press, 1991), p. 321.

34 F. Bell, "Victoria: unreal city," *The Ottawa Citizen* 10 March (1999).

35 D. Ley, *The New Middle Class and the Remaking of the Central City* (Oxford: Oxford University Press, 1996), p. 15.

36 C. Dandeker, *Surveillance, Power, and Modernity* (Cambridge: Polity Press, 1990).

37 W. Bogard, *The Simulation of Surveillance* (Cambridge: Cambridge University Press, 1996), p. 38.

38 R. V. Ericson and K. Haggerty, *Policing the Risk Society* (Toronto: University of Toronto Press, 1997), p. 41.

39 D. Graham-Rowe, "Warning! Strange Behavior," *New Scientist* 11 December (1999): 25-28.

40 N. R. Fyfe and J. Bannister, "City watching: closed-circuit television surveillance in public places," *Area* 28(1) (1996): 40.

41 같은 책, pp. 40-41.

42 Ericson and Haggerty, 앞의 책.

43 S. Graham, "Towards the fifth utility? On the extension and normalization of public CCTV," in C. Norris, J. Moran and G. Armstrong eds. *Surveillance, Closed-Circuit Television and Social Control* (Aldershot: Ashgate, 1998).

44 N. R. Fyfe and J. Bannister, "City watching: closed-circuit television surveillance in public places," *Area* 28(1) (1996).

45 M. Crang, "Watching the city: video, resistance, and surveillance," *Environment and Planning A* 28 (1996): 2102-2103.

46 J. Ditton, E. Short, S. Phillips, C. Norris and G. Armstrong, *The Effect of Closed- Circuit Television on Recorded Crime Rates and Public Concern about Crime in Glasgow* (Edinburgh: Stationery Office, 1999), p. 17.

47 "CCTV for Public Safety," *American City and County* 113: 11.

48 Graham, 앞의 책, pp. 100-106.

49 D. Jones, "Candid cameras," *Report on Business Magazine* April (1996): 109-112.

50 T. Van Straaten, "VerifEye sets sights on taxicab market," *Financial Post* 5 November (1998).

51 Ericson and Haggerty, 앞의 책, p. 135.

52 I. Amato, "God's eyes for sale," *Technology Review* March/April (1999): 37-41.

53 T. Grescoe, "Murder, he mapped," *Canadian Geographic* September/ October (1996): 48-52.

54 S. Verma, "Police double criminal 'hotspot' targets," *Toronto Star* 23 July (1999).

55 J. Plant, "Highways: warfare to tolls," *Canadian Consulting, Engineer* March/April (1998): 22.

56 S. Graham, "Spaces of surveillant simulation: new technologies, digital representations, and material geographies," *Environment and Planning: Society and Space* 16 (1998): 494.

57 A. Reeve, "The panopticization of shopping: CCTV and leisure consumption," in C. Norris, J. Moran and G. Armstrong eds., *Surveillance, Closed Circuit Television and Social Control* (Alershot: Ashgate, 1998).

58 O. Gandy, *The Panoptic Sort: A Political Economy of Personal Information* (Boulder, CO: Westview Press, 1993).

59 *Daily Mail* 18 May (1999).

60 M. Kronby, "This man wants to program your life," *Shift Magazine* November (1998): 43-50.

61 P. Pullella, "Vatican goes high tech," *Globe and Mail* (Toronto), 22 January (1999).

62 D. Lyon, "The World-Wide-Web of surveillance: the Internet and off-world power flows," *Information, Communication, and Society* 1(1) (1998): 91-105.

63 S. Graham, "The end of geography or the explosion of place?: Conceptualizing space, place, and information technology," *Progress in Human Geogrhaphy* 22 (1998): 165- 185.

64 Reeve, 앞의 책.

65 Ericson and Haggerty, 앞의 책, p. 450.

66 Burrows, 앞의 책, p. 41.

67 J. Bannister, N. R. Fyfe and A. Kearns, "Closed-circuit television and the city," in Norris et al. eds., 앞의 책(1998), p. 22.

68 Simmel, 앞의 책.

69 A. Aurigi and S. Graham, "The 'crisis' in the urban public realm," in B. Loader ed., *Cyberspace Divide* (London: Routledge, 1998), pp. 73-75.

70 Ericson and Haggerty, 앞의 책, p. 451.

71 J. Jacobs, *The Death and Life of the Great American Cities*. Norris et al. eds., 앞의 책(1961), p. 23에서 인용.

72 J. Seabrook, "The root of all evil," *New Statesman and Society* 26 February (1993): 12.

| 5장 |

1 M. Kalman, "Israelis use high-tech to track Palestinians," *The Globe and Mail* (Toronto), 30 March (1999).

2 D. Lyon, *The Electronic Eye: The Rise of Surveillance Society* (Cambridge: Polity Press, 1994).

3 I. van der Ploeg, "Written on the body: biometric and identity," *Computers and Society* 29(1) (1999): 37-44.

4 이런 접근 틀에 바탕한 논의로는 D. Tapscott and A. Cavoukian, *Who knows? Safeguarding Your Privacy in a Networked World* (Toronto: Random House, 1995).

5 P. Mellor and C. Shilling, *Reforming the Body: Religion, Community, and Modernity* (London: Sage, 1997), p. 147.

6 Lyon, 앞의 책, pp. 3-21.

7 US Public Interest Research Group, "Theft of Identity: The Consumer X-Files," 14 August (1996). A. Cavoukian, *Identity Theft: Who is Using Your Name?* (Toronto: IPC, 1997) 에서 인용.

8 K. Pearsall, "This Technology is eye-catching," *Computing Canada* 24 (1998): 2.

9 G. Kirbyson, "The smart card goes to China," *Financial Post* 9(103) (1996): 6.

10 C. Guly, "Digital security," *Financial Post* 6 September (1997): 23.

11 V. Beiser, "The keyless society," *McLean's* 110: 34. 25 August (1997): 40.

12 E. Goffman, *The Presentation of Self in Everyday Life* (Garden City, NY: Doubleday, 1956).

13 N. Abercrombie, S. Hill and B. Turner, *Sovereign Individuals of Capitalism* (London: Allen & Unwin, 1986), p. 33.

14 폴 리쾨르가 Paul Ricoeur, *Oneself as Another* (Chicago: University of Chicago Press, 1992), p. 23에서 지적하듯이 이런 방식은 논의를 합리주의와 허무주의의 경계 바깥으로 이끈다. 스스로 증언하는 육체는 타인에 대한 자신의 책임을 보여 준다. 자아에 대한 해석학적 접근은 아무런 보장도 없지만 어떤 의심보다 더 큰 신뢰로서, 데카르트가 찬양한 '생각하는 나'라는, 니체가 해체했던 인식으로부터 공히 거리를 유지한다고 할 수 있다.

15 Abercrombie et al., 앞의 책 p. 189.

16 J. Rule, D. McAdam, L. Stearns and D. Uglow, "Documentary identification and mass surveillance in the United States," *Social Problems* 31(2) (1983): 222-234.

17 같은 책, p. 233.

18 R. Clarke, "Information technology and dataveillance," *Communication of the ACM* 31 (5) (1988): 498-512.

19 C. Bennett, "The public surveillance of personal data: a cross-national analysis," in D. Lyon and E. Zureik eds., *Computers, Surveillance, and Privacy* (Minneapolis, MN: Uni-

versity of Minnesota Press, 1996), p. 237.

20 이와 관련해서는 다음 저서를 참조하라. D. Lyon, *The Information Society: Issues and Illusions* (Cambridge: Polity Press, 1988), ch. 2; D. Winseck, *Reconvergence: The Political Economy of Telecommunications in Canada* (Cresskill, NJ: Hampton Press, 1998).

21 M. Castells, *The Rise of the Network Society* (Oxford: Blackwell, 1996).

22 R. V. Ericson and K. Haggerty, *Policing the Risk Society* (Toronto: University of Toronto Press, 1997), pp. 426-427.

23 이와 비슷하게 구체적 인간(person)과 분절화된 개인(individual)을 구분한 작업으로는 P. James, *Nation Formation: Towards a Theory of Abstract Community* (London: Sage, 1996), pp. 170-171.

24 A. Davis, "The body as password," *Wired* 5(7) (1997): 132-140.

25 같은 책, p. 132.

26 S. Nock, *The Cost of Privacy: Surveillance and Reputation in America* (New York: Aldine de Gruyter, 1993), p. 76.

27 캐나다 법정에서는 거짓말 탐지기가 인정되지 않는다. 하지만 경찰은 용의자들을 선별하기 위해 거짓말 탐지기를 사용하기도 한다. Ericson and Haggerty, 앞의 책, p. 247. 미국 심리학 협회도 거짓말 탐지기의 신뢰도를 인정하지 않는다. 왜냐하면 거짓말 탐지기로부터 많은 거짓 양성 반응이 확인되었기 때문이다. G. T. Marx, *Undercover: Police Surveillance in America* (Berkeley, CA: University of California press, 1988).

28 이는 게리 T. 마르크스가 사용한 용어다. Marx, 앞의 책.

29 M. Crang, "Watching the city: video, resistance, and surveillance," *Environment and Planning A* 28 (1996): 2102-2103.

30 *New York Times* 12 November (1993).

31 카스텔스는 생물학과 유전학을 정보혁명이라는 맥락 안에서 고려한다. Castells, 앞의 책, p. 30.

32 Genomics, *The Sunday Times* (Singapore), 12 September (1999): 42-43.

33 P. Regan, *Legislating Privacy: Technology, Social Values, and Public Policy* (Chapel Hill, NC: University of North Carolina Press, 1995), p. 170.

34 A. Furr, "Social status and attitudes towards organizational control of genetic data," *Sociological Focus* 32(4) (1999): 371-382.

35 D. Spurgeon, "'Thrifty gene' identified in Manitoba Indians," *British Medical Journal* 318 (1999): 828.

36 Davis, 앞의 책.

37 사회복지개혁법안은 가족보호법(the Family Benefits Act)과 일반복지지원법(the General Welfare Assistance Act)의 결함, 그중에서도 특히 복지 혜택의 이중 수혜 문제를 해결하기 위해 마련되었다.

38 D. N. Gage, "Body language," *Computerworld Canada* 13 (1997): 25, 32.

39 I. Ross, "IDs at fingertip, Harris predicts," *The Globe and Mail* (Toronto), 14 May (1997): A1, A7.

40 R. Clarke, "Five most vital privacy issues," 31 July (1997), http://www.anu.edu.au/people/Roger.Clarke/DV/VitalPriv.html.

41 K. Cottrill, "Reading between the lines," *Guardian* 6 November (1997): 6.

42 T. Keenan, Gage, 앞의 책, p. 32.

43 Davis, 앞의 책

44 C. Norris et al., "Algorithmic surveillance: the future of automated visual surveillance," in C. Norris, J. Moran and G. Armstrong eds., *Surveillance, Closed Circuit Television and Social Control* (Aldershot: Ashgate, 1996), p. 265.

45 같은 책, p. 267.

46 Ericson and Haggerty, 앞의 책, p. 248.

47 J. Gilliom, *Surveillance, Privacy and the Law: Employee Drug Testing and the Politics of Social Control* (Ann Arbor, MI: University of Michigan Press, 1994).

48 D. Wagner, "The new temperance movement and social control at the workplace," *Contemporary Drug problems* Winter (1987): 540-541.

49 C. Boyes-Watson, "Corporations as drug warriors: the symbolic significance of employee drug testing," *Studies in Law, Politics, and Society* 17 (1997): 185-223; T. D. Hartwell, P. D. Steele, M. T. French and N. F. Rodman, "Prevalance of drug-testing in the workplace," *Monthly Labour Review* November (1996): 35-42. 저자들은 미국 기업들이 직원들을 상대로 알코올 남용보다는 약물 남용 여부를 더 자주 조사하고 있다고 주장한다. 알코올은 불법도 아니고 기업의 정책에 반하는 것도 아니다.

50 M. Mineham, "The growing debate over genetic testing," *HRM Magazine* April (1998): 208.

51 S. L. Smith, "Gene testing and work: not a good fit," *Occupational Hazards* 60(7) (1998): 38.

52 L. Surtees, "Spy tech set to thwart card fraud," *The Globe and Mail* (Toronto), 12 June (1996): B4.

53 B. Beiser, "The keyless society," *McLean's* 110: 34 August (1997): 40.

54 Davis, 앞의 책, p. 132.

55 Beiser, 앞의 책, p. 40.

56 C. Guly, "Digital security," *Financial Post* 6 September (1997): 23.

57 J. Powell, "Eye-dentification," *Financial Post* 27 September (1997): E1, E11.

58 A. Giddens, *The Consequences of Modernity* (Cambridge: Polity Press, 1990).

59 P. Virilio, *The Lost Dimension* (New york: Semiotext(e), 1991), p. 13.

60 A. Cavoukian, "The promise of privacy-enhancing technologies: applications in health information networks," in C. Bennett and R. Grant eds., *Visions of privacy: Policy Choices for the Digital Age* (Toronto: University of Toronto Press, 1999), p. 117.

61 U. Beck, *Risk Society: Towards a New Modernity* (London: Sage, 1992), p. 34.

62 National Genome Project Research Institute, "Genetic information and the workplace" (1998) http://www.nhgri.nih.gov:80/HGP/Reports/genetics_workplace.html3.

63 Ericson and Haggerty, 앞의 책, p. 448.

64 Clarke, 앞의 책, p. 2.

65 C. Reed, "Lack of fingerprints puts man under thumb of bureaucracy," *The Globe and Mail* (Toronto), 23 April (1998).

66 Gage, 앞의 책, p. 32.

67 E. Alma Draper, "Social Issues of genome innovation and intellectual property," *Risk* 7(Summer) (1997): 11.

68 Davis, 앞의 책, p. 6.

69 Davis, 앞의 책, p. 4.

70 Gilliom, 앞의 책, pp. 95-100.

71 N. K. Hayles, *How We Became Posthuman: Virtual Bodies in Cybernet ics, Literature, and Informatics* (Chicago: University of Chicago Press, 1999), pp. 84-85.

72 D. Haraway, *Modest_Witness@Second_Millenium.FemaleMan_Meets_Oncomouse: Feminism and Technoscience* (London: Routledge, 1997).

73 S. Plant, "The future looms: weaving women and cybernetics," in M. Feather-stone and R. Burrows eds., *Cyberspace/Cyberbodies/Cyperpunk: Culture of Technological Embodiment* (London: Sage, 1995).

74 *Relevation* 13: 16-17.

75 E. Schussler Fiorenza, *The Book of Revelation: Justice and Judgement* (Minneapolis, MN: Fortress, 1998), p. 124; J. Sweet, *Revelation* (London: SCM, 1979), pp. 213- 219. M. Wilcock, *I Saw Heaven Opened* (Leicester: Inter-Varsity press, 1975), p. 127.

76 이것은 W. Bogard, *The Simulation of Surveillance* (New York: Cambridge University Press, 1996)의 핵심 주제다. 하지만 이 핵심 주제를 파악하기 위해 그의 '사회과학적 픽션' 의 모든 측면을 수용할 필요는 없다.

77 D. Lyon, "Bentham's panopticon: from moral architecture to electronic surveillance," *Queen's Quarterly* 98(3) (1991).

78 영국 레딩 대학 사이버네틱스 교수인 케빈 워윅(Kevin Warwic) 교수는 1998년 8월 주변 환경을 보다 완벽하게 통제하기 위해 자신의 피부 속에 칩을 심었다. 이런 종류의 칩은 칩을 이식받은 사람을 감시하고 그에게 영향을 미칠 가능성이 있다.

| 6장 |

1 1991년 영국의 그라나다 텔레비전은 런던 안팎을 오가는 모든 전신이 '종합정보사령부'(GCHQ)의 일람표를 통해 일상적으로 감청되고 있다는 사실을 폭로했다. N. Hager, *Secret Power, Nelson* (NZ: Craig Potton Publishing, 1996), p. 51.

2 메리트(J. Merrit)가 다음 매체에 기고한 글을 참조하라. *Observer* 28 June (1992).

3 원격으로 업무를 처리하는 것이 어떻게 세계화의 특징이 되었는지에 대해서는 A. Giddens, *The Consequences of Modernity* (Cambridge: Polity Press, 1990)를 참조.

4 I. Wallace, "A Christian reading of the global economy," in H. Aay and S. Griffioen eds., *Geography and Worldview* (New York: University of America Press, 1998), pp. 37-48.

5 지구화라는 환경 속에서 인종과 민족은 중요한 감시 범주일 수밖에 없다. 하지만 이것이 성과 젠더, 종교가 중요하지 않다는 얘기는 아니다.

6 전자적인 매개가 모든 대면 접촉을 대체해 버리는 것은 아님을 잊지 말아야 한다. 실제로 가장 중요한 사업상의 결정들은 여전히 대면 접촉을 통해 이뤄지고 있다. 그럼에도 갈수록 자동화되는 주식 거래처럼, 거래의 많은 부분이 직접적인 대면 접촉 없이 이뤄지고 있다.

7 J. Pickles, "Representations in an electronic age: geography, GIS, and democracy," in J. Pickles ed., *Ground Truth* (New York: Guilford Press, 1995), p. 22.

8 M. R. Curry, "The digital individual and the private realm," *Annals of the Association of American Geographers* 87(4) (1997): 681.

9 M. Castells, *The Rise of the Network Society* (Oxford: Blackwell, 1996), p. 92.

10 같은 책, p. 93.

11 C. Bennett, "What happens when you buy an airline ticket?: Surveillance, globalization, and the regulation of international communications networks," Canadian Political Science Association, Sherbrooke, PQ, 6 June (1999).

12 같은 글, p. 6.

13 L. Sklair, *Sociology of the Global System* (London: Prentice Hall/ Harvester Wheat-

sheaf, 1995), p. 6.

14 같은 책, p. 95.

15 D. Chaney, *Lifestyles* (London: Routledge, 1995).

16 서로 다른 문화적 맥락 속에서 이런 이미지들이 실제로 어떤 역할을 하는지는 경험적인 문제다. 하지만 이런 이미지들의 소비가 실제 재화와 서비스의 소비를 보장하지 않는다 하더라도, 이런 이미지들의 확산이 소비자들에게 아무런 영향을 미치지 않으리라고 보는 것은 순진한 생각이다.

17 M. Poster, "Databases as discourse," in D. Lyon and E. Zureik eds., *Computers, Surveillance, and Privacy* (Minneapolis, MN: University of Minnesota Press, 1996), pp. 190-191.

18 T. Mathieson, "The viewer society: Foucault's 'Panopticon' revisited," *Theoretical Criminology* 1 (1997): 215-234.

19 Z. Bauman, *Globalization: The Human Consequences* (Oxford: Polity Press, 1998).

20 A. Bryman, "The Disneyization of society," *The Sociological Review* 47(1) (1999): 25-47.

21 R. Robertson, "Glocalization: time-space and homogeneity-heterogeneity," M. Featherstone et al. eds., *Global Modernities* (London: Sage, 1995).

22 G. Therborn, "Routes to/through moderinity," in Featherstone et al., 같은 책.

23 D. Lyon, *The Electronic Eye: The Rise of Surveillance Society* (Cambridge: Polity Press, 1994), ch. 7.

24 H. Benyon, *Working for Ford* (Harmondsworth: Penguin, 1984), p. 356.

25 P. Turnbull, "The 'Japanization' of production and industrial relations at Lucas Electrical," *Industrial Relations Journal* 17(3) (1987): 193-206.

26 J. P. Womack et al., *The Machine that Changed the World* (New York: Rawson Macmillan, 1990).

27 A. Elger and C. Smith eds., *Global Japanization?: The Transnational Transformation of the Labour Process* (London: Routledge, 1994).

28 Turnbull, 앞의 책, p .203.

29 Hager, 앞의 책.

30 같은 책, pp. 237-238.

31 코민트 관련 정보는 유럽의회의 과학기술 대안 평가 분과에 제출된 보고서, D. Campbell, *Interception Capabilities 2000* (May 1999)를 참조했다. 이 보고서는 www.cyber-rights. org/interception/stoa/ic2report.htm에서 볼 수 있다. 스투드먼의 인용은 p. 6 참조.

32 같은 책, p. 15.

33 W. Madsen, "Puzzle palace conducting Internet surveillance," *Computer Fraud and Security Bulletin* June (1995).

34 Campbell, 앞의 책, p. 23.

35 M. Frost, "Careful, they might hear you," *The Age* (Melbourne), 23 May. Campbell, 앞의 책에서 재인용.

36 D. Bigo, "L'archipel des polices," *Le Monde Diplomatique* 9 October (1996).

37 G. T. Marx, "Social control across borders," in W. McDonald ed., *Crime and Law Enforcement in the Global Village* (Anderson Pub Co, 1998).

38 M. Castells, *The End Of Millennium* (Oxford: Blackwell, 1998), pp. 166-167.

39 Bigo, 앞의 책, p. 9.

40 C. D. Raab, "Police cooperation: the prospects for privacy," in M. Anderson and M. Den Boer eds., *Policing Across National Boundaries* (London: Pinter, 1994).

41 M. Baldwin Edwards and B. Hebenton, "Will SIS be Europe's Big Brother?," Anderson and Den Boer, 같은 책, p. 155.

42 C. Fijnaut and G. T. Marx eds., *Undercover: police Surveillance in Comparative Perspective* (The Hague: Kluwer, 1995), p. 14.

43 G. T. Marx, in Fijnaut and Marx eds. 같은 책, p. 337.

44 I. van der Ploeg, "The illegal body: 'Eurodac' and the politics of biometric identification," *Ethics and Information Technology* 1(4) (1999), pp. 295-302.

45 M. Weiner, "Ethics, national sovereignty, and the control of immigration," *International Migration Review* 30(1) (1997): 177.

46 같은 책, p. 181.

47 D. Campbell, "Foreign investment, labour immobility and the quality of employment," *International Labour Review* 2 (1994): 185-203. Castells, 앞의 책, p. 232에서 재인용.

48 Weiner, 앞의 책, p. 184.

49 T. Espenshade, "Does the threat of border apprehension deter undocumented US immigration?," *Population and Development Review* 20(4) (1994): 889.

50 D. Bigo, *Policies en Réseaux* (Paris: Presses de Sciences Po, 1996), pp. 327-339.

51 같은 책, p. 334.

52 같은 책, p. 333.

53 R. Samarajiva, "Privacy in electronic public space: emerging issues," *Canadian Journal of Communication* 19(1) (1994): 87-99.

54 O. Gandy, *The Panoptic Sort: A Political Economy of Personal Information* (Boulder, CO: Westview Press, 1993) 참조.

55 이와 관련해 좀 더 앞선 논의는 F. Webster and K. Robins, *Information Technology: A Luddite Analysis* (Norwood, NJ: Ablex, 1986) 참조.

56 D. Lyon, "The World-Wide-Web of surveillance: the Internet and off-world power flows," *Information, Communication and Society* 1(1) (1998), pp. 91-105, reprinted in H. MacKay et al. eds., *The Media Reader* (Milton Keynes: The Open University, 1999).

57 R. Stagliano, "Publicite du troisieme type," *L'Internet: L'ecstase et L'effroi* (Paris: Le Monde Diplomatique, 1996).

58 P. McGrath, "Knowing you all too well," *Newsweek* 22 March (1999).

59 Intel and the PSN, http://www.bigbrotherinside.com, accessed 12 February (1999).

60 이 책 2장에서는 디지털과 생체 인식 기술을 이용한 작업장 감시에 관해 논하고 있다.

61 *Sociological Research Online* 6(3) (2001), http://www.socresonline.org.uk/6/3/lyon.html.

62 이것은 지구화 자체를 비판하는 게 아니다. 우리는 '위로부터의 지구화'와 '아래로부터의 지구화' 같은 유용한 구분을 통해, 그저 초국가적인 자본주의 모델에 기초하지 않은 다른 지구화의 길을 생각할 수 있다. '아래로부터의 지구화'는 지역적인 시각으로 세계를 바라봄으로써 문화적 다양성을 존중한다. 이는 국제적 활동에서 서로 대비되는 방식들을 만들어 내는데, 해외 캠퍼스 설치 대 학생 교환 프로그램, 관광 대 여행 등이 대표적이다.

| 7장 |

1 〈이 세상 끝까지〉의 주제는 다양하고 복잡하다. 그중 하나만 이야기한다면, 노베르트 그룹은 이 영화에 관한 평론에서 다음과 같이 지적했다. "…… 더 많은 이미지들이 우리의 경험을 지배할수록 이미지에 자율적으로 접근할 수 있는 사람들은 줄어들게 된다." 다음을 참조하라. Norbert Grob, "Life sneaks out of stories: Until the End of the World," in R. F. Cook and G. Gemünden eds., *The Cinema of Wim Wenders: Image, Narrative, and the Postmodern Condition* (Detroit, MI: Wayne State University Press, 1997), p. 171.

2 예컨대 다음을 참조. A. Giddens, *The Nation-State and Violence* (Cambridge: Polity Press, 1985); C. Gill, *Work, Employment, and the New Technology* (Cambridge: Polity Press, 1985); D. Lyon, *The Information Society: Issues and Illusions* (Cambridge: Polity Press, 1988).

3 Giddens, 같은 책, p. 175; G. T. Marx, *Undercover: Police Surveillance in America* (Berkeley, CA: University of California Press, 1988), p. 206.

4 더 많은 미래학적 설명은 일단 제쳐 두고 마누엘 카스텔스의 업적을 이야기할 수 있다. M.

Castells, *The Rise of the Network Society* (Oxford: Blackwell, 1996); K. Kumar, *From Post-Industrial to Post-Modern Society* (Cambridge, MA: Blackwell, 1995); D. Lyon, *Postmodernity* 2nd edn. (Buckingham: Open University Press, 1999).

5 M. Poster, "Databases as discourse," in D. Lyon and E. Zureik eds., *Computers, Surveillance, and Privacy* (Minneapolis MN: University of Minnesota Press, 1996); 또한 M. Poster, *The Second Media Age* (Cambridge: Polity Press, 1997).

6 W. Bogard, *The Simulation of Surveillance: Hypercontrol in Telematic Societies* (Cambridge: Cambridge University Press, 1996).

7 Poster, 앞의 책(1996), p. 180에서 인용된 G. Burchell, C. Gordon and P. Miller, *The Foucault Effect: Studies in Governmentality* (London: Harvester Wheatsheaf, 1991) 중 푸코의 말.

8 더 전통적인(그리고 비판적인) 측면에서는, O. Gandy, *The Panoptic Sort: A Political Economy of Personal Information* (Boulder, CO: Westview Press, 1993)에서 판옵티콘을 효과적으로 활용한 바 있다.

9 감시에 관한 이런 관점은 대부분 룰의 연구에 빚지고 있다. 다음을 참조하라. Rule et al., "Documentary identification and mass surveillance in the United States," *Social Problems* 31(2) (1983): 222-234.

10 아직까지 감시 연구에 관한 어떤 탈분과(학문)적 하위 분야는 존재하지 않는다. 그러나 이 책의 주장이 강력하게 내포하고 있는 바의 하나는 이렇게 하위 분야를 설정하는 것이 매우 바람직하다는 것이다.

11 C. Dandeker, *Surveillance, Power, and Modernity* (Cambridge: Polity Press, 1990).

12 '내적 평정'(internal pacification)이라는 용어는 Giddens, 앞의 책(1985)에서 사용되었다.

13 F. Kafka, *The Trial* (New York: Knopf, 1937).

14 J. Rule, *Private Lives, Public Surveillance* (Harmondsworth: Allen Lane, 1973).

15 D. Burnham, *The Rise of the Computer State* (New York: Vintage Books, 1983).

16 엘륄이 특히 영어권 사회학에서 명백하게 주변부에 위치하게 된 데는 다음과 같은 이유가 있다. 전거 인용에 대한 그의 거만한 접근법(예를 들어 베버의 연구에 명백하게 의존하고 있지만, 그는 베버를 거의 언급하지 않는다), 프랑스어로 저술했다는 사실, 그리고 '기술'(la technique)이 서구 문화의 커다란 영적인 불안을 표상한다는 그의 괴팍한 주장 등이다. 그는 북미에 랭던 위너(Langdon Winner)와 같은 이론가들과 더불어 옹호자들이 있었고, 지금도 그렇다. 이들은 후대 사람들에 의해 엘륄의 결정론이라고 불리는 것들을 깨뜨리기 위해 고군분투해 왔다. 다음을 참조하라. L. Winner, *Autonomous Technology: Technics Out of Control as a Theme in Human Thought* (Cambridge, MA: MIT Press, 1977).

17 J. Ellul, *The Technological Society* (New York: Vintage Books, 1964).

18 Marx, 앞의 책; R. Ericson and K. Haggerty, *Policing the Risk Society* (Toronto: University of Toronto Press, 1997).

19 Winner, 앞의 책.

20 Gandy, 앞의 책(1996). Lyon and Zureik eds, 앞의 책, p. 137에서 인용.

21 Ericson and Haggerty, 앞의 책 참조.

22 Giddens, 앞의 책.

23 다음 연구와 대조해 보라. A. Feenberg, *Questioning Technology* (London: Routledge, 1999). 그는 하이데거와 함께 엘륄이 기술에 관해 본질주의적인 관점을 가지고 있다고 본다. 한 예로, 엘륄은 J. Ellul, *The Technological System* (New York: Continuum, 1980), p. 325에서 겉보기에 비관적인 결론을 내놓고 있는 듯하다. "오늘날 기술을 사용하는 인간은 바로 그 점 때문에 기술에 복속된 인간이다." 하지만 엘륄은 J. Ellul, *Anarchy and Christianity* (Grand Rapids, MI: Eerdmans, 1991) 같은 다른 저서들에서는 자신이 생각하는 정치적 전략을 다뤘다.

24 H. Braverman, *Labour and Monopoly Capital* (New York: Monthly Review Press, 1980).

25 이는 특히 A. Francis, *New Technology at Work* (New York: Oxford University Press, 1984)에서 논쟁이 됐다. 또한 감시 연구와의 관계에 대해서는 D. Lyon, *The Electronic Eye: The Rise of Surveillance Society* (Cambridge: Polity Press, 1994)를 참조.

26 F. Webster and K. Robins, *Information Technology: A Luddite Analysis* (Norwood, NJ: Ablex, 1986).

27 Gandy, 앞의 책(1993).

28 Gandy, 앞의 책(1996). Lyon and Zureik eds., 앞의 책, p.152에서 '감시 분류 기술'(the panoptic sort)와 함께 나오는 말.

29 기술 본질주의에 대한 유용한 비판으로는 A. Feenberg, *Questioning Technology* (London: Routledge, 1999).

30 2000년 1월 클리브 노리스에게서 온 개인 이메일.

31 예를 들어 갠디는 Gandy, 앞의 책(1993)에서 판옵티콘의 은유를 훌륭하게 활용했다. 하지만 그의 은유는 담론에 기초한 설명이 아니다. 사회학적으로 그의 분석은 특히 마르크스와 베버 식 범주들을 끌어온 전통적인 접근에 가깝다.

32 Poster, 앞의 책(1996), p. 176.

33 알베르토 멜루치는 A. Melucci, *Challenging Codes* (Cambridge: Cambridge University Press, 1996)에서 정보화 시대에 상징이 사회구조, 특히 사회운동에서 가장 중요한 위치를 차지하게 됐다고 지적한 바 있다. 이는 포스터의 견해와 유사한 것이다. 하지만 멜루치는 포스터와 달리 여기에서 상징 커뮤니케이션의 불안정성과 경합성(contestability)이라는 개념

을 도출해 낸다.

34 Poster, 앞의 책, p. 180

35 같은 책, p. 181.

36 D. Lyon, "Bentham's panopticon: from moral architecture to electronic surveillance," *Queen's Quarterly* 98(3) (1991).

37 일찍이 질 들뢰즈가 유사한 주장을 펼친 바 있다. G. Deleuze, "Postscript on the societies of control," *October* 59 (1992): 3-7.

38 Poster, 앞의 책, p. 184.

39 같은 책, p. 186.

40 이에 관해서는 다음에서 논의된 바 있다. N. Abercrombie et al., *Sovereign Individuals of Capitalism* (London: Allen & Unwin, 1986). Lyon, 앞의 책(1994)도 참조.

41 Poster, 앞의 책, p. 188.

42 Bogard, 앞의 책, p. 3. 보가드는 '현실(reality)'과 같은 단어들에 계속해서 인용 부호를 붙여 둔다. 그렇게 함으로써 그는 이런 개념들이 자신이 묘사하는 프로세스에 의해 불안정화(destabilized)된다고 생각한다. 나는 그러한 현실들이 불변의 특징들을 갖고 있지 않으며, 실재라는 범주가 일부 신뢰할 만한 지시 대상을 갖고 있다는 것을 보여 주기 위해 인용 부호를 제거한다. 우리가 그 지시 대상을 이해하지 못할 수도 있지만 말이다. 현실주의에 관한 논의와 관련해서는 다음의 사례를 보라. T. May and M. Williams eds., *Knowing the Social World* (Buckingham: Open University Press, 1998).

43 Bogard, 앞의 책, p. 10.

44 J. Baudrillard, *Simulations* (New York: Semiotext(e), 1983), p. 83.

45 4장의 크로마티카에 관한 논의 참조.

46 Bogard, 앞의 책, p. 27.

47 P. Virilio, *Speed and Politics* (New York: Semiotext(e), 1986), p. 15; Bogard, 같은 책, p. 26도 참조.

48 Lyon, 앞의 책(1994), p. 65 참조.

49 Bogard, 앞의 책, p. 27.

50 이 문제에 관한 배경으로, 한편으로는 낙인 이론이, 다른 한편으로는 '생체 권력'에 관한 푸코 식 개념이 있다. 나는 유명론과 완고한 실재론이 이 문제에 이론적으로 적합하다고 생각하지 않는다. 이안 해킹이 '역동적 유명론'(dynamic nominalism)이라 부른 것, 즉 유명론의 불합리함에 빠지지도 않고, 이미지와 범주가 인간을 '구성하는 데' 아무런 역할도 하지 않는 것처럼 굴지도 않는 것이야말로 바람직한 방향일 것이다. 다음을 참조. I. Hacking, "Making up people," in T. C. Heller, M. Sosna and D. E. Wellerby eds., *Reconstructing Individualism: Autonomy, Individuality, and the Self in Western Thought* (Stanford, CA: Stanford University Press, 1986), p. 228.

51 Bogard, 앞의 책, p. 46.

52 물론 수렴 '효과'를 낳는 기술적 수렴은 순수하지 않다. 정치경제적 접근에서는 기술적 수렴 자체가 결정과 사회적 환경의 복합체의 결과물이 되는 방식들을 정확하게 지적하고 있다. 다음을 참조. D. Winseck, *Reconvergence: The Political Economy of Telecommunications in Canada* (Cresskill, NJ: Hampton Press, 1998); D. Lyon, *The Information Society: Issues and Illusions* (Cambridge: Polity Press, 1988), ch. 2.

53 다음을 참조. Lyon, 앞의 책(1994), ch. 2.

54 C. Boyer, *Cybercities: Visual Perception in an Age of Electronic Communication* (New York: Princeton Architectural Press, 1996), p. 18.

55 M. Foucault, *The History of Sexuality* I (New York: Random House, 1978), p. 138.

56 I. Hacking, "Biopower and the avalanche of printed numbers," *Humanities in Society* 5 (1982): 279-295.

57 보드리야르는 지시 대상물(referent)이 사라졌다고 주장한다. J. Baudrillard, *The Evil Demon of Images* (Sydney: Power Institute Publications, 1988) (no. 3), p. 21.

58 J. Baudrillard, *In the Shadow of the Silent Majorities ··· or The End of the Social and Other Essays* (New York: Semiotext(e), 1983), pp. 103-104.

59 여기서 이미 살펴본 바 있는 중요한 두 가지 특징을 알 수 있을 것이다. 커뮤니케이션과 정보 기술은 (민간)보험과 (공공)치안 활동이라는 전통적으로 분리되어 있던 영역들의 수렴을 낳고 있다. 그리고 지역사회의 치안 활동과 고도의 기술 데이터 관리가 수렴하면서 컴퓨터화 과정이 대면 접촉 강화 과정과 맞물리고 있다.

60 Poster, 앞의 책, p. 189.

61 S. Graham and S. Marvin, *Telecommunications and the City: Electronic Spaces, Urban Places* (London: Routledge, 1996).

62 S. Graham, "Spaces of surveillant simulation: new technologies, digital representations, and material geographies," *Environment and Planning: Society and Space* 16 (1998): 486.

63 A. Mowshowitz, "Social control and the network marketplace," in Lyon and Zureik, 앞의 책.

64 Bogard, 앞의 책, pp. 4-5.

65 *Genesis* 3: 4.

8장

1 C. Norris and G. Armstrong, *The Maximum Surveillance Society: The Rise of CCTV* (Oxford: Berg, 1999).

2 C. Norris and M. McCahill, "Watching the workers: crime, CCTV and the workplace," in P. Davies, P. Francis and J. Jupp eds., *Invisible Crimes: Their Victims and their Regulation* (London: Macmillan, 1999), p. 229.

3 클린턴 대통령은 공화당의 지지로 통과된 것이 분명한 '금융 서비스 현대화 법안'(Financial Services Modernization Bill)을 강화하는 수단의 하나로 금융 프라이버시를 제안했다. *The Age* (Melbourne), 1 February (2000), Information Technology Supplement, p. 13.

4 한 예로 C. Bennett and R. Grant eds., *Visions of Privacy: Policy Choices for the Digital Age* (Toronto: University of Toronto Press, 1999), p. 5.

5 Canadian Standard Association, *Model Code for the Protection of Personal Information* (Rexdale: CSA, 1995).

6 M. J. Culnan and R. J. Bies, "Managing privacy concerns strategically: the implications of fair information practices for marketing in the twenty-first century," in C. J. Bennett and R. Grant eds., 앞의 책, p. 172.

7 K. Laudon, "Markets and privacy," *Communications of the ACM* 9 (1996): 92-104.

8 J. Rule and L. Hunter, "Property rights in personal data," in Bennett and Grant, 앞의 책(1999), p. 172.

9 D. Lyon, *The Electronic Eye: The Rise of Surveillance Society* (Cambridge: Polity Press, 1994), p. 188.

10 A. Etzioni, *The Limits of Privacy* (New York: Basic Books, 1999), p. 213.

11 에치오니는 심지어 "…… 자유 사회에서, 국가는 아동 폭력이 벌어지고 있지 않은지 확인하기 위해 각 가정을 미리 세심하게 살펴보지는 않는"다고 말한다. A. Etzioni, *The Limits of Privacy* (New York: Basic Books, 1999), p. 211. 이 구체적인 사례는 정확한지도 모르지만 모든 분야에서 중앙 집중적 감시 경향은 틀림없이 시뮬레이션·예측(anticipation)·선점(preemption)을 지향하고 있다.

12 D. Chaum, "Achieving electronic privacy," *Scientific American* August (1992): 101.

13 R. Clarke, "The resistable rise of the national personal data system," *Software Law Journal* 5(1) (1992): 29-59. 호주 카드에 관한 이야기는 Lyon, 앞의 책에도 나온다.

14 I. Hansen, *Report of the Privacy Commissioner on the Use of the Social Insurance Number* (Ottawa: Canadian Human Rights Commissiion, 1981).

15 Simon Davies, "The challenge of Big Brother," in Bennett and Grant, 앞의 책(1999),

p. 246.

16 Global Internet Liberty Campaign, http://www.gilc.org/privacy.

17 W. Diffie and S. Landau, *Privacy on the Line: The Politics of Wiretapping and Encryption* (Cambridge, MA: MIT Press, 1999), p. 7.

18 S. Verma, "Police double criminal 'hotspot' targets," *Toronto Star* 23 July (1999): 21.

19 Davies, 앞의 책, p. 254.

20 캐나다 단체인 애드버스터(Adbuster)의 웹사이트를 참조. http://www.cmpa.ca/adbust.html.

21 A. Melucci, *Challenging Codes: Collective Action in the Inforamtion Age* (Cambridge: Cambridge University Press, 1996).

22 같은 책, p. 8.

23 같은 책, p. 9.

24 M. de Certeau, *L'Invention du Quotidien* (Paris: UGE, 1980).

25 A. Feenberg, *Questioning Technology* (London: Routledge, 1999), p. 112.

26 U. Beck, *The Reinvention of Politics: Rethinking Modernity in the Global Social Order* (Cambridge: Polity Press, 1997).

27 J. Gilliom, "Everyday surveillance, everyday resistance: computer monitoring in the lives of the Appalachian poor," *Studies in Law, Politics and Society* 16 (1997): 275-297.

28 이는 다음에 관한 짧은 주석이다. A. Gramsci, *Selections from the Prison Notebooks*, Q. Hoare and G. Smith eds. (New York: International Publishers, 1985), p. 12.

29 스코틀랜드 에든버러 병원의 산부인과 시설에 관한 기사는 다음 매체에 실렸다. *The Independent* (London), 5 July (1994).

30 J. Gilliom, *Surveillance, Privacy and the Law: Employee Drug Testing and the Politics of Social Control* (Ann Arbor MI: University of Michigan Press, 1994), p. 13.

31 같은 책, p. 14.

32 같은 책, pp. 82-83.

33 D. Nelkin, "Forms of intrusion: comparing resistance to information technology and biotechnology in America," in M. Bauer ed., *Resistance to New Technology* (Cambridge and New York: Cambridge University Press, 1995).

34 R. James, "Data protection and epidemiological research," *The Science of the Total Environment* 184 (1996): 25-32.

35 I. van der Ploeg, "Biometrics and privacy: a note on the politics of theorizing technology," Ethicomp conference, Rome, 6-8 October (1999).

36 같은 글, p. 10.

37 H. Martins, "Technology, modernity, politics," in J. Good and I. Velody eds., *The Politics of Postmodernity* (Cambridge: Cambridge University Press, 1999), p. 174.

| 9장 |

1 '탈근대성'은, 근대성의 일정한 양상들이 근대성이 덜 인지될 수 있는 정도까지 부풀려진 상황을 가리키기 위해 사용될 수 있다. 그래서 탈근대**성**이 새로운 사회구조에 대해 의문을 제기한다고 사회학적으로 주장할 수 있는 것이다. 따라서 이는 탈근대성의 항목(rubric)에 들어가는 지적 경향, 미학, 건축을 둘러싼 논쟁과 같은 것이 아니며, **반**근대성과도 정확하게 일치하는 것이 아니다.

2 다음을 참조하라. D. Lyon, *Postmodernity* 2nd edn. (Buckingham: Open University Press, 1999). 탈현대성을, 자신의 고유한 사회학적 기원을 갖고 새롭게 출현한 사회적 구성물로 분석한 연구로는 무엇보다 지그문트 바우만의 다음 저작을 참조. Z. Bauman, *Intimations of Postmodernity* (London: Routledge, 1992).

3 R. Clarke, "Information technology and dataveillance," *Communications of the ACM* 31(5) May (1988): 498-512.

4 G. T. Marx, *Undercover: Police Surveillance in America* (Berkeley, CA: University of California Press, 1988).

5 한국 상황에 대해서는 잘 알지 못하며, '오웰적'이라는 형용사가 그곳에서도 그렇게 많은 영향력을 가지고 있는지도 의문스럽다. 그러나 '오웰적' 공포가 유럽과 북미 지역에서 전자 신분증 반대 운동의 배경이었음은 분명하다.

6 상호 비교라는 토대에서 이 주제를 선도적으로 다룬 연구로는 다음을 참조. D. Flaherty, *Protecting Privacy in Surveillance Societies* (Chapel Hill, NC: University of North Carolina Press, 1989); C. Bennett, *Regulating Privacy* (Ithaca, MI: Cornell University Press, 1992).

7 이는 R. Ericson and K. Haggerty, *Policing the Risk Society* (Toronto: University of Toronto Press, 1997)의 치안 활동(policing)과 관련해서 논의된다.

8 울리히 벡은 산업화된 근대 '상품'(goods)이, 예기치 못한 부작용과 더불어, 환경 파괴라는 측면에서 책임 소재가 모호한 '해악'을 생산하는 듯한 양상을 염두에 두고 있다. 하지만 "……그 것이 어떤 영향과 위험을 미치게 될지에 무지한 자율적 근대화 과정들에서" 어떻게 위험 사회가 등장하게 되는지에 관한 그의 설명은, 1960년대 이래 컴퓨터화된 감시의 확장 과정과 분명히 공명하고 있다. 이에 관해서는 다음을 참조하라. U. Beck, A. Giddens and S. Lash, *Reflexive Modernization: Politics, Tradition and Aesthetics in the Modern Social*

Order (Cambridge: Polity Press, 1994), p. 6.

9 S. Ellis, "Beware what you leave on the net ⋯ someone's watching," *The Australian,* 14, October (1999), p. 30.

10 이에 대해서는 다음을 참조하라. C. Calhoun, "The Infrastructure of Modernity: indirect social relationships, information technology and social integration," in H. Hafer-kamp and N. Smelser eds., *Social Change and Modernity* (Berkeley, CA: University of California Press, 1994); D. Lyon, "Cyberspace sociality: controversies over compu-ter-mediated communication," in B. Loader ed., *The Governance of Cyberspace* (Lon-don: Routledge, 1997).

11 시민과 소비자 정체성 사이의 긴장은 또한 그레이엄 머독이 다음 저서에서 주장하듯이 근대성의 초기 단계에서도 분명히 있었다. Graham Murdock, "Communications and the constitution of modernity," *Media, Culture, and Society* 15 (1993): 537. 그러나 20세기 말부터 선진 기술 사회에서는 소비자 정체성이 우세해졌다는 주장도 일리가 있다.

12 P. James, *Nation Formation: Towards a Theory of Abstract Community* (London: Sage, 1996), ch. 1.

13 근대성은 오늘날 정보 기술에 의해 점점 더 추상화되기보다는 주로 제도적으로 확장된 (institutionally-extended) 기관(agency) 중심의 사회 통합 양식을 따랐다. 탈근대성이, 새로워진 환경을 설명하는 데 유리한 이유도 여기에 있다.

14 이는 로빈스의 다음 논문에 대한 완곡한 언급이다. K. Robins, "Cyberspace and the world we live in," *Body and Society* 1(3-4) (1995): 135-155.

15 다음을 참조하라. D. Lyon, "Bringing technology back in: CITs in social theories of postmodernity," in M. Berra ed., *Ripensare la Tecnologia: Informatica, Informatzione e Sviluppo Regionale* (Torinto: Bollati Boringheieri, 1997).

16 깁슨은 가상공간이란 '미디어에 의해 둘러싸인' 환경을 말한다고 이야기한다. 이는 매우 통찰력이 있으며 유익한 정의다. 다음을 참조. W. Gibson, *Neuromancer* (New York: Ace Books, 1984).

17 나는 간접적으로 카스텔스의 책 제목 *The Rise of the Network Society* (New York: Black-well)을 이야기하려는 것인데, 그는 '정보화 시대'(The Information Age) 3부작 중 제2권인 *The Power of Identity* (New York: Blackwell, 1997)에서 감시 네트워크를 논하고 있다.

18 그중에서도 특히 다음을 참조하라. R. Clarke, "The digital persona and its application to data surveillance," *The Information Society* 10 (1994): 2; 혹은 Kenneth Landon, *The Dossier Society* (New York: Columbia University Press, 1986).

19 다음을 참조하라. S. Cohen, *Visions of Social Control* (London: Blackwell, 1985).

20 일부 사람들이 주장하듯, 오늘날의 감시가 사회의 규준에서 벗어난 사람들을 배제하기보

다는 포용하는 경향이 더 많다는 주장은 잘못된 것 같다. 다음을 참조하라. W. Staples, *The Culture of Surveillance* (Cambridge: Cambridge University Press, 1997).

21 이에 대해서는 다음을 참조하라. D. Lyon, *The Electronic Eye: The Rise of Surveillance Society* (Cambridge: Polity Press, 1994).

22 W. Bogard, *The Simulation of Surveillance* (Cambridge: Cambridge University Press, 1996), p. 68.

23 R. Boyne and A. Rattansi eds., *Postmodernism and Society* (London: Macmillan, 1990), p. 8.

24 Ericson and Haggerty, 앞의 책.

25 이와 관련해, 그리고 테크놀로지의 본질주의적 관점에 대한 비평과 관련해서는 다음을 참조하라. A. Feenberg, *Questioning Technology* (London: Routledge, 1999); M. Shallis, *The Silicon Idol: The Micro Revolution and its Social Implications* (Oxford: Oxford University Press, 1984).

26 Z. Bauman, *Postmodern Ethics* (Oxford: Blackwell, 1993).

27 이에 관한 논의는 다음을 참조하라. A. Giddens, "Risk society: the context of British politics," in J. Fanklin ed., *The Politics of the Risk Society* (Cambridge: Polity Press, 1998).

28 다음을 참조. Bennett, 앞의 책; C. Bennett and R. Grant eds., *Visions of Privacy in the Twenty-First Century* (Toronto: University of Toronto Press, 1999); P. Agre and M. Rotenberg eds., *Technology and Privacy: The New Landscape* (Cambridge, MA: MIT Press, 1997).

29 이에 대한 훌륭한 예외가 프리실라 리건의 연구다. 다음을 참조하라. P. Regan, "Genetic testing and workplace surveillance: implications for privacy," in D. Lyon and E. Zureik eds., *Computers, Surveillance, and Privacy* (Minneapolis, MN: University of Minnesota Press, 1996); P. Regan, *Legislating Privacy: Technology, Social Values, and Public Policy* (Chapel Hill, NC: University of North Carolina Press, 1995).

30 사회학자들은 이 지점에서 내가 다룬 주제에 드리워 있는 밀스(C. W. Mills)의 그림자를 알아챘을 것이다. 그는 개인이 겪는 문제가 어떻게 사회적 이슈가 되는지를 논했다. 그리고 그는 전기(biography)가 역사와 연쇄를 이뤄야 한다고 주장했다. 다음을 참조하라. C. Wright Mills, *The Sociological Imagination* (Harmonds-worth: Penguin, 1962).

31 J. Wajcman, *Feminism confronts Technology* (Cambridge: Polity Press, 1994).

32 보드리야르의 다음 비평을 참조하라. G. C. Bowker and S. Leigh Star, *Sorting Things Out: Classification and its Consequences* (Cambridge, MA: MIT Press, 1999).

33 Bauman, 앞의 책(1992) 참조.

34 이론적으로 사회적 존재로서의 인간이라는 개념은 삼위일체(Trinity)의 교리에 바탕을 둔
다. '신의 형상'(imago dei)인 인간은 본질적으로 사회적인 특성을 지니고 있다. 다음을 참
조하라. C. Gunton, *The One, the Three and the Many* (Cambridge: Cambridge University Press, 1996).

35 이와 관련해 에마뉘엘 레비나스(Emmanuel Lévinas)의 연구에 대한 자크 데리다의 분석
은 통찰력이 돋보인다. 다음 저작을 참조하라. Jacques Derrida, *Adieu to Emmanuel Lévinas* (Stanford, CA: Stanford University Press, 1999), p. 68.

36 논쟁을 위해, 나는 이 점에 있어서는 푸코가 옳았다고 가정한다.

37 다음을 참조하라. I. Barns, "Technology and Citizenship," in A. Petersen, I. Barns, J. Dudley and P. Harris eds., *Poststructuralism, Citizenship and Social Policy* (London: Routledge, 1999).

참고문헌

Abercrombie, N., S. Hill and B. Turner. 1986. *Sovereign Individuals of Capitalism.* London: Allen & Unwin.

Agre, P. 1997. "Introduction." in P. Agre and M. Rotenberg eds. *Technology and Privacy: The New Landscape.* Cambridge, MA: MIT Press.

Ariès, P. and G. Duby. 1990. *A History of Private Life.* Cambridge, MA: Harvard University Press.

Aurigi, A. and S. Graham. 1998. "The 'crisis' in the urban public realm." in B. Loader ed. *Cyberspace Divide.* London: Routledge.

Baudrillard, J. 1983a. *In the Shadow of the Silent Majorities … or The End of the Social and Other Essays.* New York: Semiotext(e).

_____. 1983b. *Simulations.* New York: Semiotext(e).

_____. 1988. *The Evil Demon of Images.* Sydney: Power Institute Publications.

Bauman, Z. 1992. *Intimations of Postmodernity.* London: Routledge.

_____. 1993. *Postmodern Ethics.* Oxford: Blackwell.

_____. 1998. *Globalization: The Human Consequences.* Oxford: Polity Press. [『지구화, 야누스의 두 얼굴』. 김동택 옮김. 한길사(2003)]

Beck, U. 1992. *Risk Society: Towards a New Modernity.* London: Sage. [『위험 사회』. 홍성태 옮김. 새물결(2006)]

_____. 1997. *The Reinvention of Politics: Rethinking Modernity in the Global Social Order.* Cambridge: Polity Press. [『정치의 재발견』. 문순홍 옮김. 거름(1998)]

Beck, U., A. Giddens and S. Lash. 1994. *Reflexive Modernization: Politics, Tradition and Aesthetics in the Modern Social Order.* Cambridge: Polity Press.

Bennett, C. 1992. *Regulating Privacy: Data Protection and Public Policy in Europe and the United States.* Ithaca, MI: Cornell University Press.

Bennett, C. and R. Grant eds. 1999. *Visions of Privacy: Policy Choices for the Digital Age.* Toronto: University of Toronto Press.

Bigo, D. 1996a. "L'archipel des polices." *Le Monde Diplomatique* 9 October.

_____. 1996b. *Policies en Réseaux.* Paris: Presses de Sciences Po.

Bleecker, J. 1994. "Urban Crisis: past, present, and virtual." *Socialist Review* 24(1&2): 189-221.

Bogard, W. 1996. *The Simulation of Surveillance: Hypercontrol in Telematic Societies.* Cambridge: Cambridge University Press.

Bowker, G. C. and S. Leigh Star. 1999. *Sorting Things Out: Classification and its Consequences.* Cambridge, MA: MIT Press.

Boyer, C. 1996. *Cybercities: Visual Perception in an Age of Electronic Communication.* New York: Princeton Architectural Press.

Boyes-Watson, C. 1997. "Corporations as drug warriors: the symbolic significance of employee drug testing." *Studies in Law, Politics, and Society* 17: 185-223.

Boyne, R. and A. Rattansi eds. 1990. *Postmodernism and Society.* London: Macmillan.

Braverman, H. 1980. *Labour and Monopoly Capital.* New York: Monthly Review Press. [『노동과 독점자본』. 이한주 외 옮김. 까치(1998)]

Brown, S. 1998. "What's the matter, girls? CCTV and the gendering of public safety." in C. Norris, J. Moran and G. Armstrong eds. *Surveillance, Closed Circuit Television and Social Control.* Aldershot: Ashgate.

Bryman, A. 1999. "The Disneyization of society." *The Sociological Review* 47(1): 25-47.

Burnham, D. 1983. *The Rise of the Computer State.* New York: Vintage Books.

Burrows, R. 1997. "Virtual culture, urban social polarization, and social science fiction." in B. Loader ed. *The Governance of Cyberspace.* London: Routledge.

Calhoun, C. 1994. "The Infrastructure of Modernity: indirect relationships, information technology, and social integration." in H. Haferkamp and N. Smelser eds. *Social Change and Modernity.* Berkeley, CA: University of California Press.

Callon, M. 1991. "Techno-economic networks and irrevesibility." in J. Law ed. *A Sociology of Monsters: Essays on Power, Technology and Domination.* London: Routledge.

Campbell, D. 1994. "Foreign investment, labour immobility and the quality of employment." *International Labour Review* 2: 185-203.

Campbell, D. and S. Connor. 1986. *On the Record: Surveillance, Computers, and Privacy: The Inside Story.* London: Michael Joseph.

Caplan, J. and J. Torpey. forthcoming. *Documenting Individual Identity: The Development of State Practices Since the French Revolution.* Eiring, NJ: Princeton University Press.

Carey, J. and J. Quirk. 1970. "The mythos of the electronic revolution." *The American Scholar* 39(2): 219-241; 39(3): 395-424

Castells, M. 1989. *The Informational City: Information Technology, Economic Restructuring and the Urban-Regional Process.* Oxford: Blackwell. [『정보도시』. 최병두 옮김. 한울(2008)]

_____. 1996. *The Rise of the Network Society.* Oxford: Blackwell. [『네트워크 사회의 도래』. 김묵한·박행웅·오은주 옮김. 한울(2008)]

_____. 1997. *The Power of Identity.* Oxford: Blackwell. [『정체성 권력』. 정병순 옮김. 한울(2008)]

_____. 1998. *The End Of Millennium.* Oxford: Blackwell. [『밀레니엄의 종언』. 이종삼·박행웅 옮김. 한울(2003)]

Chaney, D. 1995. *Lifestyles.* London: Routledge.

Chaum, D. 1992. "Achieving electronic privacy." *Scientific American* August: 101.

Clarke, R. 1988. "Information technology and dataveillance." *Communication of the ACM* 31(5): 498-512.

_____. 1992. "The resistable rise of the national personal data system." *Software Law Journal* 5(1): 29-59.

Cohen, S. 1985. *Visions of Social Control.* London: Blackwell.

Crang, M. 1996. "Watching the city: video, resistance, and surveillance." *Environment and Planning A* 28: 2102-2103.

Crawford, R. 1996. "Computer assisted crises." in G. Gerbner, H. Mowlana and H. Schiller eds. *Invisible Crises.* Boulder, CO: Westview Press.

Curry, M. R. 1997. "The digital individual and the private realm." *Annals of the Association of American Geographers* 87(4): 681.

Dandeker, C. 1990. *Surveillance, Power, and Modernity.* Cambridge: Polity Press.

Davis, A. 1997. "The body as password." *Wired* 5(7): 132-140.

Davis, M. 1992. *City of Quartz: Excavating the Future in Los Angeles.* New York: Vintage.

de Certeau, M. 1980. *L'Invention du Quotidien.* Paris: UGE.

de Coninck, F. 1994. *Travail Integré, Société Eclaté.* Paris: Presses Universitaires de France.

de Tocqueville, A. 1945. *Democracy in America.* Henry Reeves trans. New York: Alfred A Knopf.

Deleuze, G. 1992. "Postscript on the societies of control." *October* 59: 3-7.

Derrida, Jacques. 1999. *Adieu to Emmanuel Lévinas.* Stanford, CA: Stanford University Press.

Diffie, W. and S. Landau. 1999. *Privacy on the Line: The Politics of Wiretapping and Encryption.* Cambridge, MA: MIT Press.

Ditton, J., E. Short, S. Phillips, C. Norris and G. Armstrong. 1999. *The Effect of Closed-Circuit Television on Recorded Crime Rates and Public Concern about Crime in Glasgow.* Edinburgh: Stationery Office.

Elger, A. and C. Smith eds. 1994. *Global Japanization?: The Transnational Transformation of the Labour Process.* London: Routledge.

Ellin, N. ed. 1997. *Architecture of Fear.* New York: Princeton Architectural Press.

Ellul, J. 1980. *The Technological System.* New York: Continuum.

Ericson, R. V. and K. Haggerty. 1997. *Policing the Risk Society.* Toronto: University of Toronto Press.

Etzioni, A. 1999. *The Limits of Privacy.* New York: Basic Books.

Feenberg, A. 1991. *Critical Theory of Technology.* New York: Oxford University Press.

_____. 1999. *Questioning Technology.* London: Routledge.

Fijnaut, C. and G. T. Marx eds. 1995. *Undercover: police Surveillance in Comparative Perspective.* The Hague: Kluwer.

Fiorenza, E. S. 1998. *The Book of Revelation: Justice and Judgement.* Minneapolis, MN: Fortress.

Flaherty, D. H. 1989. *Protecting Privacy in Surveillance Societies.* Chapel Hill, NC: University of North Carolina Press.

Foucault, M. 1978. *The History of Sexuality* I. New York: Random House. [『성의 역사 1』. 이규현 옮김. 나남(2005)]

_____. 1991. in G. Burchell, C. Gordon and P. Miller. *The Foucault Effect: Studies in Governmentality.* London: Harvester Wheatsheaf.

Francis, A. 1984. *New Technology at Work.* New York: Oxford University Press.

Friedman, T. 1995. "Making sense of software: computer games and interactive textuality." in S. G. Jones ed. *Cybersociety.* Thousand Oaks, CA: Sage.

Furr, A. 1999. "Social status and attitudes towards organizational control of genetic data." *Sociological Focus* 32(4): 371-382.

Fyfe, N. R. and J. Bannister. 1996. "City watching: closed-circuit television surveillance in public places." *Area* 28(1).

Gandy, O. 1993. *The Panoptic Sort: A Political Economy of Personal Information.* Boulder, CO: Westview Press.

Gelernter, D. 1991. *Mirror Worlds, or the Day Software Puts the Universe in a Shoebox.* Oxford: Oxford University Press.

Gibson, W. 1984. *Neuromancer.* New York: Ace Books.

_____. 1995. "Disneyland with the death penalty." *Wired* 1(4).

Giddens, A. 1985. *The Nation-State and Violence.* Cambridge: Polity Press. [『민족국가와 폭력』. 진덕규 옮김. 삼지안(1993)]

_____. 1990. *The Consequences of Modernity.* Cambridge: Polity Press.

_____. 1992. *Modernity and Self-Identity.* Cambridge: Polity Press. [『현대성과 자아정체성』. 권기 돈 옮김. 새물결(1991)]

_____. 1998. "Risk society: the context of British politics." in J. Fanklin ed. *The Politics of the Risk Society.* Cambridge: Polity Press.

_____. 1999. *Runaway World.* London: Profile.

Gill, C. 1985. *Work, Employment, and the New Technology.* Cambridge: Polity Press.

Gilliom, J. 1994. *Surveillance, Privacy and the Law: Employee Drug Testing and the Politics of Social Control.* Ann Arbor, MI: University of Michigan Press.

_____. 1997. "Everyday surveillance, everyday resistance: computer monitoring in the lives of the Appalachian poor." *Studies in Law, Politics and Society* 16: 275-297.

Goffman, E. 1956. *The Presentation of Self in Everyday Life.* Garden City, NY: Doubleday.

Graham, S. 1997. "Urban Planning in the Information Society." *Town and Country Planning* November: 298.

_____. 1998a. "Spaces of surveillant simulation: new technologies, digital representations, and material geographies." *Environment and Planning: Society and Space* 16.

_____. 1998b. "The end of geography or the explosion of place?: Conceptualizing space, place, and information technology." *Progress in Human Geogrhaphy* 22: 165-185.

_____. 1998c. "Towards the fifth utility? On the extension and normalization of public CCTV." in C. Norris, J. Moran and G. Armstrong eds. *Surveillance, Closed-Circuit Television and Social Control.* Aldershot: Ashgate.

Graham, S. and S. Marvin. 1996. *Telecommunications and the City: Electronic Spaces, Urban Places.* London: Routledge.

Graham-Rowe, D. 1999. "Warning! Strange Behavior." *New Scientist* 11 December: 25-28.

Grob, N. 1997. "Life sneaks out of stories: Until the End of the World." in R. F. Cook and G. Gemünden eds. *The Cinema of Wim Wenders: Image, Narrative, and the Postmodern Condition.* Detroit MI: Wayne State University Press.

Gunton, C. 1996. *The One, the Three and the Many.* Cambridge: Cambridge University Press.

Hacking, I. 1982. "Biopower and the avalanche of printed numbers." *Humanities in Society* 5: 279-295.

_____. 1986. "Making up people." in T. C. Heller, M. Sosna and D. E. Wellerby eds. *Reconstructing Individualism: Autonomy, Individuality, and the Self in Western Thought.* Stanford, CA: Stanford University Press.

Hager, N. 1996. *Secret Power, Nelson.* NZ: Craig Potton Publishing.

Haraway, D. 1997. *Modest_Witness@Second_Millenium.FemaleMan_Meets_Oncomouse: Feminism and Technoscience.* London: Routledge.

Hart, G. W. 1989. "Residential energy monitoring and computerized surveillance via utility power flows." *IEEE Technology and Society Magazine* June: 12-16.

Hayles, N. K. 1999. *How We Became Posthuman: Virtual Bodies in Cybernet ics, Literature, and Informatics.* Chicago: University of Chicago Press.

Innis, H. A. 1962. *The Bias of Communication.* Toronto: University of Toronto Press.

Ito, Y. 1993. "How Japan modernized earlier and faster than other non-Western countries." *Journal of Development Communication* 4: 2.

Jacobs, J. 1961. *The Death and Life of the Great American Cities.* New York: Vintage.

James, P. 1996. *Nation Formation: Towards a Theory of Abstract Community.* London: Sage.

Jürgen, U., T. Malsch and K. Dohse. 1993. Breaking from Taylorism: Changing Forms of Work in the Automobile Industry. Cambridge: Cambridge University Press.

Kumar, K. 1995. *From Post-Industrial to Post-Modern Society.* Cambridge, MA: Blackwell.

Laudon, K. 1996. "Markets and privacy." *Communications of the ACM* 9: 92-104.

Ley, D. 1996. *The New Middle Class and the Remaking of the Central City.* Oxford: Oxford University Press.

Lyon, D. 1986. *The Silicon Society.* Oxford: Lion.

_____. 1988. *The Information Society: Issues and Illusions.* Cambridge: Polity Press.

_____. 1991. "Bentham's panopticon: from moral architecture to electronic surveillance." *Queen's Quarterly* 98(3).

_____. 1994. *The Electronic Eye: The Rise of Surveillance Society.* Cambridge: Polity Press.

_____. 1997. "Cyberspace sociality: controversies over computer-mediated communication." in B. Loader ed. *The Governance of Cyberspace.* London: Routledge.

_____. 1998. "The World-Wide-Web of surveillance: the Internet and off-world power flows." *Information, Communication, and Society* 1(1): 91-105.

_____. 1999. *Postmodernity* 2nd edn. Buckingham: Open University Press.

Mackay, H. and T. O'Sullivan eds. 1999. *The Media Reader.* London: Sage.

Macpherson, C. B. 1962. *The Political Theory of Possessive Individualism: Hobbes to Locke.* Oxford: Oxford University Press. [『소유적 개인주의의 정치이론』. 이유동 옮김. 인간사랑(1991)]

Martins, H. 1999. "Technology, modernity, politics." in J. Good and I. Velody eds. *The Politics of Postmodernity.* Cambridge: Cambridge University Press.

Marx, G. T. 1985. "The surveillance society: the threat of 1984-style techniques." *The Futurist*, June: 21-26.

_____. 1988. *Undercover: Police Surveillance in America*. Berkeley. CA: University of California press.

_____. 1998. "Social control across borders." in W. McDonald ed. *Crime and Law Enforcement in the Global Village*. Anderson Pub Co.

Mathieson, T. 1997. "The viewer society: Foucault's 'Panopticon' revisited." *Theoretical Criminology* 1: 215-234.

May, T. and M. Williams eds. 1998. *Knowing the Social World*. Buckingham: Open University Press.

Mellor, P. and C. Shilling. 1997. *Reforming the Body: Religion, Community, and Modernity*. London: Sage.

Melucci, A. 1996. *Challenging Codes: Collective Action in the Inforamtion Age*. Cambridge: Cambridge University Press.

Mills, C. Wright. 1962. *The Sociological Imagination*. Harmonds-worth: Penguin.

Mineham, M. 1998. "The growing debate over genetic testing." *HRM Magazine* April: 208.

Murdock, G. 1993. "Communications and the constitution of modernity." *Media, Culture, and Society* 15: 537.

Nelkin, D. 1995. "Forms of intrusion: comparing resistance to information technology and biotechnology in America." in M. Bauer ed. *Resistance to New Technology*. Cambridge and New York: Cambridge University Press.

Nock, S. 1993. *The Cost of Privacy: Surveillance and Reputation in America*. New York: Aldine de Gruyter.

Nonaka, I. and H. Takeuchi. 1995. *The Knowledge-Creating Company: How Japanese Companies Creat the Dynamics of Innovation*. Oxford: Oxford University Press.

Nora, S. and A. Minc. 1980. *The Computerisation of Society*. Cambridge MA: MIT Press.

Norris, C. and G. Armstrong. 1999. *The Maximum Surveillance Society: The Rise of CCTV*. Oxford: Berg.

Norris, C. and M. McCahill. 1999. "Watching the workers: crime, CCTV and the workplace." in P. Davies, P. Francis and V. Jupp eds. *Invisible Crimes: Their Victims and their Regulation*, London: MacMilan.

Norris, C. et al. 1996. "Algorithmic surveillance: the future of automated visual surveillance." in C. Norris, J. Moran and G. Armstrong eds. *Surveillance, Closed Circuit Television and Social Control*. Aldershot: Ashgate.

Oliver, N. and B. Wilkinson. 1992. *The Japanization of British Industry*. Oxford: Blackwell.

Pickles, J. 1995. "Representations in an electronic age: geography, GIS, and democracy." in J. Pickles ed. *Ground Truth*. New York: Guilford Press.

Plant, S. 1995. "The future looms: weaving women and cybernetics." in M. Feather-stone and R. Burrows eds. *Cyberspace/Cyberbodies/Cyperpunk: Culture of Technological Embodi-*

ment. London: Sage.

Poster, M. 1997. *The Second Media Age*. Cambridge: Polity Press.

Raab, C. D. 1994. "Police cooperation: the prospects for privacy." in M. Anderson and M. Den Boer eds. *Policing Across National Boundaries*. London: Pinter.

Raab, C. D. and C. J. Bennett. 1998. "The Distribution of privacy risks: who needs protection?." *The Information Society* 14: 263-274.

Regan, P. 1995. *Legislating Privacy: Technology, Social Values, and Public Policy*. Chapel Hill, NC: University of North Carolina Press.

_____. 1996. "Genetic testing and workplace surveillance: implications for privacy." in D. Lyon and E. Zureik eds. *Computers, Surveillance, and Privacy*. Minneapolis, MN: University of Minnesota Press.

Ricoeur, P. 1992. *Oneself as Another*. Chicago: University of Chicago Press.

Robins, K. 1995. "Cyberspace and the world we live in." *Body and Society* 1(3-4): 135-155.

Rule, J. 1973. *Private Lives, Public Surveillance*. Harmondsworth: Allen Lane.

Rule, J. and P. Brantley. undated. "Surveillance in the workplace: a new meaning to personal computing?." State University of New York at Stony Brook.

Rule, J., D. McAdam, L. Stearns and D. Uglow. 1983. "Documentary identification and mass surveillance in the United States." *Social Problems* 31(2): 222-234.

Russell, B. 1912. *Problems of Philosophy*. Oxford: Oxford University Press. [『철학이란 무엇인가』. 황문수 옮김. 문예출판사(2008)]

Samafajiva, R. 1994. "Privacy in electronic public space: emerging issues." *Canadian Journal of Communication* 19(1): 90.

Sampson, Philip. 1994. "From dust to plastic." *Third Way* January: 17-22.

Seabrook, J. 1993. "The root of all evil." *New Statesman and Society* 26 February: 12.

Sennett, R. 1970. *The Uses of Disorder: Personal Identity and City Life*. New York: Knopf.

_____. 1996. *Flesh and Stone*. London: Faber & Faber. [『살과 돌』. 임동근 옮김. 문화과학사(1999)]

Sewell, G. and B. Wilkinson. 1992. "Someone to watch over me: surveillance, discipline, and the just-in-time labour process." *Sociology* 26(2): 271-289.

Shallis, M. 1984. *The Silicon Idol: The Micro Revolution and its Social Implications*. Oxford: Oxford University Press.

Shearing, C. and P. Stenning. 1985. "From the Panopticon to Disneyworld: the development of discipline." in E. Doob and E. L. Greenspan eds. *Perspectives in Criminal Law*. Aurora: Canada Law Books.

Shils, E. 1975. *Privacy and Power in Center and Periphery: Essays in Macrosociology*. Chicago: University of Chicago Press.

Simmel, G. 1950. "The metropolis and mental life." in K. H. Wolff ed. *The Sociology of Georg Simmel*. Glencoe, NY: Free Press.

Sklair, L. 1995. *Sociology of the Global System*. London: Prentice Hall/ Harvester Wheatsheaf.

Smith, S. L. 1998. "Gene testing and work: not a good fit." *Occupational Hazards* 60(7): 38.

Stagliano, R. 1996. "Publicite du troisieme type." *L'Internet: L'ecstase et L'effroi.* Paris: Le Monde Diplomatique.

Staples, W. 1997. *The Culture of Surveillance.* Cambridge: Cambridge University Press.

Strange, S. 1996. *The Retreat of the State: The Diffusion of Power in the World Economy.* Cambridge, NY: Cambridge University Press.

Sweet, J. 1979. *Revelation.* London: SCM.

Tapscott, D. and A. Cavoukian. 1995. *Who knows? Safeguarding Your Privacy in a Networked World.* Toronto: Random House.

Thrift, N. 1996a. "New urban eras and old technological fears: reconfiguring the goodwill of electronic things." *Urban Studies* 33: 1471.

_____. 1996b. *Spatial Formations.* London: Sage.

Turnbull, P. 1987. "The 'Japanization' of production and industrial relations at Lucas Electrical." *Industrial Relations Journal* 17(3): 193-206.

van der Ploeg, I. 1999a. "The illegal body: 'Eurodac' and the politics of biometric identification." *Ethics and Information Technology* 1(4): 295-302.

_____. 1999b. Written on the body: biometric and identity. *Computers and Society* 29 (1): 37-44.

Virilio, P. 1986. *Speed and Politics.* New York: Semiotext(e). [『속도와 정치』. 이재원 옮김. 그린비 (2004)]

_____. 1991. *The Lost Dimension.* New york: Semiotext(e).

_____. 1994. *The Vision Machine.* London: British Film Institute.

Wagner, D. 1987. "The new temperance movement and social control at the workplace." *Contemporary Drug problems* Winter: 540-541.

Wajcman, J. 1994. *Feminism confronts Technology.* Cambridge: Polity Press.

Wallace, I. 1998. "A Christian reading of the global economy." in A. Henk and S. Griffioen eds. *Geography and Worldview.* New York: University of America Press.

Webster, F. and K. Robins. 1986. *Information Technology: A Luddite Analysis.* Norwood, NJ: Ablex.

Weiner, M. 1997. "Ethics, national sovereignty, and the control of immigration." *International Migration Review* 30(1): 177.

Whitaker, R. 1999. *The End of Privacy.* New York: The New Press.

Wilcock, M. 1975. *I Saw Heaven Opened.* Leicester: Inter-Varsity press.

Winner, L. 1977. *Autonomous Technology: Technics Out of Control as a Theme in Human Thought.* Cambridge, MA: MIT Press.

Winseck, D. 1988. *Reconvergence: The Political Economy of Telecommunications in Canada.* Cresskill, NJ: Hampton Press.

Womack, J. P. et al. 1990. *The Machine that Changed the World.* New York: Rawson Macmillan.

Zukin, S. 1991. *Landscapes of Power: From Detroit to Disney World.* Berkeley, CA: University of California Press.

_____. 1995. *The Culture of Cities.* Oxford: Blackwell.

찾아보기

인명